李芳 著

爱·语文：
基于学科
核心素养的教与学

浙江教育出版社·杭州

他 序

语文是所有学科中最基础的学科。它是工具,用以理解别人,也让别人理解自己;它是桥梁,用以交际交流、传承文明;它是载体,蕴含着民族的记忆、家国的情怀;它也是标识,展示着一个人的思想、思维和志趣、审美。一个国家、一个民族、一个文明得以延续,语言文字的一脉相承是强大的基因和动能。多数人都会认为:自己国家的语言是世界上最美的语言。学好语文,是一个人终身受用的财富。

对于人生观、世界观、价值观正处于自我觉醒阶段的中学生而言,语文课是如此重要——这个时期的语文素养,几乎决定着一个人终身的听说读写能力和水平。但在中学阶段,语文作为一门分量极重的考试科目,又往往坠入应试的樊笼:优美的文学作品和文化符号,变成机械训练的填空题、选择题;感人至深的故事情节和人物形象,变成枯燥乏味的段落大意和中心思想,致使学生感受不到文字、文学中的语言之美、形象之美、情感之美。我们都有这样的体验:偷偷摸摸看小说看得津津有味,光明正大读课文却那么寡淡无味。到底是谁把语文从"周芷若"变成了"灭绝师太"?

看了杭州外国语学校李芳老师的专著《爱·语文:基于学科核心素养的教与学》后,我重拾了对中学语文教学的信心:毕竟,我们还有一大批一线的语文教学工作者在坚守语文的价值,在捍卫语文的美好,在呵护语文的兴趣,在播种语文的素养。

李芳老师年龄不大,教龄不小。尤为可贵的是,她不是把教师作为一份谋生的工作,而是一项终生的事业,投入了全部的精力与心气;不仅是完成教学任务,还把教与研紧密结合起来,让教学者首先成为一名研究者,不断地否定自己、超越自己、重塑自己。她从初中语文教到高中语文,一路教、一路学、一路研究、一路积累,不能说硕果累累,但肯定没有虚度光阴,每一阶段都有教学心得和理论思考的沉淀。

学语文,绝不能仅仅靠课本、靠课内。大量阅读、博览群书是培养语文素养的基础,也是提高语文水平不可替代的手段。因此必须跳出课本、跳出课堂,让学生在广阔的语文海洋中畅游,才能领略语文之美妙。如何组织和引导学生阅读?请参看本书的

"爱·阅读"一章。

学语文，核心目的是阅读和写作。如果说阅读是为了理解他人，那么写作就是为了表达自我。叶圣陶在1942年的《略谈学习国文》中就强调过："从国文科，咱们将得到什么知识，养成什么习惯呢？简括地说，只有两项，一项是阅读，又一项是写作。"如果我们的语文教学无助于写作能力的提升，那必定不是有质量的语文课。如何训练写作？请参看本书的"爱·写作"一章。

学语文，主阵地还是在课堂。我们的教学对象是学生，学生的大部分时间在课堂。如果课堂不能给学生以知识和能力，那无异于浪费生命。语文教材中选编的课文虽然无法概览全部的文化精要，但毕竟是多位专家多年精心比选的，有一定的代表性，足以涵盖语文核心素养所需的训练基础。课内教方法，课外用方法，必须提高课堂教学质量和效率，通过课内"授之以渔"，才能在课外"获之以鱼"。如何提高语文课堂的吸引力、感染力和生命力？请参看本书的"爱·课堂"一章。

学语文，要有系统思维、综合训练。这就要树立课程意识，建立健全阅读与鉴赏、表达与交流、梳理与探究等系统化的语文学习活动，并实现理实一体、知行合一。《普通高中语文课程标准(2017年版2020年修订)》明确要求，要"让学生多经历、体验各类启示性、陶冶性的语文学习活动，逐渐实现多方面要素的综合与内化，养成现代社会所需要的思想品质、精神面貌和行为方式"。要想实现这些目标，唯有实践，唯有投身大语文场景，去揣摩、体味、创作语言文字，真正做到学语文、用语文。李芳老师充分挖掘身边的浙籍作家资源，开发校本课程，指导学生与作家交流、向文学致敬，有效激发了学生学习语文的激情与自信。具体请参看本书的"爱·课程"一章。

在当前基础教育领域内卷日趋激烈、"鸡娃"变本加厉的背景下，李芳老师能够不为片面的应试教育所绑架，坚持在教学的同时研究教学背后的价值与意义。究其根源，还在于"爱"——对语文的爱，对学生的爱，对事业的爱，也是对生命的爱、对理想的爱。没有理想的人生是荒芜的，怀抱理想的人生，才有一路风景、一路美好。

我们希望李芳这样的老师多一些，也希望孩子们在成长过程中能遇到更多阳光赋能的师长。

浙江省教育厅　陈峰

2023年12月20日

自　序

为爱走上讲台

　　1977年3月，退伍返乡的父亲眼见窗外春花灼灼、芳香馥郁，便给初生的我取名"李芳"，寓意前程如花、桃李芬芳。四十余年后的今天，当我提笔写下这篇自序，不得不深叹命运之神奇，"桃李芬芳"的教育理想始终在引领我一路前行。

　　1999年，我怀揣"全国三好学生"和"浙江省优秀大学毕业生"的荣誉证书从浙江师范大学毕业，怀着对孩子天然的爱和热忱，迈入杭州外国语学校（以下简称"杭外"），踏上语文教学之路。杭外语文教学秉承倡导民主平等、自由独立精神的大语文教育观，在语文教育的道路上不懈追求，期望实现"语文能力、思维发展、创造力培养以及人格完善"和谐发展的语文素质教育。在此教育理念的感召下，我立志构建"实、活、美的语文教学课堂"。那里，有书墨的馨香，有情思的共振；那里，摒弃浮华和造作，回归自然和质朴；那里，语文生活姹紫嫣红，精神世界繁花满径。为此，尊重学生自我体验，基于学生认知设计教学，注重对话、相机诱导，注重情感熏陶，以获思想启迪，享受审美乐趣，使学生真正完成知识体系和价值意义的自我建构。王世龙老师说："当好一位语文老师，需要具备文学修养和自身的创作能力，需要具备一颗充满诗意的心灵，需要和不同个性的学生们打成一片，共同创造，实现'教学相长'。"是的，跟学生一起成长，以养育自己孩子的心态去教育学生。无课不公开，快乐着孩子的快乐，以学生的肯定为最高褒奖。

　　2007年2月，我接下了一项特殊的教学任务，执教我们年级初升高分流的中考班。一个年级就是一支大部队，460来号士兵浩浩荡荡去攻占一个庞大的堡垒。结果，数十位同学落在了后头，他们的青春硬是在这里打了一个盹儿。严厉的说教只会加速冰冻，而我要做的只是融化、再融化。我该给他们怎样的第一眼？我该给他们怎样的第一言？我该给他们怎样的第一课？我思量又思量。《愚公移山》，出现在我的脑海里，我重新预设课堂意义，重新开发育人价值。"同学们，失去，意味着什么？"停顿，环视全班。"失去，意味着另一种开始；失去，还有新的美好……""为什么今天先上这一课呢？"长久的停顿。一个沙哑的声音破冰而出："李老师想让我们像愚公一样移山。""很好！谁能说说我们要移掉怎样的山？"教室里的温度逐渐升高。"把过去的懒散移掉！把痛苦的失望移掉！"

消除了肃杀的气氛，赶跑了灰色的阴霾，我们的课堂里依然有欢声，依然有笑语。三月上完第六册教材，四月、五月复习六册的知识，六月中旬中考。我们的教学和学习任务是繁重的，我们似乎也在和时间赛跑，把过去因为懒惰荒废的田园重新耕耘起来。我的脑海中一直回响着一句话，是日本童话作家安房直子在《红玫瑰旅馆的客人》中不断歌唱的："满怀情感，满怀着爱，这点最重要。"我也深知：上课前，每一分每一秒都要精打细算，一上课，就应表现得从容不迫。我还知道：考试不是机械操作和强势压迫，源自心灵的感动可以爆发出更强大的力量！在有些学校忽略的诗歌单元，我奢侈地用了三节课时间带领同学们欣赏乔榛朗诵的《我用残损的手掌》、陈铎朗诵的《乡愁》，让他们感受诗歌语言中蕴藏的丰富情感。"我用残损的手掌，摸索这广大的土地"，何以"摸索"？时局黑暗，不见五指，只能用手摸索；内心沉痛，不忍抚触饱受欺凌、满身疮痍的国土；十指连心，把"我"的命运和祖国的遭遇相连，蓄积奋斗的力量。我还让学生模拟创作"乡愁"小诗。一位同学写道"乡愁是白花花的棉花糖/一勺糖，一根棒/踏板的声音哐当哐当/丝丝甜味渗入我心"；另一位同学写道"乡愁是一杯淡淡的奶咖/层层叠叠的白色奶泡/载着我深深的眷恋/融入故乡蓝蓝的天空"……我们的精神世界没有因为中考只剩下笔画，我们的笔画下融入了情感和理想。

因为高强度的工作，我的身体开始抗议。3月17日开始，我的喉咙想罢工了。异物感、烧灼感时时袭来，眼见着辛苦备好的课无法抑扬顿挫地表达，我的脸部表情也变得僵硬和做作。中考却步步紧逼，焦急、心疼、郁闷、悲伤的心绪无以复加，内心的责罚就像巨大的洪涛在侵袭着我。这次第，怎一个愁字了得！雾化做了，收效寥寥；青霉素挂了，疗效亦微。医生"不要说话、尽量少说话"的叮嘱成为我的新伤。于是，扩音器成了我的法宝，沙哑的嗓音被其传送，学生的眼中也是泪光闪动……4月23日，当我一早来到办公室的时候，办公桌上赫然躺着一盒紫色的"西瓜霜喉宝含片"，话梅口味的，那酸津津的味道霎时充满我的口腔，胸中的暖流随之洋溢。

5月30日，已经是总复习的第三轮。我给同学们讲议论文，正巧讲到矿矿的《老师走上讲台的原因？》，作者在这篇文章中评述了四类美国老师，第一类老师"以谋生为目的"，第二类老师"以自傲为动力"，第三类老师"以教育为己任"，第四类老师"以爱为根本"。文后有一道题：你认为哪一种类型的老师最受学生欢迎？请阐述你的理由。我在课堂上询问了9位同学,没有一位同学喜欢第一、二类的老师,有2位同学喜欢第三类老师,而喜欢第四类的老师则多达7人。我说:"我真应该向这类老师学习。"话音未落,一部分同学竟然不约而同地喊了起来:"李老师,你已经是了!"而且他们好像害怕我听不清楚似的,又重复着说了几遍。一瞬间,我的心热腾腾的,我的眼睛潮湿了。

"以一种养育自己孩子的心态去教育学生的老师,是有着强烈天赋爱心的老师。"矿矿如是说。我想我的学生是抬举我了,我何曾做到以养育自己孩子的心态去教育学生呢?纵使有这样的心态,我的时间、精力怕也是远远不济的。奋战了整整四个月,中考班的孩子们终于在2007年杭州市中考中取得了不俗的成绩。他们没有再打败仗,他们不但攻下了分数的堡垒,更攻下了人生的堡垒。我有理由相信,因为这段特殊岁月,他们未来的人生,会行得更加稳健。

教育的最初十年,我以爱的姿态一路成长、一路收获,以最快的速度获评了中学语文高级教师。但是我深知,只有热切的爱是万万不够的。在社会发展如此迅速、人才成长如此迅猛的时代,不进则退、不学则弱,如何丰富自己、提高自己,给学生更好的教育、更深沉的爱,持久地激发他们的学习兴趣和潜能,是我必须为之钻研和付出的。只有不断地学、系统地学、深入地学才可能让课堂保持鲜活。在各级领导的亲切关怀下,在同事们的热情支持下,我先后参加了教育部"国培计划(2017)"——中小学一线优秀教师和教研员项目、湖南师范大学高中语文(骨干教师)班培训和浙江省第九期浙派名师名校长培养工程,目前正在参加教育部新时代中小学学科领军教师示范性培训(2023—2024年),聆听专家、学者、省市教研员的讲座,与来自浙江省乃至全国各地的优秀教师切磋,并两度以班长的身份积极配合名师班、领军班班主任的工作,策划、组织一系列学习活动。在这些培训过程中,我更加坚定了我的教育理想,希望向人民教育家于漪学习,去建立与中国语文的"骨肉亲情",把爱和智慧奉献给我们永远光辉灿烂、青枝绿叶的教育事业,期待桃李芬芳。我更加明晰了我的发展目标,希望真正成为"师德高尚、理念先进、视野开阔、专业精湛,有独特教学风格、较强科研能力,可发展为学者型、专家型的教师"。同时,我开始在课程开发、课题研究等领域拓荒并且持续深耕,每日以读为乐,学思融合,多有所获。

2016年、2019年,我独立开发了"浙江作家·浙江文化"语文校本课程,指导学生走出校园,走向社会,采访麦家、艾伟、徐迅雷、钟求是、朱锦绣、周国良、屠国平等浙江作家、学者和文化界人士,指导学生撰写的《沐浴那一道理想谷的阳光》《走近大地上奔走的越客》《看清这个世界,然后爱它》《四月芳菲 江南情怀》《献给我们的"纯真年代"》《不忘故土,跟随自然》《当我们谈论艾青时我们在谈论什么》等新闻稿陆续发表在杭外官网,产生了良好的社会影响。麦家老师再次向我们发出了邀请:"理想谷等你来。"徐迅雷老师几乎在第一时间转发了我们的新闻稿件,并骄傲地说"感谢这批英才中的英才采写我"。艾青纪念馆的周国良馆长认为我们的稿件水平很高,既宣传了艾青,又体现出金华的独特气质。纯真年代书吧的朱锦绣老师也转发了新闻并说:"李老师,你们的学生都很优秀,将来都会是社会的栋梁之材。"通过这一首创的校本课程,两届大学预科班(以下简称"大预班")的学生在阅读、访谈、创作、反思等方面获得了长足的进步,并收获了积极的力量。他们带着沉甸甸的故土荣耀,自信地奔赴前方。2017年,我还成功申报了浙江省教育科学规划立项课题"以日记体写作构建自由书写的世界",并于2018年顺利结题。课程的开发和省级课题的主持,都给了我莫大的信心。这两件事都在告诉我,阅读无止境、钻研无止境,海阔凭鱼跃,天高任鸟飞,你的努力决定海的宽度和天的高度。工作二十年,我适应了杭外初高中六个年级以及中考班、高考班、大预班、中法班、中日班等所有班级的语文教学工作,同时我对语文教学和课程改革的认知也在不断深化。

在新一轮课改的进程中,我很荣幸地成为浙江省内最早接触高中语文统编教材的一批老师之一。早在2018年底,杭外就被浙江省教研室选中,作为新教材试教单位,开展了为期数周的试教工作。浙江省两任高中语文教研员胡勤老师、黄华伟老师曾多次莅临杭外进行试教工作指导,杭外高中语文组全体老师都参与了试教,并反馈了试教情况。2020年新教材正式落地浙江,正好我回到高一年级,光荣地踏上了崭新的教学科研之旅。三年来,每天都在备新课,在想新的问题,在读新的书籍,在做新的事情。这是一个全新的起点。

精研新教材,设计最新的教学方案,我多次受全国知名语文特级教师褚树荣老师邀请,设计教学方案和教学实录,《体物写志:〈阿房宫赋〉与赋体文章联读》《独特性和经典型:阿Q的精神胜利法探究》等文章分别于2021、2022年发表于《语文教学通讯》(全国中文核心期刊),两课的教学实录也已经交给出版社待出版。同时,我又接受浙江省教育厅教研室的邀请,和我的同事黄琼、林存富共同设计了《欣赏经典剧本 创造舞台生命——高中语文统编教材必修下册第二单元学习任务设计》,此文不但在《教学月刊·中学版》(全国中文核心期刊)(2021年4月总第895期)上发表,还被"教学月刊"微信公众号全文推送。得益于社会各界的充分信任,我受浙江省教育厅教研室、人民文学出版社、浙江教育出版社、浙江文艺出版社等委托,积极参与多种教师用书和学生用书的编写工作,为全省师生编著优质书籍,编著总量已超20万字。其中包括:3本教师指导用书——《浙江省普通高中学科教学指导意见 语文(2021版)》《整本书阅读"学教评"〈乡土中国〉教师用书》《整本书阅读"学教评"〈红楼梦〉教师用书》;6本学生用书——《初中语文读本 八年级上》《初中语文读本 八年级下》《高中语文读本 选择性必修中册》《普通高中教科书 语文词语手册 选择性必修中册》《整本书阅读"学教评"〈乡土中国〉学生用书》《整本书阅读"学教评"〈红楼梦〉学生用书》。正是怀着对新课程理念的高度认同,以及对全省广大高中语文教师和全省上百万学生的强烈责任心,我在承担编著任务时,切磋琢磨,精益求精,每一项任务都得到了负责单位的充分认可。

与此同时,根据新课标理念,我大胆挑战跨学科教学,创新载体,弘扬中华优秀传统文化。2021年,依托"杭外二十四节气"跨学科选修课,我与省气象台合作,推出短视频栏目——气象小剧场《Hello! 二十四节气》(共24期),首期节目播放量即高达50万次,视频被中国气象局、中国天气、学习强国浙江平台、《浙江日报》、浙视频等多家媒体、平台转发。2021年、2022年,受浙江大学城市学院委托,我多次为省级培训项目"新版高中语文统编教材教学策略研讨"培训班开设专题讲座。2020年、2021年,我精心总结提炼的"学跨中西·传承经典"杭外语文教研本色和"真实践·真语文"之杭外新课改经验,受到省教研室好评,并向全省乃至全国推介。2022年,我接受华东师范大学出版社"大夏书系"团队邀请,与李镇西等教育名家共同笔谈经典阅读的深远意义。

这是教育深度变革的今天,我,一名语文教师为助力教育共富、办好人民满意教育做出的努力。而我深知,每一个孩子只有一个今天,所以,不应错过孩子的每一天,要发自内心爱每个孩子,满怀热情地迎接孩子的每一天,慎重而认真地经营好每一段悠然而高贵的时光,促进每个学生主动地、生动活泼地发展。

我坚信:有爱就有一切!

目录 Mulu

第一章 爱·阅读

新课程背景下的阅读路径和阅读方法 ········3

学习阅读,就是学习写作——以《想北平》教学为例 ········10

《百年孤独》物象解读 ········15

三读祥林嫂 ········29

和中学生一起读名家日记 ········35

不只出现在鲁迅作品中的"看客"形象 ········40

刻意模糊的背后——《礼拜二午睡时刻》主题探索 ········43

培养非个人主义的完整的人——读卡尔维诺《我们的祖先》三部曲 ········49

第二章 爱·写作

自主写作,自由表达——我的写作教学观 ········55

我为什么要写作?——激发学生写作的内在驱动力 ········65

让写作成为生命最美的歌唱 ········68

文言文教学也可轻舞飞扬——以《项羽之死》读写教学为例 ········75

红杏枝头春意闹——"四月随笔"创作综述 ········80

梅杏青青又著枝——"五月随笔"创作综述 ········84

如果有雪,一定不让它孤单落下——"十二月随笔"创作综述 …………………… 89

我言秋日胜春朝——"十一月随笔"创作综述 ……………………………………… 94

第三章　爱·课堂

上学生需要的语文课——我的课堂教学观 …………………………………………… 107

朝"圣"之旅——第二届"圣陶杯"课堂教学大赛回眸 ……………………………… 110

伍尔芙是个疯子?——浅谈《墙上的斑点》教学内容之确定 ……………………… 113

学习任务的有效性思考——以高中语文统编教材试教为例 ……………………… 120

"独特性和典型性:阿Q的精神胜利法探究"教学设计 …………………………… 126

"独特性和典型性:阿Q的精神胜利法探究"课堂教学实录 …………………… 131

项目驱动,真实阅读——《百年孤独(节选)》教学设计与说明 …………………… 147

《百年孤独(节选)》课堂教学实录 …………………………………………………… 154

"体物写志:《阿房宫赋》与赋体文章联读"教学设计 ……………………………… 171

"体物写志:《阿房宫赋》与赋体文章联读"课堂教学实录 ………………………… 176

欣赏经典剧本　创造舞台生命——高中语文统编教材必修下册第二单元学习任务

　　设计 ……………………………………………………………………………… 185

第四章　爱·课程

耕耘自留地,构筑风景线——"浙江作家·浙江文化"校本课程开发与实施综述

　　……………………………………………………………………………………… 197

当我们谈论艾青时我们在谈论什么——记大预班"浙江作家·浙江文化"之诗人

　　艾青研究活动 …………………………………………………………………… 207

走近大地上奔走的越客——记大预班"浙江作家·浙江文化"之作家艾伟研究活动

　　……………………………………………………………………………………… 212

看清这个世界,然后爱它——记大预班"浙江作家·浙江文化"之杂文家徐迅雷研究

　　活动 ……………………………………………………………………………… 216

不忘故土，跟随自然——记大预班"浙江作家·浙江文化"之诗人屠国平研究活动 ……………………………………………………………………………… 219

献给我们的"纯真年代"——记大预班"浙江作家·浙江文化"研究活动 ………… 223

沐浴那一道理想谷的阳光——记大预班"浙江作家·浙江文化"之作家麦家研究
　　活动 ………………………………………………………………………… 227

三重境界　追寻不止——记大预班"浙江作家·浙江文化"王国维研究活动 …… 241

四月芳菲　江南情怀——记大预班"浙江作家·浙江文化"之作家钟求是研究活动
　　…………………………………………………………………………… 246

杭外学子对话当代小说家、翻译家孔亚雷 ……………………………………… 254

后　记 ……………………………………………………………………… 260

第一章 爱·阅读

新课程背景下的阅读路径和阅读方法

《普通高中语文课程标准》(2017年版2020年修订)多次提及"阅读"一词,"阅读与鉴赏""整本书阅读""阅读与交流""阅读与写作""阅读与表达"等相关词组高频出现,阅读的基础性和重要性显而易见。高中统编教材更新了教学内容,首次出现整本书阅读,精选以学科大概念为核心的"经济、政治、文化、科技、社会、生态"等多维度的结构化课程内容,这对一线阅读教学的有效性提出了新的要求。语文教师应主动带领学生积极探索阅读路径和阅读方法,切实提升学生的阅读能力,发展核心素养。

一、阅读的基本路径——入乎其内,出乎其外

王国维在《人间词话》中提到八个字——"入乎其内""出乎其外"[1],恰可以形容阅读的基本路径。入乎其内,即积极主动进入文本,阅读思考,品味鉴赏,知其好;出乎其外,即大胆跳出文本,综合阅读相关书籍,分析探究,知其所以好。这两步不可或缺。打个比方,阅读好比是游泳,如果光是听别人说游泳的各种感受,光是听教练指导种种技法,而不真正潜入水中游弋,那自然无法全面调动各种感官去体验水的温度、力量,无法获得身体和水接触的种种感受。以此比照阅读,有的同学,以读概要、他人评论或做题来代替阅读,缺少主动深入作品的过程,缺少缓慢且深入的思考,这不是真正的阅读,且是不可取的虚假阅读。为什么不可取?因为虚假阅读无法完成对经典作品丰富语言、精巧技能、深邃观点、智慧思想的吸收,无法沉淀促使心灵发育的养料。还有的同学,止步于读作品本身,缺少对作品相关素材乃至系列书籍的阅读,或许也会导致理解片面、肤浅甚至产生谬误。

温儒敏先生在《和中学生谈读书》一文中强调:"必须先要有'啃书'的思想准备,克服那种浅尝辄止的毛病,才能真正进入良好的阅读状态。"[2]我们要做一名合格的阅读者,首先应该是一名真实的阅读者,真切地付出精力,自己读,自己思考,从单篇到多篇、从节选到整书、从一本到数本,不断拓宽自己的眼界,提升审美鉴赏

---

[1] 王国维.人间词话[M].上海:上海古籍出版社,2009:62.
[2] 温儒敏.温儒敏谈读书[M].北京:商务印书馆,2019:79-80.

力,丰富精神世界。

如何做到"入乎其内,出乎其外"?基本要求是做到"三位一体"。哪"三位"?即作品、传记和评论。阅读作品以熟悉作品,阅读作家传记以知人论世,阅读相关评论以获得理性认知。比如杭外学生在阅读钱锺书先生的长篇小说《围城》时,还阅读了钱锺书、杨绛先生的传记、散文,阅读了《钱锺书评说七十年》《中国现代小说史》《〈围城〉内外——钱锺书的文学世界》等评论,在"三位一体"阅读的支撑下,他们得以写出如《浅谈〈围城〉第五部分的作用及必要性》(2023届王喆炜,保送北京大学)、《句句推敲比,字字珠玑喻——浅析〈围城〉中的比喻》(2023届张逸瑞,保送北京大学)、《一眼望穿?——小议李梅亭人物形象的复杂性》(2023届余代黛,保送复旦大学)等作品。再如阅读《乡土中国》,我们可以来一个"三位一体"阅读的升级版——"五位一体",包括作品类、传记类、思想评论类、其他人类学著作以及其他纪实文学。需明确,支撑整本书阅读的不仅是这本书,更应该是一系列书。要想全面深入地理解作品,应以作品为中心,自觉向四周延伸阅读相关作品,构建同心圆阅读空间。最终回归圆心,帮助我们认清作品。

二、阅读的基本方法——五举共融式阅读

在二十余年的语文教学实践中,笔者提炼了一整套阅读的基本方法——五举共融式阅读法,即泛读精读结合、阅读写作结合、视觉听觉结合、阅读实践结合、线下线上结合这五种可根据实际学情选择并相辅相成、互促互补的共融式阅读方法。

(一)泛读精读结合(精略适当)

夏丏尊先生认为"阅读通常可分为两种,一是略读,一是精读"[1]。如何"精读"?胡适先生在《怎样读书》中认为,做到"精",应该有四到,即"眼到、口到、心到、手到"[2]。鲁迅先生的精读法,大概有四种,前三种较适合普通人:第一是"添朱线";第二是"一面读,一面摘录,做成拔萃簿";第三,"比拔萃法更有功效的读书法,是再读"。那何为泛读?泛读就是一般性地泛泛地阅读,就是冯友兰先生说的"粗枝大叶地读","只要知道它大概说的是什么就行了"。[3]

英国哲学家培根认为:"有些书只需浅尝,有些书可以狼吞,有些书要细嚼烂咽,慢慢消化。"[4]新课标建议灵活运用精读、略读、浏览等阅读方法。那如何恰当选择精读或泛读?根据教学实践,笔者建议有三:第一,根据教材要求选择精读和泛

---

[1]《博览群书》杂志选编.读书的艺术[M].北京:九州出版社,2004:41.
[2] 胡适等.怎样读书[M].北京:生活·读书·新知三联书店,2012:20.
[3]《博览群书》杂志选编.读书的艺术[M].北京:九州出版社,2004:25-27.
[4]《博览群书》杂志选编.读书的艺术[M].北京:九州出版社,2004:128.

读。教材节选部分务必精读,其他章节可以选择精读和泛读相结合的方式。比如选择性必修上册教材中《大卫·科波菲尔》节选的第十一章《我开始独自生活,但不喜欢这种生活》要精读,而其他六十三章可以精读和泛读相结合,毕竟七十九万余字的总量确非小数目。第二,根据理解的难易度选择精读和泛读。必须要理解的内容选择精读,理解没有障碍的内容可以选择泛读。比如《乡土中国》,对于初读学术著作的学生来说殊为不易,但它对丰富学生的阅读体验和促进学生思维的发展却意义非常,务必精读。第三,根据不同的目的选择精读和泛读。有助于拓宽阅读面、增加阅读量、培养阅读兴趣和习惯的,可以选泛读;通过深入阅读,能掌握鉴赏技巧、提升阅读理解力的,可以选精读。目前新高考对准确理解文本的要求进一步提高,反对过度多元化、过度生活化的解读,提倡贴着文本阅读,这和新课标强调"准确理解""准确把握""准确概括"的要求密切相关。

(二)阅读写作结合(读写结合)

什么是读写结合?顾名思义就是围绕阅读,展开点评、续写、改写、创写等写作活动,以写促读,以读促写。

1. 摘抄、点评

学者王力先生强调要摘要做笔记:"人们喜欢在书的旁边圈点,表示重要。这很好,但是还不够,最好把重要的地方抄下来。"[①]明末清初的文学批评家金圣叹尤其擅长批书,比如高中语文统编教材必修下册中的《阿房宫赋》,金圣叹也作了评点:"燕赵之收藏,韩魏之经营,齐楚之精英",金圣叹评点为"横写六国珍奇",而"几世几年,剽掠其人,倚叠如山",金圣叹则评点为"竖写六国珍奇"。"横""竖"只一字之差,却能让读者顿悟杜牧是从空间和时间两个维度写秦搜刮六国珍奇的事实,对文赋"体物而浏亮"这一特点的认识也就清晰了。

杭外初高中各年级同学每周末和寒暑假的语文作业,往往有随笔或读书笔记,读书笔记就是王力先生所说的摘要笔记。同学们会选择经典书籍进行阅读,摘抄书籍中的精彩文句进行评点,有的欣赏文辞,有的评价人物,有的分析文章结构、写作手法等,有的是散点评论,也有的是总体评价,这样的读书笔记,常年积累,往往成为一届届学生中学时代最珍贵的作业集。

2. 续写、改写、创写

这三者的差异在于,续写要从原文出发,遵循原文思路,进行符合逻辑的联想和写作,而改写和创写虽也是基于原文,但可以根据要求的主题来写作。无论是哪一种,写作的前提都是熟读并准确理解原文。举个例子,高中语文统编教材必修上

---

①《博览群书》杂志选编.读书的艺术[M].北京:九州出版社,2004:106.

册收录了作家茹志鹃的小说《百合花》,小说采用的是第一视角,在文工团创作室工作的"我"被派到战斗连,认识了负责带路护送的通讯员,"我"自告奋勇讨了向老百姓借被子给伤员的任务,因为怕来不及,就请了和"我"同乡的通讯员一起,通讯员虽然踌躇但还是去了。小说写到这里,是第25段。随后,第26段用百余字略述了"我"和通讯员分头借被子的过程和结果,"我"借到两条棉絮一条被子,而通讯员却两手空空,且在第28段写了通讯员向"我"抱怨说"老百姓死封建。因为通讯员借被子,"我"不在场,第一视角无法还原通讯员第一次借被子的现场,但学生非常好奇为何通讯员会借不到被子。根据后文,我们了解到通讯员碰钉子的这家是一位年轻媳妇,结合全文,这是一位美丽俊俏、活泼开朗、勤快灵巧、淳朴善良的女性,完全不似通讯员所说的"死封建"。小说第28段,似乎成了不可理解的段落。是否可以尝试从第一视角转换成全知视角,贯通全文,想象创写"通讯员第一次借被子"的过程呢?我的学生都在精读原文的基础上完成了创写。以下是朱硕涵同学的创写。

　　小通讯员走到小院门前,思索着应当如何借被子。

　　想着想着,还没见到人,他的脸就先涨了个通红。他正在门口杵着,门却"吱呀"一下开了,从里面出来的姑娘受惊似的"呀"了一声。

　　这一下把小通讯员给吓蒙了,他抬起头又低下,脸更红了,到嘴边的话却说不出口。姑娘不解地看着他:"怎么了?"

　　半晌,见通讯员不应,她便轻轻叹了口气:"那便进屋说吧。"

　　坐下来,通讯员只觉得屁股像被针扎了似的不自在,和她在一屋待着怪怪的。"被,被子。"他有些不好意思地说,"大姐,我们队里的伤员,要盖被子,你,你能借我们一床被子吗?"

　　这姑娘是个新结婚的媳妇,稚气尚未褪去。嫁妆不多也不少,正巧是那床被子。非要她借吧,也不是那么不情愿,可是又有点舍不得。又见着小通讯员讷讷的,有些可爱,顿生调侃他一下的心,说不定就把这小同志给吓跑了呢。

　　她便故作忸怩状:"你看你又让我借你一床被子,这出去要是被邻居看到了,准要教人笑话。"

　　这小通讯员的一颗心乱了,他又急又恼,自知要借东西还得要好声好气,却又不知怎么与她辩解一番。这可是碰上了硬钉子,要面子的他只能任由自己那薄脸皮越来越红热,像个熟透了的番茄。

　　"我……我……"

　　"你什么你?"小媳妇偷眼看他的反应觉得好笑,却又绷紧了脸,两眼一瞪,"不太方便,我看你还是另找女同志来吧!"

小通讯员有些生气,心想好好一个姑娘怎么偏偏就不愿意借一床被子呢?支书说得对,这封建心啊,就是要不得!

想到这里,他心说不借就不借,我才不找女同志!一起身,头也不回地磕磕绊绊地出了院门。

朱同学的创写基本遵循了小说人物的主要性格特征,且与上下文情节贯通,衔接自然,语言朴素畅达,是一次较为成功的创写。

其实,阅读和写作在很大程度上是一体的。高中语文统编教材必修上册中《立在地球边上放号》的作者郭沫若,就有"为创作而读书"的方法:"我自己在写作上每每有这样的一种准备步骤。譬如我要写剧本,我便先把莎士比亚或莫里哀的剧本读它一两种,要写小说,我便先把托尔斯泰或福楼拜的小说读它一两篇。"[1]老舍先生也曾说:"要写作,便须读书。读书与著书是不可分离的事。"[2]说到底,读和写其实是相辅相成的,笔者也曾写过《学习阅读就是学习写作》的文章,开设过"学习阅读就是学习写作"的讲座,"学习阅读就是学习写作"这一观点,是从作家毕飞宇先生的著作《小说课》中领悟的,相信随着学生阅读和写作生活的日渐丰富,应该能很好地理解两者之间互相促进的关系。

(三)视觉听觉结合(视听互补)

人生无处不读书。视听互补,指在阅读过程中,因时因地选取看或听的方式,做到视听互补,视听互助。古有匡衡凿壁借光、孙康映雪夜读等无条件却创造条件读书的故事,现代人已经不需要为光照而忧心,甚至有了更多方便阅读的条件,比如日渐丰富的移动听书设备、层出不穷的听书App。高中语文统编教材中的《红楼梦》《乡土中国》《百年孤独》《复活》《阿Q正传》等作品均可在这些App中找到,且播放量都到达惊人数值。它们为何广受欢迎?因为移动听书优势明显,具有很强的伴随性和情境感,能够辅助学生高效利用碎片时间,且有声阅读往往是一字一词进行演播,能够防止粗疏阅读。但其也存在一些不足,比如在泛读方面,尽管有倍速等操作,但不如翻阅纸质书籍方便,且不易随时进行点评。因此,教师应引导学生根据不同情况,选择恰当的阅读方式,做到惜时、有效。对于新课标中推荐的课内外读物,建议学生不妨在节假日,在听书平台搜寻并选择优质演播音频下载,以备听读。

(四)阅读实践结合(动静相宜)

动静相宜,指以动态的实践活动促进静态的阅读活动深入。阅读是静态的,阅

---

[1]《博览群书》杂志选编.读书的艺术[M].北京:九州出版社,2004:67.
[2]《博览群书》杂志选编.读书的艺术[M].北京:九州出版社,2004:125.

读也可以是动态的。以静态阅读为动态呈现做好准备,以动态呈现反促静态阅读走实走深,双态互促,可以成为阅读的良方。在杭外,有大量基于阅读的实践活动。比如《雷雨》话剧表演、金秋诗会、《围城》演播、《红楼梦》知识竞赛、《西溪水》读书会、"浙江作家"访谈系列活动、《百年孤独》项目式阅读活动等。可以说,阅读成了实践的源头活水,有阅读,实践才有生命力;实践则成为阅读的七彩羽衣,有实践,阅读的光彩得以一一呈现。教师应引导学生选择自己喜爱的项目积极体验,通过实践提升阅读的自觉性,收获阅读的成功感。这种体验,按学者贺麟先生的说法,"即是用理智的同情去体察外物,去反省自己。要了解一物,须设身处地,用同情的态度去了解之"[1]。例如话剧表演,能让学生在一段时间内,贴着作品中的人物说话、做事,理解他的内心世界,自然流露对他周围的人和世界的情感,甚至获得一种同呼吸共命运的感受,拥有一种非常与众不同的精神生活,这一种"细密的、深刻的、亲切的求知方法"[2],必定会促进深度阅读、长效阅读。

当然,实践中绝对不可或缺的是理解生活,将书本与自身体验和实践结合起来。笔者曾在接受华东师范大学出版社北京分社、大夏书系团队发起的"笔谈2022'4·23世界读书日'和'4·26世界知识产权日'"活动采访时被问及:在你的思考和写作中,是不是有一些话语常常萦绕在脑际?这些话语是什么?它们出自谁?我回答了两处。第一,"退而甘食其土之有",出自唐代文学家柳宗元的《捕蛇者说》。人到中年,愈觉尽责之紧要,时时鞭策自己,不懈怠,勤奋踏实,才有资格"甘食"。第二,"我既无竹也无壁,却是奇景的目击者和见证人",出自张晓风《东邻的竹和西邻的壁》。经典书籍,浩如烟海,杭外学子,济济一堂。书并非我写,学生并非我养育,我却有机会用好书去教育好学生。定要如饥似渴地阅读,以思为乐,拿出最好的教学方案,给学生永远新鲜的课堂以及充满生命力和爱的教育,不错过孩子的每一天,不辜负日头。相信学生也会有类似体验,许多经典作品中的文句、情感、思想都可能融入生命之中,成为精神力量。

(五)线下线上结合(双线交织)

双线交织,指在网络时代,既能借助互联网强大的搜索功能完成数字化探究式阅读,也能守住静心阅读的初心,在纸质书籍上圈点勾画,为"我"所选,助"我"悦读。随着网络的日渐发达,目前很多数字资源都可在网络寻得,为大家的阅读思考提供了极大便利。这也对我们提出了新的挑战,在海量资源中,如何精选出最适合自己的那些优质材料?这一能力需要训练,经验需要积累。而一本书、一支笔的原

---

[1]《博览群书》杂志选编.读书的艺术[M].北京:九州出版社,2004:156.
[2]《博览群书》杂志选编.读书的艺术[M].北京:九州出版社,2004:80.

生态阅读方式也永不过时,随着笔尖在字里行间的轻轻滑动,人的心神会紧紧跟随,读者与书籍、作家的对话也会专注而深入,这种"自然的、安宁的、圣洁的姿态"将引领我们"抵达最美最高的境界"。①

所谓条条道路通罗马,阅读路径和阅读方法也会因人而异、因时而进。在新课改不断深入推进的过程中,教师应不断引导学生探索学习路径和学习方法,巧妙、灵活地循着阅读路径,综合运用各种阅读方法,真正领会经典魅力,收获精神力量,在作品中成长,在作品中长大,"超越庸常,磨性子,增涵养,养成良好的心性、健全的人格和聪慧的大脑"②。

---

① 曹文轩.阅读是一种宗教[M].合肥:安徽教育出版社,2011:3-4.
② 温儒敏.温儒敏谈读书[M].北京:商务印书馆,2019:74.

学习阅读，就是学习写作
——以《想北平》教学为例

作家毕飞宇说："什么叫学习写作？说到底，就是学习阅读。你读明白了，你自然就写出来了。阅读的能力越强，写作的能力就越强。"[①]的确，审美鉴赏与创造往往结伴同行，根据新课标，教师应积极"引导学生阅读古今中外诗歌、散文、小说、剧本等不同体裁的优秀文学作品，使学生在感受形象、品味语言、体验情感的过程中提升文学欣赏能力，并尝试文学写作，撰写文学评论，借以提高审美鉴赏能力和表达交流能力"。笔者在语文教学实践中，始终坚持推进经典阅读，培养学生自然而然的写作力。

《想北平》是作家老舍的一篇乡土散文。张智辉教授认为乡土散文有强烈的中国气派和浓郁的地方特色，能对故土产生挚爱与怀想美。他用"微醺的醉意"来评价乡土散文之美学价值，而我以为，《想北平》表现的则是"微醺的乡愁"，老舍既沉醉于北平，亦忧心于北平，既是思乡，又非一般意义的思乡，有无奈、焦灼、痛和泪，牵人心神，动人心魄。

一、老舍如何写出微醺的乡愁

1. 以"母爱"类比"北平之爱"

老舍是以创作为生命的人民艺术家，但在《想北平》前3段却7次表达"我说不出来"，从第1段的"但要让我把北平一一道来，我没办法"，到第2段的"这个爱几乎是想说而说不出的""我爱我的母亲，怎样爱？我说不出""言语是不够表现我的心情的""我的每一思念中有个北平，只是说不出而已"，再到第3段的"但我不是诗人，我将永远道不出我的爱""我不能爱上海与天津，因为我心中有个北平。可是我说不出来"。为何说不出来？

借助老舍经典散文《我的母亲》，理解母亲"勤俭诚实""最会吃亏""软而硬"的精神品格。"母亲以惊人的毅力和隐忍的行为独挑全家的生活重担，将她自己'软而

[①] 毕飞宇. 小说课[M]. 北京：人民文学出版社，2017：121.

硬'的性格同时赋予了儿子。"①"生命是母亲给我的。我之能长大成人,是母亲的血汗灌养的。我之能成为一个不十分坏的人,是母亲感化的。我的性格,习惯,是母亲传给的。她一世未曾享过一天福,临死还吃的是粗粮。唉!还说什么呢?心痛!心痛!"②老舍对给予他生命和"生命教育"的母亲无限爱戴、无限思念,而深沉的爱是不容易说的,丰厚的爱是说不尽的。老舍对北平的爱也是如此,不是不会说,不是不能说,而是怕说不好、说不完都会辜负了北平和自己。

2. 以"平实语言"写出"自然交融、物我两忘"的境界

写作《想北平》时,老舍已远离故土十年,在青岛想起北平的一枝一叶:那"雨后什刹海的蜻蜓""梦里的玉泉山的塔影",那韭菜叶上"带着雨时溅起的泥点",还有那"带着一层白霜儿"的玉李……老舍"像小儿安睡在摇篮里"一般享清福,沉醉自然、物我两忘。"多么质朴的追求,多么恬淡的兴味"③。披文入情的过程极美:"我能摸着——那长着红酸枣的老城墙",好个"能摸着",这城墙使心着陆;"坐在石上看水中的小蝌蚪或苇叶上的嫩蜻蜓",为何不是"老蜻蜓、肥蜻蜓、壮蜻蜓"?只因那是童年的温馨记忆,朦胧宁静安详,"老城墙"和"嫩蜻蜓"对举亦生出贯穿古今的生命力。

或有人会说:作为散文典范,此文实无华丽语言,几无诗文引用。对此我想说,一切为炫耀语言功底、为显示时髦气息的创作,其所谓的诗意都有假冒之嫌。真情不存,语言如何附着?华美之辞便如一地鸡毛,不值一文。

3. "情在理先"、不容辩驳的"一往情深"

在《想北平》中,很多对比似乎让人觉得牵强。如"北平是个都城,而能有好多自己产生的花、菜、水果,这就使人更接近了自然。从它里面说,没有像伦敦的那些成天冒烟的工厂"。再如"巴黎,据我看,还太热闹。虽然那里也有空旷静寂的地方,可是又未免太旷,不像北平那样既复杂而又有个边际"。总之,别地都没有北平好。实在地讲,伦敦巴黎都是世界名都,风光旖旎自不必说,但老舍情定北平,自动过滤了对异地的美好记忆,而选择异地的不足来反衬北平的好。情感跑在理智前面,就像情人眼中出西施,有时候,爱就是一种主观感受,没有理由。"我不能爱上海与天津,因为我心中有个北平。"这种排外的痴恋之情,浓烈而富有感染力。潘璐同学甚至感叹:"老舍先生是北平深情而专一的恋人。读者纵然有驳斥的念头,也会为其真情感染而放弃争论。"

---

①曾广灿,范亦豪,关纪新编.老舍与二十世纪[M].天津:天津人民出版社,2001:23.
②傅光明选编.老舍散文[M].杭州:浙江文艺出版社,2009:107.
③曾广灿,范亦豪,关纪新编.老舍与二十世纪[M].天津:天津人民出版社,2001:55.

4. "沉郁苍凉""催人落泪"的真挚抒怀

温儒敏先生曾言:"老舍性情温厚,其写作姿态也比较平和,常常处于非激情状态,更像是中年的艺术。"《想北平》也表现出了这种平和的写作姿态,但是有好几处,我觉得老舍是情难自禁的,他对北平的爱几乎喷薄而出。"我不能爱上海与天津,因为我心中有个北平。"这多么像一个痴情的男子,像表白爱情一样深情地表达对一座城市的爱。"好,不再说了吧,要落泪了。真想念北平啊!"男儿有泪不轻弹,但是此刻,思念、忧虑、牵挂之情翻滚于心,言语不及表达,泪已噙满眼眶。"好",多么无奈沉痛的煞尾,老舍念及故乡将要遭受的厄运,不忍想、不忍闻,如果继续想念,情何以堪?

二、我们如何写出"微醺"的乡愁

1. 教师体验激发创作热情

提及故乡,我便忆起故乡:尽管15岁就出门远行,但是故乡的一点一滴时常令我想起、念起。印象中的故乡,最深刻的有两点:一是故乡的水汽。绍兴多水,水道交错,河港纵横,一座座石桥横跨其上,我是在水汽的浸润中长大的。当我离开的时候,或许并未意识到失去了什么,只新鲜地往前奔去。但是,陌生的异地只在一点一点吞噬你,乃至心有了缺口,是空落落的,当你踏上归途,这些贮存的失却将一次性迸发。记得大学暑假坐车从金华返回绍兴,车过义乌、诸暨、萧山,行至绍兴界,那些活泼泼、清凌凌的水汽便扑面而来,钻进鼻孔,湿润润的,心也随之柔软了。另一处记忆是故乡的社戏,那时候,绍兴每到农历八月中下旬都有传统的节日,搭戏台请戏班,热闹得很。我们幼年时觉得非常新鲜,爬至后台,近距离看她们打扮,最深刻的印象就是白的脸孔、黑的粗眉、红的两腮,着实有趣。

这些叙述,学生会意微笑。那么,你记忆中的故乡呢?我把他们送回到故里,把他们交还给记忆。

2. 驻足《想北平》激发创作热情

"只有驻足于字里行间进行言语的具体品味,才能真切地感悟散文的情感内容,才能达成'悟意审美'的目的。"①我认为,只有这样才能领悟经典散文的创作要义。在教学中,我和学生细读文本,逐渐领悟到乡土散文的创作要义:

(1)情在笔先,有情才有生命。创作的生命源自何处?源自感动。每一样生命体只有撞击入心怀,才可能被记忆镌刻。那么,你才愿意为其叙写,为其歌唱。闭上眼睛,潜伏到记忆的长河中,去会晤那一次次的心动吧。

---

①王荣生.听王荣生教授评课[M].上海:华东师范大学出版社,2009:233-234.

（2）精选镜头，鲜活才显生气。我对学生说，如果我们写故乡的奶奶，想抒发对她的爱，那么，你会写什么？什么事物最能承载这份情感？什么镜头最是生动有味？从那一组组画面中择取如"嫩蜻蜓""带霜儿的玉李"般新鲜的记忆来细述。在交流中，我不断肯定他们的发现，尤其是那些特别富于画面感、能让人产生联想的落脚点，比如，橘园、围裙、眼神……

（3）贴着文辞，自然才创境界。不求华丽高深，不要花言巧语，回归自然质朴、清新自如，用真诚的文字描述记忆中的故乡，刻画记忆中的人和事，自会有一种境界。

3. 生生互动激发创作热情

我让学生写200字左右的片段作文《想_____》，祝司倩同学写下《想蒲扇》：

小儿蜷着身子躺在床上，夏日的炎热令竹席也仿佛冒着一层热气。没有呼哧呼哧的空调，没有吱呀吱呀的电扇，小儿驱逐夏日侵袭的，是奶奶手中那把裂缝无数的草黄色蒲扇。看到蒲扇一下一下来回地扇动时，小儿心里很安然，因为即使有再多的汗水，也会被它拂去，留下清凉与一种不知名的情愫。她那个时候还不知道这种情愫叫"亲情"，叫"感动"，在她脑海里流淌的，只是"奶奶是世界上最好的人"这几个任性的字。小儿经常会想很多有关奶奶的事，比如哪一天奶奶走了，自己也一定要跟着去，但小儿从来不提。奶奶会躺着或干脆坐在小儿身旁，专心地摇动扇子。微酸的汗水在小儿鼻中已变成了奶奶的印记。这种特殊的汗水带着些许乳香，些许温暖，小儿到长大了都没忘记。睡着了，什么梦都没有，干干净净的。

小孙女在孩提时，在物资匮乏的夏日里，受到奶奶蒲扇的爱抚。十几年过去了，那"裂缝无数的草黄色蒲扇""微酸的汗水"仍在孙女记忆中清晰如昨。

时隔三年，我来到丽水外国语实验学校，带去了这段《想蒲扇》，这柄甜蜜酸涩的蒲扇让同学们无限感慨。频频点头的有之，心领神会的有之，跃跃欲试的有之。于是，他们纷纷写下心中的想念。如陈鹏飞同学的作品：

想她的天——寄外婆

最近的天都是灰的，看不见一点光。经常呆望着窗外，渐渐地想起了她的天。

她是在正午出生的，用她的话说——她一辈子都是正午的天。

在我零星的记忆里，很少有她的身影。因为她的身影永远都在那片属于她的田埂上。没日没夜，年复一年，开垦了她能开垦的土地，付出了她不得不付出的日子。

我曾沉重地问她——为什么不停下，去感受，去享受？

她却说——你看，天不是还亮着吗？等黑了，什么都干不了了。

结果，她依然忙碌在那片田上。烈日烤在脸上，暴雨打在身上，大水漫过双脚。

就这样,烈日晒黑了肌肤,暴雨打弯了脊背,大水泡出了风湿。可她,还是在那里劳作。她说,她就是这片田的天。

我在她身边待了三年,她给过我无微不至的爱。虽然平平淡淡,可我却有种想哭的感觉。不知道为什么,不论是小扇轻摇的时光,还是夜雨淅沥的片刻,她都守在我身边。用她的话讲,大概就是——她就是我的天。

外公走得早,所以,她很早就孤身一人。我曾看到过她一个人哭,躲在角落,拿着外公的相片,很汹涌地哭着。我本想试着去安慰她。谁承想,见我到来,她却不哭了,反而笑了,笑得很灿烂。我没有问为什么,因为我知道——她是这个家的天。

看着灰蒙蒙的天,有种说不出的冲动。

不知道现在她是否在望,守望着那片属于她的天。

至少,有我在想,想着那片近暮的天……

她的天,或许,还亮着吧?!

陈鹏飞的笔尖浸润情思,"天"意丰厚,是"美是忧伤"之哲学命题的生动注脚。可以借用陈际光同学的感受来评点:"如果说思念是一种病,那么我已经病得不轻了。"

随后几年,敖雨飞同学的《想北门》在《长兴日报》发表,并在浙江省少年文学之星评比中获奖。周可文同学的《想筒子楼》在《中学生天地》上发表。可文写道:"天知道这时我有多么想回到那幢老旧的'筒子楼',我真正意义上的摇篮。""我家在正中间,每当我放学回家,黄昏的光拌着飘香,端出一碟碟佳肴。路过一家家的厨房时,一个个'阿姨好'喊过来,乖巧可爱一点,便能收获一些新鲜出炉的好吃的,鸡柳、虾、黄瓜——吮着手指回了家。""芒果街上的小屋里有这么一句话:'我的离开,是为了回来。'我在不停地想你,在记忆中和梦里反反复复停驻在你那儿——我的筒子楼。"

情感厚实,镜头鲜活,令人动容。如果可以,我也愿意在这样的筒子楼里住上几年。与其说可文想回到过去的筒子楼,不如说可文深深眷恋着那时候的感觉。那时候,邻居和邻居你来我往,亲近和气;那时候,伙伴和伙伴三五成群,勾肩搭背;那时候,房子虽小,生活却丰富;那时候,楼道虽窄,情意却暖心。如今,高耸坚固的楼房内,更多见的是冷清的面孔和清冷的心。当"乡音乡情"不再,我们又该如何疗救我们形容枯槁的"家园"?

康·帕乌斯托夫斯基在《金蔷薇》中说:"存在于我们周围世界和我们自己身上的一切,都可能成为构思的推动力。"我始终相信,阅读经典作品就是写作极佳的推动力,学习阅读就是学习写作,在阅读中了解文学作品的一般规律,形成自觉的创作意识。往后,若有"曾经沧海难为水"的遗憾,才有更加高远的写作追求。

《百年孤独》物象解读

曾有人说魔幻现实主义杰作《百年孤独》让人昏昏欲睡，或许是由于其独特的叙述方式、巨大的情节容量以及循环往复的人名设定。但在细读中，我却发现了一条有趣的小径，即循物象进入情节、人物乃至主题，寻微探幽，奥妙无穷。

一、蚂蚁与布恩迪亚家族

《百年孤独》中，蚂蚁出现了25次。从蚂蚁种类来说，主要有"白蚁"和"红蚂蚁"；从其在整部著作中的分布来看，蚂蚁出现在中后部分，从第九章叙写奥雷里亚诺上校看到"房梁上白蚁蛀痕纵横"始，到第二十章"最后一个人正被蚂蚁吃掉"终；从叙写疏密来看，呈现由疏到密的规律，从第九章仅出现1次到第二十章出现了9次；从蚂蚁产生的威力来说，与日俱增，从蚂蚁只导致房梁上有蛀痕，到最后"全世界的蚂蚁一齐出动"吃掉布恩迪亚家族的最后一代。

经受百年孤独的布恩迪亚家族是怎么消失的？作家在小说结尾提到，他们"被飓风抹去，从世人记忆中根除"，并强调"经受百年孤独的家族不会有第二次机会在大地上出现"。在魔幻的飓风之下，或许我们更应看到现实中的"蚂蚁"。蚂蚁蛀蚀了布恩迪亚家中的一切——房梁、木板、门窗、长廊、花园、地基甚至活人，蚂蚁在家中从"低鸣不止"到发出"疯狂啃噬的轰响"，再到像"洪流"一般夺取一切，让第五代阿玛兰妲·乌尔苏拉和第六代奥雷里亚诺乱伦生下的长着猪尾巴的儿子成为了"一张肿胀干瘪的皮"。如果说羊皮卷卷首的提要"最后一个人正被蚂蚁吃掉"是寓言的话，那么蚂蚁则是密钥，启动了家族毁灭的程序。

家族第一代何塞·阿尔卡蒂奥·布恩迪亚和妻子乌尔苏拉·伊瓜兰开创了马孔多，使马孔多从村落成为市镇，尤其是乌尔苏拉扩建后的家宅，布局合理，设施齐全，起居室、饭厅、卧室、长廊、男女浴室、大马厩、奶牛棚、鸡舍应有尽有，还有令人悦目的欧洲蕨、秋海棠和玫瑰花园，如此宜居之所，却被蚂蚁蚕食。蚂蚁之乱岂是朝夕可为？在其入侵之始，家中弥漫悲戚氛围，唯有失明的乌尔苏拉"刮去门窗上的白蚁蚁路，撒下生石灰将蚂蚁毒死在巢窝里"，可这位"老老祖母"不久即去世，"被放进一口比当年装奥雷里亚诺的篮子略大的小棺材"。而后桑塔索菲亚·德拉·彼达和阿玛兰妲·乌尔苏拉也试图赶走蚂蚁却深感无力，蚂蚁队伍日益壮大。人蚁之战,以人的败退告终,人退缩到"用石灰圈出的领地",更由于奥雷里亚诺和阿玛兰妲·乌尔苏拉陷入情欲沼泽,意乱神迷,无法自控,以致丧失现实意识、时间观念,最终酿成蚁吃人的悲剧。惑于欲望,陷入孤独,各自为政,持守孤独,这正是《百年孤独》众多人物的写照。小蚂蚁照出了人的无能为力,这是人的悲剧,亦是人性的悲哀。

作家马尔克斯在接受记者P.A.门多萨采访时,认为布恩迪亚家族的孤独感源自"他们缺乏爱","布恩迪亚家族的人不懂爱情,不通人道","孤独的反义词是团结"。[①]我亦以为布恩迪亚家族最终消亡的结局,是所有孤独、不团结的结局。第九章中,当奥雷里亚诺上校从战场返家后,"对时光在家中侵蚀出的种种令人心碎的细微创痕毫无察觉",他因为战争而麻木;第十七章中,当乌尔苏拉失明后,"早在第一次扩建家宅时精心培育的花圃都已毁于大雨和奥雷里亚诺第二的大肆挖掘",奥雷里亚诺第二在挖什么?挖金币,忘乎所以,尽显贪婪,丝毫不管"从墙壁到地基处处开裂";第十九章,奥雷里亚诺和阿玛兰妲·乌尔苏拉恋爱,忘记往蚂蚁洞里撒石灰,以致蚂蚁激增横扫花园,"啃食家中的一切木制品"。从忽视破坏到主动毁坏再到助长毁灭,布恩迪亚家族或被虚妄的战争所缚,或被财富和情欲所缚,深陷孤独泥潭。这些无效的孤独导致了家族的分裂、离散和无力。蚂蚁的轰响反衬孤独的死寂,蚂蚁之盛渲染了欲望之盛、孤独之盛,从某种意义上来说,蚂蚁揭示了百年孤独的主题。

小蚂蚁在《百年孤独》这本大书中有着举足轻重的地位,我甚至认为,与其说是飓风抹去了马孔多的布恩迪亚家族,还不如说是蚂蚁毁灭了一切。前者是魔幻,后者则是现实,当然,魔幻现实主义同时需要飓风和蚂蚁。

二、小黄花与何塞·阿尔卡蒂奥·布恩迪亚

《百年孤独》3次写到"小黄花",分别在第四章、第七章和第十八章。其中第四章的小黄花是水生植物,开在乌尔苏拉特意为梅尔基亚德斯盖的房间的假牙杯子里;第十八章出现的小黄花是陆生植物,开在进入暮年后的乌尔苏拉家的长廊水泥地裂缝中,但作家颇有意味地强调"与一个世纪前乌尔苏拉在梅尔基亚德斯放假牙的杯中发现的花朵一般无二"。和这两次匆匆提及"小黄花"不同的是,作家在小说第七章末尾详细描述了一场自天而降(非水生、非陆生)的小黄花雨,是献给何塞·阿尔卡蒂奥·布恩迪亚(以下简称何塞)的。我们先来看这一段文字:

于是他们走进何塞·阿尔卡蒂奥·布恩迪亚的房间,用尽全身力气摇晃他,冲他

[①]加西亚·马尔克斯,P.A.门多萨.番石榴飘香[M].海口:南海出版公司,2015:98.

耳边叫喊，又把一面镜子放在他的鼻孔前，但都无法将他唤醒。不多时，木匠开始为他量身打造棺材，他们透过窗户看见无数小黄花如细雨缤纷飘落。花雨在镇上落了一整夜，这静寂的风暴覆盖了房顶，堵住了屋门，令露宿的动物窒息而死。如此多的花朵自天而降，天亮时大街小巷都覆上了一层绵密的花毯，人们得用铲子耙子清理出通道才能出殡。

同学们是否好奇，马尔克斯为什么用一场小黄花雨来送别何塞？《百年孤独》中唯一出现的"花毯"为何献给何塞？

让我们先来认识一下何塞。他是《百年孤独》布恩迪亚家族的第一代，是马孔多的开创者。他在古老的村落长大，在十九岁时与自己的表妹乌尔苏拉·伊瓜兰结为夫妻，后因无法接受普鲁邓希奥·阿基拉尔的挑衅刺穿阿基拉尔咽喉。为躲避普鲁邓希奥·阿基拉尔死神的纠缠，何塞带着像他一样年轻的朋友，离开故土，翻越山脉，经过将近两年的跋涉，在一条乱石累累的河流岸边扎了营，并在梦中确定新家园的名字——马孔多。纵观其一生，我们可以在他身上发现三个鲜明的特征。

一是富有进取心。全书两次提到"进取心"，全都是用在何塞身上的。事实上，《百年孤独》一共写了布恩迪亚家族七代人的经历，其中男性近10人，唯有何塞配得上"进取心"这个词。从小说前五章来看，何塞称得上是一名称职的开创者，一位族长式的人物。在马孔多初建时期，何塞"指导人们怎样播种，建议怎样教育孩子、饲养牲畜，为村社的繁荣与所有人通力合作"，可见其不仅重视生产劳动，也重视家庭教育，且能够团结民众，目标明晰。"他排定了各家房屋的位置，确保每一户都临近河边，取水同样便捷；还规划了街道，确保炎热时任何一户都不会比别家多晒到太阳。短短几年里，三百名居民的马孔多成为当时已知村镇中最勤勉有序的典范"，可见他追求公平和恰如其分，维护社会秩序。自从见到冰块后，何塞又设想"在不久的将来可以利用水这种寻常材料大规模生产冰块，并用它们建造村庄的新居"，可见他心系民众，充满抱负，有创造宜居环境的理想。随着马孔多变成繁华的城镇，第一批阿拉伯人来到马孔多，何塞"忙于设计街道规划新居，以保证人人享有平等权益"，他的勤勉和公正深孚众望。当失眠症入侵马孔多时，何塞"便召集起各家家长，把自己所知的失眠症情形讲给他们听。众人决定采取措施防止灾难扩展到大泽区的其他村镇"，何塞还将奥雷里亚诺给每样东西制作标签以抵制记忆消失的做法推广到全镇，想方设法控制疾病的扩散并破除危害。事实上，何塞在马孔多就是领导者，他具备了实干、智慧、创新、公正、勇敢、果断等领导者的品格，被民众敬重和拥护。

二是极具探索精神。与实干精神相比，有过之而无不及的则是何塞的探索精神。吉卜赛人来到马孔多，带来许多新发明，尤其是梅尔基亚德斯的到来，充分激发了何塞的探索热情。何塞想用磁铁挖掘地下的黄金，又萌生将磁铁应用于战争的想法，全心投入战术实验；当梅尔基亚德斯送给马孔多一间炼金实验室后，何塞试图炼出点金石，将乌尔苏拉的三十多枚金币捣鼓成一坨碳化的油渣，后与儿子奥雷里亚诺熔开了那个金属块，分离出了乌尔苏拉的金子；当失眠症席卷马孔多时，他"决定制造当初曾想用来记录吉卜赛人神奇发明的记忆机器"；在新家落成之后，他"将自动钢琴开膛破肚，探询其中蕴藏的秘密魔法"……我们在何塞身上看到了可贵的探索精神，这最鲜明的特征，是一个开拓者最应拥有的素质。他不是守旧的，不是安于现状的，他高速运行的大脑时刻谋划着更科学、更先进、更理想的未来，他执着地想要创造出崭新的生活，免于"像驴子一样生活"。

而探索，往往伴随着艰辛、伤痛、忘我乃至疯狂。在这征程中，何塞挣脱世俗的桎梏，忘乎所以，"变成一个外表懒散、不修边幅的男人"，甚至以身犯险，导致皮肤溃烂，几近疯狂，"无心饮食，整天在家里踱步"，"任凭想象将自己带到一种永恒的谵妄状态，从此再也没有恢复"，现实世界在他意识中停滞，"今天还是星期一"，他哭号，哭"时间这个机器散架了"，他呼唤，他疯狂，他以"超常的力量和野蛮的劲头将所有炼金设备、银版照相装置、金银器作坊都砸个稀烂"……最终，他被他的至亲无奈而冷酷地捆绑在栗子树上。

三是深陷孤独泥淖。何塞一直在奋斗，一直在探索，但同时深陷孤独。从家庭角度来说，他和妻子乌尔苏拉个性迥异。两人虽都有实干的一面，但在精神层面，何塞拥有远大理想，试图以"魔法机器"改变落后原始的现实生活；乌尔苏拉则是务实派，"她身材娇小，活力充沛，严肃不苟，是个意志坚定的女人"。她着手扩建家宅，极力维护家庭和谐，她是现实而谨慎的，她无法忍受何塞用金币换取放大镜的行为，她抵制何塞不切实际、希望渺茫的探索，直到何塞被捆绑在栗子树上，乌尔苏拉也只能"为他松开被绳索勒伤已经溃烂的手腕脚踝，只在腰上留下捆绳。后来又用棕榈叶搭了顶棚，为他遮阳蔽雨"。他们缺少精神层面的对话和沟通，他们其实是两个世界的人。而从社会交往层面来说，何塞只有梅尔基亚德斯这一个朋友。在全村人都确信他失去理智时，只有梅尔基亚德斯赞许其聪明才智，或许小说第四章和第十八章的小黄花正是对两人伟大友情的呼应和激赏。可是梅尔基亚德斯曾一度死去，后来再度死去，何塞因悲痛拒绝为其下葬，试图复活梅尔基亚德斯却没有成功，就在这失去给予其"思想、智慧、创造力"的"知音"的深长寂寞中，何塞"整夜睁着眼躺在床上，呼唤普鲁邓希奥·阿基拉尔、梅尔基亚德斯以及所有的死人来分担他的忧虑。但没人出现"，何塞无望乃至绝望，哀莫大于孤独。于是这个老人就在栗子树下度过他空虚的晚年，对一切都无所谓，直到奥雷里亚诺上校写信预报父亲将去世的消息，他才被带回卧室，不久离世。

作为马孔多的开创者,这个新地区的真正意义上的领导者,何塞就是马孔多的"王"。"王"在孤寂中死亡,带着他一生无所畏惧的闯荡和挣扎,带着他那些玫瑰色的梦,带着他日渐寒冷的身心离开了。如何与他告别?如何写"王的葬礼"?

想来马尔克斯一定是费尽思量。在《百年孤独》中有不少人陆续离世,比如阿尔卡蒂奥几乎来不及挺胸抬头,在撕心裂肺的剧痛中被枪杀而亡;奥雷里亚诺上校小便时尴尬去世,凶猛的秃鹫纷纷从天而降;阿玛兰姐面容丑陋惨淡、手缠黑纱以老处女的身份去世;丽贝卡头发因生癣而落尽,大拇指含在嘴里像虾米般蜷缩去世;布恩迪亚第七代婴儿被蚂蚁啃噬得只剩下一张肿胀干瘪的皮去世……那"马孔多王"的去世该是怎样的?是让马孔多民众纷纷出场堵塞大街小巷挥泪告别,还是避实就虚,以魔幻之笔构想一个超现实的世界寄托哀思?马尔克斯选择了后者。

天降大雨、落叶翻飞抑或冰块炸裂?马尔克斯必然要精心选择。他选择了小黄花,小黄花雨,小黄花毯。《百年孤独》中,马尔克斯写过许多鲜花,比如何塞领村民去探索马孔多和新兴发明相连的捷径时在白色西班牙大帆船上发现的兰花,比如乌尔苏拉着手扩建家宅后在长廊和花园中种植的欧洲蕨、秋海棠和玫瑰花,比如意大利人皮埃特罗·克雷斯皮追求阿玛兰姐时扣眼里别的栀子花,比如丽贝卡晚年寡居的房子中长满的野花……与这些表达孤独、兴盛、爱情、荒凉所不同的是,此刻马尔克斯要表达的是哀思,刻骨的哀思。在拉丁美洲,黄色象征着哀悼,小黄花可堪此任,且黄色亦是马尔克斯至爱,在其接受记者 P.A. 门多萨采访时,他认为"只要有黄花,我就不会遇上倒霉事儿。必须得有黄花,或者跟妇女们待在一起,我才感到安心"[1]。可以说,在告别何塞这件大事上,作家献出了自己最爱的黄花,且不吝笔墨描绘这场隆重、盛大、深情、温暖、美好的黄花雨,"无数小黄花如细雨缤纷飘落","花雨在镇上落了一整夜","大街小巷都覆上了一层绵密的花毯",这就是送别"马孔多王"的盛典,无数的小黄花哀悼这位励精图治、勇敢无畏的领袖,抚慰这个饱受淫雨骄阳折磨的孤寂老人,迎候"马孔多王"安眠。

何塞的勇猛,小黄花的柔和;何塞的狂放,小黄花的婉约;何塞的老迈,小黄花的明艳;何塞的孤独,小黄花的热闹;它们在同一时空下交织,产生了不可言说的艺术感染力。不能不说,因为有了这场缤纷的花雨,我们得以沉浸其间,怀着所有的敬佩、惊诧、感动、遗憾、期待目送何塞远行,消失在花雨之中。

三、泥土和丽贝卡·布恩迪亚

《百年孤独》中,丽贝卡最具代表性的行为就是"吃土"。丽贝卡是谁?从哪里

---

[1] 加西亚·马尔克斯,P.A. 门多萨. 番石榴飘香[M]. 海口:南海出版公司,2015:152.

来？为什么吃土？她的人生结局如何？这许多疑惑引导我们去《百年孤独》中寻找答案。

丽贝卡·布恩迪亚原非布恩迪亚家族的成员，据说其父母原是何塞·阿尔卡蒂奥·布恩迪亚和乌尔苏拉的远房亲戚，其父是何塞·阿尔卡蒂奥·布恩迪亚的挚友。丽贝卡由皮草商人带着从马纳乌雷跋涉而来，她带着父母的骨殖、书信、小衣箱以及惊恐的心来到了马孔多。她被何塞和乌尔苏拉收养，成为何塞·阿尔卡蒂奥、奥雷里亚诺的妹妹和阿玛兰姐的姐姐。丽贝卡过了很久才融入家庭，但一直心惊胆战，偷吃湿土和石灰墙皮，家人想方设法遏制这一恶习，逼迫丽贝卡服用苦药，外加皮鞭抽打，使她逐渐康复。但她随即被发现身染会导致遗忘和失去自我的失眠症，致使马孔多失眠症蔓延，后在梅尔基亚德斯的帮助下，人们才重获记忆。丽贝卡长成少女后，爱上了来自意大利的钢琴技师皮埃特罗·克雷斯皮，两人的婚礼被同样喜爱皮埃特罗·克雷斯皮的阿玛兰姐数次阻挠破坏，两人的恋爱关系也沦为倦怠爱情。后丽贝卡被野兽一般的何塞·阿尔卡蒂奥吸引，迅速与其结婚并被视为"失礼"而赶出乌尔苏拉家单独生活。枪杀（大概率是丽贝卡所为）何塞·阿尔卡蒂奥后，丽贝卡过起了活死人的生活，闭门不出，孤寂而亡。

丽贝卡在《百年孤独》中留下了许多的谜，比如，她为什么要吃土？她是不是杀害了自己的丈夫何塞·阿尔卡蒂奥？这些问题都值得我们细细琢磨。在此文中，我们重点来分析一下丽贝卡吃土的原因。《百年孤独》中十余次写到丽贝卡吃土，有的是正面描写，有的是侧面描写，有的是实际行动，有的是心理活动。

关于丽贝卡的身世，《百年孤独》没有明说，但是我们可以从第三章丽贝卡来到马孔多时，她的长相、穿着、行李等方面了解其生存环境。丽贝卡十一岁，皮肤青绿色，完全不同于蕾梅黛丝"肤色如百合"的美丽芬芳，不同于奥雷里亚诺·何塞"肤色黝黑"的强壮健康，可以看出她体弱多病，应是常年忍饥挨饿的结果；她穿着漆皮脱落的短靴，在《百年孤独》8次提到的"漆皮靴"中，这是唯一一次强调了"漆皮脱落"的，作家非常巧妙地写出了丽贝卡原生家庭的贫困；还有丽贝卡所带的行李，仅有一个小衣箱、一把小摇椅和一个帆布口袋，口袋里装着父母的骨殖，没有任何钱币和贵重物品，可见父母早亡，丽贝卡就是无依无靠的可怜孤儿，失去了关爱和呵护，她的世界是孤单、寂寞、寒冷的，她的神经是敏感、脆弱、多疑的。可以推想，在过往的日子里，她是何等艰难地度日以维持生存的。爱不可得，泥土却随手可得，可果腹耐饥。因此，初到马孔多时，丽贝卡就"喜欢吃院子里的湿土和用指甲刮下的石灰墙皮"，她从对"土"这一原生矿物的喜爱和依赖中，获得了从外界不可多得的安全感。

纵观《百年孤独》，我们发现丽贝卡常常在情绪激动的状态下偷偷吃土。比如怀念皮埃特罗·克雷斯皮时"又开始吃土",在等待情书未果时"自戕般饥渴地吞下一把把花园里的泥土",在和皮埃特罗·克雷斯皮的恋人关系永远停滞不前、方向迷失、希望破灭时"又开始吃土",在何塞·阿尔卡蒂奥夸她很有女人味时,"失去了自制力,又开始以往日的狂热吃泥土和墙皮"……丽贝卡往往在痛苦、愤怒、迷惘、疯狂、幸福的强烈情绪中,以吃土来释放情绪和满足欲望,这或许是她转移注意力、消解强烈感受的唯一安全的措施。

或许有人会问:晚年寡居的丽贝卡还吃土吗?吃土是她一生始终坚持的行为吗?一种回答说,从丽贝卡去世时的屋舍环境来看,她应该是吃土的,要不然作家为什么会写"房子已破败得无可挽救,墙皮刚抹好即纷纷脱落,刷上再厚的灰浆也无济于事"呢?在这里,重点强调的是墙皮无法刷上灰浆,按照常理来推断,没有一面墙是不能被刷上灰浆的,为什么丽贝卡的墙是个例外?结合之前丽贝卡喜欢吃墙皮的行为,这会不会是作家在暗示呢?对此,我的想法是,此处描写应是作家超越现实的魔幻笔法,就像最后马孔多被飓风吹走一般,所有的墙皮也和她的主人一起消失了,不再出现,无须再出现。那么,从这个意义上来说,无法刷上墙皮不足以证明其寡居时还在吃土。而更重要的是,我们在《百年孤独》第八章发现,作家写到丽贝卡"曾经在泥土的味道"等事物中寻觅安宁,"最终却在这个家中找到了安宁",由此推知,寡居的家,给了她灵魂的宁静,她不需要再用吃土来获得安全感。此后,《百年孤独》便无任何正面描述丽贝卡吃土的文字了。那么,我们应该可以断定,晚年的丽贝卡不再吃土了,她苦心经营了一个不被打扰的晚年,持守着自己好不容易赢得的孤独特权。

大概可以说,吃土的丽贝卡是曾经的过去,她最终在苦难、屈辱、狠辣、封闭中找到了那个只属于她的自己。

四、寿衣与阿玛兰妲·布恩迪亚

看到"寿衣"这个词,大家是否会觉得有些阴森?但在《百年孤独》中却有一位女性,在日复一日地为自己缝制寿衣的过程中迎接死亡的到来。这种特殊的物象、离奇的情节和复杂的人物,正是《百年孤独》耐人寻味的所在。

阿玛兰妲是布恩迪亚家族第二代的小女儿,她在《百年孤独》第二章出生,在第十四章去世。《百年孤独》近200次写到阿玛兰妲,从情节容量来说,可以排在女性形象中的第二位,仅次于乌尔苏拉·伊瓜兰。阿玛兰妲自小比父母领养的女儿丽贝卡魅力稍逊,但气质自然,内心高傲。当其长成少女后,和丽贝卡同时爱上钢琴技师皮埃特罗·克雷斯皮,但皮埃特罗·克雷斯皮却钟情于丽贝卡,两人结合也获得了父母的认可,在强烈的嫉妒和怨恨中,阿玛兰妲卑劣地数次破坏他们的婚礼,最后竟错杀蕾梅黛丝，使得皮埃特罗·克雷斯皮和丽贝卡的恋人关系永远停滞，阿玛兰妲出于内疚抚养奥雷里亚诺的儿子奥雷里亚诺·何塞。在丽贝卡嫁给何塞·阿尔卡蒂奥之后，阿玛兰妲努力表现殷勤让皮埃特罗·克雷斯皮陷入其温柔的网中，但她初期欣然答应皮埃特罗·克雷斯皮的求婚，后期却断然拒绝，并声称"我死也不会和你结婚"，导致皮埃特罗·克雷斯皮绝望自尽。阿玛兰妲将自己的手放在炭火中烧伤以治疗悔恨，并用黑纱裹在伤手上直到死亡。乌尔苏拉劝阿玛兰妲嫁给从小就倾慕她的赫里内勒多·马尔克斯上校，阿玛兰妲也试图努力重燃青春的激情。她在抚养侄儿奥雷里亚诺·何塞的过程中和他产生不伦之恋，让侄儿"成为宽慰自己的孤独的良药"，后从狂热中惊醒，决然断绝了两人的关系。当奥雷里亚诺·何塞被枪杀之后，阿玛兰妲也彻底拒绝了赫里内勒多·马尔克斯上校。阿玛兰妲努力留下了奥雷里亚诺上校的十七个私生子，还抚养美人儿蕾梅黛丝长大。步入晚年后，阿玛兰妲开始为自己缝制寿衣，希望她一生的情敌丽贝卡死在她之前，实施报复的计划，但最终她看见了死神，在丽贝卡之前穿着自己缝制的寿衣以老处女的身份去世了。

　　《百年孤独》一共11次写到缝制寿衣，全在写阿玛兰妲，其中8次写阿玛兰妲为自己缝制寿衣，2次写阿玛兰妲为丽贝卡缝制寿衣，1次写费尔南达回忆中提及阿玛兰妲及家族"且造且毁、且毁且造"的恶习。那么，阿玛兰妲为什么要为自己缝制寿衣？

　　诚如作家在阿玛兰妲出生时对其的形容"又轻又湿像条蜥蜴"，"蜥蜴"这个喻体非常形象地暗示了人物的特点和命运。蜥蜴属于冷血的爬行类动物，其可怖的外形已经拒人千里，更要命的是其变温特征。纵观阿玛兰妲的一生，其不被爱时疯狂夺取爱、拥有爱时决绝放弃爱的矛盾性贯穿始终，忽而热、忽而冷的心理状态和行为表现恰如作家形容的"蜥蜴"。究竟是什么原因，让她不能正常地去爱人呢？根据我的分析，一则源自其"高傲"的天性。少女时代在和丽贝卡竞争皮埃特罗·克雷斯皮的感情时惨败，败给一个无依无靠、寄人篱下的养女丽贝卡，这不能不对阿玛兰妲造成重大伤害。二则是她"持守孤独"的需要。作家在第十三章点明阿玛兰妲的心理状态，阿玛兰妲白天缝制寿衣，晚上又拆除寿衣，如此往复，和奥雷里亚诺上校制作小金鱼又熔化小金鱼的循环往复一样，"不是为了借此击败孤独"，而是为了"持守孤独"。什么是"持守"？"持守"就是坚持，就是保持。任何阻扰或破坏其坚持孤独的因素都将被坚决去除。依据这一重要心态，我们无论是往前还是往后再次深入理解阿玛兰妲的种种矛盾的行为，都将豁然开朗。于是，晚年的阿玛兰妲找到了非常适合其坚持孤独的行为，那就是缝制寿衣，寿衣可以制作，可以拆除，在一种没有活人复杂情感干扰的平静状态中，阿玛兰妲自然地迎接着死亡到来，直到看见了死神。

值得一提的是,作家还是让阿玛兰妲死在了她一生的情敌丽贝卡之前(丽贝卡死于第十七章),没有让阿玛兰妲实现她临终恶毒的愿望——让丽贝卡死在她之前,并把她下葬到蛆虫所在的位置。这或许正是作家对其的惩罚,阿玛兰妲对丽贝卡刻毒的仇恨本无道理,多次破坏他者婚姻、戏弄他人情感,这是应该受到谴责的。每个人如何经营自己的人生本无可厚非,但当其一味追求个人满足,并且不惜牺牲他人幸福的时候,这就和列夫·托尔斯泰笔下"兽性的人"[1]无异了。

五、薰衣草与皮埃特罗·克雷斯皮

加西亚·马尔克斯在《百年孤独》中写过许多鲜花,比如兰花、欧洲蕨、秋海棠、玫瑰、百合花、薰衣草、栀子花、晚香玉、牛至等,其中薰衣草一共出现6次,分别在《百年孤独》第四、五、六、九、九、十章,这6次中,5次写皮埃特罗·克雷斯皮,1次写赫里内勒多·马尔克斯,且这两位男性都和布恩迪亚家族第二代小女儿阿玛兰妲有着情感纠葛。

在《百年孤独》中,皮埃特罗·克雷斯皮在第四章首次登场,在第六章去世,但代表他的薰衣草直到第十章仍在出现。那么,这是怎样一个青年?马尔克斯又为何为他专配了薰衣草这一种植物呢?

先来认识一下皮埃特罗·克雷斯皮。他是来自意大利的自动钢琴技师,乌尔苏拉家新宅落成举办庆祝舞会,他负责安装和调试钢琴。他"英俊又有教养",同时吸引了丽贝卡和阿玛兰妲姐妹,丽贝卡在和他共舞后,不可遏制地爱上了他,皮埃特罗·克雷斯皮也喜欢丽贝卡,定期给丽贝卡写信。两人的恋情被阿玛兰妲觉察,使其嫉妒痛苦、萎靡不振,乌尔苏拉因此阻止女儿们痴恋,希望她们死心断念。但何塞·阿尔卡蒂奥·布恩迪亚却十分欣赏皮埃特罗·克雷斯皮,在同意奥雷里亚诺和蕾梅黛丝结婚的同时提出交换条件,让丽贝卡嫁给皮埃特罗·克雷斯皮。丽贝卡欢喜,阿玛兰妲假装接受但发誓要阻止两人结婚,并分别威胁皮埃特罗·克雷斯皮和丽贝卡,丽贝卡闷闷不乐。在皮埃特罗·克雷斯皮和丽贝卡婚期即将到来时,有人(大概率是阿玛兰妲)伪造皮埃特罗·克雷斯皮母亲病危的书信迫使皮埃特罗·克雷斯皮推迟婚礼。从大泽区来的尼卡诺尔·雷伊纳神甫决心在马孔多建造一座教堂,教堂建成后的第一个仪式将是为皮埃特罗·克雷斯皮和丽贝卡举行婚礼,为加速教堂竣工,乌尔苏拉捐款,皮埃特罗·克雷斯皮也出钱补足资金。就在教堂完工不到两个月时,丽贝卡的礼服、纱巾和头冠被蛾子蛀成粉末(大概率亦是阿玛兰妲所

---

[1] 列夫·托尔斯泰.复活[M].长春:时代文艺出版社,2019:53.

为),在安帕萝·摩斯科特的帮助下,丽贝卡才有了新嫁衣。阿玛兰妲向上天疯狂祈求,使得鸦片酊误落到蕾梅黛丝的咖啡中,蕾梅黛丝惨死,全家关闭门窗守丧,皮埃特罗·克雷斯皮和丽贝卡的恋人关系就此永远停滞不前。丽贝卡迷失方向又开始吃土,后被回家的何塞·阿尔卡蒂奥征服并与之结为了夫妇,乌尔苏拉认为两人失礼,禁止他们迈进家门,并邀请皮埃特罗·克雷斯皮共进午餐。由此皮埃特罗·克雷斯皮重新发现阿玛兰妲,并向其求婚,两人关系得到乌尔苏拉认可,阿玛兰妲的善解人意和温柔包围了皮埃特罗·克雷斯皮,两人都在幻想着未来的幸福生活。然而,当皮埃特罗·克雷斯皮提出"下个月就结婚"的请求时,阿玛兰妲却断然拒绝,并称"我死也不会和你结婚",皮埃特罗·克雷斯皮瞬间崩溃,百般哀求无果,割腕自杀。

为什么让薰衣草伴随着皮埃特罗·克雷斯皮?大概有以下一些原因。

第一,薰衣草暗示着皮埃特罗·克雷斯皮的身份。皮埃特罗·克雷斯皮从哪里来?从欧洲的意大利来,欧洲正是薰衣草的原产地,与人们的生活关系密切,特别受到权贵喜爱。18世纪后,人们从薰衣草中提取精油来使用,据《百年孤独》所写,皮埃特罗·克雷斯皮会在手帕上、身上使用薰衣草(或许正是薰衣草精油),薰衣草的香风飘来,他就出现了。从这一点来看,皮埃特罗·克雷斯皮的身份必然与众不同,且不说《百年孤独》中的其他男性没有这样的雅香,就连女性,马尔克斯也很少写到他们的香气(偶有的比如乌尔苏拉旧箱子里存放的衣服散发的罗勒的淡淡香气)。他非常注重仪表,颇有教养,这都显示其家庭地位和境遇。另一方面,皮埃特罗·克雷斯皮生活富足。从《百年孤独》的几个细节可知——"决定自己出钱给尼卡诺尔神甫补足完工所需的资金""他的商店那时几乎占据了整个街区""他的弟弟布鲁诺·克雷斯皮负责商店的业务,因为他自己单单照管音乐学校就忙不过来"可知。

第二,薰衣草代表着皮埃特罗·克雷斯皮的君子风范。薰衣草美丽优雅,皮埃特罗·克雷斯皮亦是如此,他彬彬有礼,举止得体——"他出于礼貌与主人保持适当距离""他用节拍器打着拍子指导舞步,但不触及她们的身体""总带上一件玩具做礼物""他不像未婚妻那样性情冲动,视对承诺的尊重为不容挥霍的资本""戴着系了黑纱的帽子轻手轻脚走进家门"。正因温和有礼,他才获得了乌尔苏拉的认可,并允许其与自己的两个女儿交往。

第三,薰衣草蕴含着皮埃特罗·克雷斯皮的深情。他为了及时赶回自己的婚礼,"一路跑瘫了五匹马",马都累成如此,骑马的人不累吗?这份忍住疲乏劳累的痴情可见一斑。他被阿玛兰妲拒绝后突然崩溃,"不顾羞耻地哭泣,绝望得几乎扭断手指""百般哀求,卑躬屈膝到了令人难以置信的程度""他抛下生意,整日待在店后写下狂热的短笺""他关在屋里无休无止地弹古弦琴""那琴声不似这个世界所有,那饱含爱意的歌声也不会再现人间"……在日复一日的诉情中,他放逐了自己,最终在安息香水中"沉没"。

为什么他会毅然决然地选择死亡?或许,马尔克斯在为他选择薰衣草的同时已经暗示了其人生结局,薰衣草的花语是等待爱情,等待无望的爱。痴情的皮埃特罗·克雷斯皮先后两次遭受婚恋的挫败,交付的真心无法得到回报,他内心的"花房"崩塌了。如果说前一段与丽贝卡的婚姻遭到阻挠和破坏,他还能在"眼眶湿润"的状态下调整过来,重新去发现阿玛兰妲的柔情,那么后一段与阿玛兰妲的恋爱,则是被捧起又被狠狠摔下。他茫然无措,震惊莫名,之前的全部浪漫都化为泡沫,之前的全部温柔都凝成冰山,阿玛兰妲的朝三暮四、铁石心肠、报复惩罚成为扼死皮埃特罗·克雷斯皮最强有力的武器。

英俊有教养、温柔又痴情、浪漫而决绝,皮埃特罗·克雷斯皮在《百年孤独》中成为浪漫和爱情的代名词,薰衣草正是其爱的心语,预示爱而无果的人生结局,让读者饱尝了《百年孤独》爱的艰辛、苦痛和缺失。值得一提的是,《百年孤独》还有一次写薰衣草,不是为皮埃特罗·克雷斯皮,而是为赫里内勒多·马尔克斯,后者同样在追求阿玛兰妲的过程中被其彻底拒绝,这又是薰衣草象征寻爱无果的典例。

六、亚麻床单与美人儿蕾梅黛丝

亚麻床单本是寻常之物,却在《百年孤独》中具有飞翔功能,载着美人儿蕾梅黛丝飞离马孔多。这惊心动魄的一幕就发生在第十二章:"美人儿蕾梅黛丝挥手告别,身边鼓荡放光的床单和她一起冉冉上升,和她一起离开金龟子和大丽花的空间,和她一起穿过下午四点结束时的空间,和她一起永远消失在连飞得最高的回忆之鸟也无法企及的高邈空间。"为何作家让美人儿如此挥别世界?

《百年孤独》百余次写到蕾梅黛丝,但关乎三位蕾梅黛丝。第一位是布恩迪亚家族第二代二子奥雷里亚诺的妻子蕾梅黛丝,因误食含鸦片酊的咖啡而去世,她"是一个冷静而又坚强无畏的人,她身上体现出来的责任感超越了她的年龄"[①];第三位是第五代长女蕾梅黛丝,单纯可爱,与香蕉公司汽修厂学徒马乌里肖·巴比伦恋爱,被母亲费尔南达阻断爱情送往修道院后不再开口说话,生下家族第六代儿子奥雷里亚诺;第二位才是第四代长女美人儿,美丽非凡,纯洁无瑕,是马孔多的传说,后随亚麻床单升天。

美人儿美得不可言说。从《百年孤独》第八章开始,她就被冠以"美人儿"的名号;第九章中,阿玛兰妲发现其为"马孔多有史以来最美丽的女子";第十章中,乌尔

---

① 何淑薇.马尔克斯传[M].北京:华文出版社,2019:99.

苏拉认为其有"惊心动魄的美貌"。作家曾写过丽贝卡"面容白皙明净,眼睛大而沉静",写过第一位蕾梅黛丝"肤色如百合、眼睛碧绿",却不明言美人儿之美,继续在第十二章评价其有"不可思议的美貌",在第十三章借另一美人费尔南达之眼认可其为"出众的美人"。作家着力于侧面评价和衬托,尤其不遗余力地叙写四桩无可置疑的事例——年轻的警卫队队长为美人儿殉情而死、风度翩翩的绅士死在美人儿窗下、偷窥美人儿洗澡的外乡人从屋顶摔落而死、炫耀能够趁乱摸美人儿的男人被一匹马踏死,此美已"拥有致命力量",凡间语言不足以形容其美。

美人儿美得超凡脱俗。除去侧面表现其形貌之美外,作家同时还赞赏其性情之美。她"天生拒斥一切常规",有"简化事物的本性","穿上男人的衣服,在沙地上打了个滚就去爬竿",她无拘无束,顺乎天性,"仿佛拥有一种敏锐的洞察力,能够透过一切表象看到事物的本质"。这正是饱经岁月沧桑的奥雷里亚诺上校的真切感受,而睿智的乌尔苏拉也决定让美人儿"远离尘世,避开凡间一切引诱"。可见,美人儿仿佛是落到凡间的天上人,她"永远停留在天真烂漫的童年",尘世不足以束缚她分毫、改变她分毫,"美人儿蕾梅黛丝不属于这个世界"。

为了美人儿的结局,作家曾一度中断写作思路,不知如何让其飞走才令人信服。他在接受采访时说:"我走出来呼吸外面的空气,刚好在刮风,我看到有个姑娘,正在费力地想把床单晾起来,但就是办不到,结果自己反而被床单裹了起来,我的答案也找到了。"作家从生活中获得创作灵感,成就了《百年孤独》的"升天"经典。

"床单"在《百年孤独》中共出现15次,而"亚麻床单"仅出现1次,就是美人儿升天这次。为何要在床单前加上"亚麻"?在马孔多,亚麻是寻常面料,人们用其制作衣服、桌布、床单等,费尔南达也青睐亚麻,这为美人儿就地取材提供了便利,合乎生活逻辑。再者,亚麻本身就源自草本植物,代表天然和自由,这也与美人儿的本质相合。因此,魔幻现实主义在符合现实逻辑和插入超自然的现象之间找到了微妙的平衡,让美人儿意外而又合理地升天了,可见,"马尔克斯虚拟世界的规律,既非完全超自然,亦非完全自然,而是两者动感的融合"[1]。

讽刺的是,此次美人儿带走的亚麻床单正好是费尔南达晒在花园之物,不料却托着美人儿飞走,不再属于她。为此,费尔南达耿耿于怀,"为那些被卷走的床单愤愤不平"。文字背后,依稀可见作家窃喜的脸。这既是他对恪守社会成规、保守刻板的费尔南达的小小惩戒,也是他让美人儿不染尘灰地带着她的身体和灵魂一并消失的心满意足。

与其说是消失,不如说是永存。超凡脱俗的美丽永存,纯洁无瑕的灵魂永存。

---

[1] 史蒂芬·哈特.马尔克斯评传[M].王虹译.桂林:漓江出版社,2014:81.

七、黄蝴蝶与马乌里肖·巴比伦

当一个人出现的时候,一种生物便随之出现,当其消亡时,这种生物也随之消亡。如此神奇的事情就发生在《百年孤独》之中,让读者感受到魔幻现实主义的神奇和魅力,下面我来说说黄蝴蝶和马乌里肖·巴比伦。

马乌里肖·巴比伦在《百年孤独》第十四章出现,在第十五章就死亡了,但在第二十章中,当其儿子奥雷里亚诺译出羊皮卷时,他再次闪现。马乌里肖·巴比伦身份卑微,是香蕉公司汽修厂的学徒,面色黄暗,被费尔南达认为是"快要死的样子"。机缘巧合下,马乌里肖·巴比伦和梅梅相识并相互吸引,成为恋人。但梅梅之母费尔南达却根本看不起马乌里肖·巴比伦,认为其够不上自己这样的正派人家。梅梅只好瞒着母亲和马乌里肖·巴比伦幽会,最终被严苛的母亲发现,并强行将其禁闭。马乌里肖·巴比伦只好趁夜间潜入梅梅洗澡的浴室幽会,后又被费尔南达发现,狠毒地请新任市长在后院安排守夜人。守夜人将马乌里肖·巴比伦当作偷鸡人打伤脊柱,马乌里肖从此卧床不起,在孤独中老死。费尔南达为洗刷家庭耻辱,将梅梅送往修道院,丧失希望的梅梅对生活毫无意识,不再开口说话,在前往修道院的船舱中发现最后一只黄蝴蝶在风扇扇叶间撞得粉碎,认定马乌里肖·巴比伦已死。后来梅梅生下布恩迪亚家族第六代奥雷里亚诺,孩子被送回布恩迪亚家族抚养。奥雷里亚诺破译了梅尔基亚德斯在百年前写下的布恩迪亚家族的历史,找到了自己被赋予生命的一刻。

《百年孤独》中共有28次写到蝴蝶,9次明确写到"黄蝴蝶",而且黄蝴蝶是伴随马乌里肖·巴比伦出现和消失的。这不禁让我们思考一个问题:为什么作家马尔克斯要这样设计呢?为什么是黄色的蝴蝶而不是其他颜色的蝴蝶?黄蝴蝶和马乌里肖·巴比伦之间有怎样的关系呢?

在中国文化语境中,蝴蝶多象征自由和爱情,比如破茧成蝶、梁祝化蝶。就爱情而言,梁祝化蝶是人们对坚贞不屈的爱的祝福,现实世界中不可求得的相守以精神世界的双宿双飞和形影相随实现,蝴蝶的姿态就是不被压迫的真爱的姿态。那么在拉丁美洲语境中,蝴蝶又有怎样的寓意呢?我曾在《马尔克斯传》中看到,马尔克斯的外婆"一看到有黑蝴蝶靠近门窗,就会立刻拿扫帚将它赶走。因为在她看来,一旦黑蝴蝶飞进家门,就会克死家里人"[①],从中可知,在拉丁美洲文化中,黑蝴蝶并不吉利,会带来厄运。那么黄蝴蝶有着怎样的内涵呢?我曾在前文中提到,在拉丁美洲,黄色象征着哀悼,由此,我们也可以推测,在《百年孤独》中,黄蝴蝶象征

---

① 何淑蘅.马尔克斯传[M].北京:华文出版社,2019:19.

着爱的陨落。

外部世界的冷酷导致了真爱在现实中的失败,但作家对这样的爱保留了温度,从两个细节可知。一是马乌里肖·巴比伦被枪击后,宁可"一直被当成偷鸡贼遭人唾弃",为何?因为马乌里肖·巴比伦潜入梅梅家与其幽会的真相一旦暴露,将损害爱人梅梅的清誉,马乌里肖·巴比伦宁可独饮这爱被戕害的苦酒,也不愿说出分毫,从而在生命的最后守护了爱人的尊严。梅梅的选择与他如出一辙,这也是第二个细节,"自从听见后院的枪声和马乌里肖·巴比伦同时发出的痛号""她再没说过一句话,至死不曾开口",你一定会好奇,梅梅为什么不发怒?为什么不哭号?甚至连见证她和马乌里肖·巴比伦爱的结晶——奥雷里亚诺诞生时,作为母亲的她也不发一言。巨大的悲痛让梅梅持守"岩石般的沉默",或许她深知,爱人已遭受重创,相爱再无可能,所有哭诉和反击亦不可改变这一铁定的事实,对爱人的痛惜、对母亲的怨愤、对生活的绝望都如同烈火烧灼其心,锻造出了岩石般的坚硬。两处"不言",是对世俗的嘲笑,也是对冷酷的蔑视,更是对爱的坚持和守护。

虽然马乌里肖·巴比伦在《百年孤独》中不算一个非常丰富的人物形象,但绝不是一个容易被忽视的人物形象,他对爱飞蛾扑火式的热诚和对爱人至死不渝的忠诚都成为其闪耀于《百年孤独》的缘由,而黄蝴蝶无疑更增添了人物的魅力,增加了读者品读的兴味。

三读祥林嫂

卡尔维诺说,一部经典作品是一本即使我们初读也好像是在重温的书,一部经典作品是一本每次重读都像初读那样带来发现的书。的确如此,我已带完六届高一,却始终放不下鲁迅经典小说《祝福》中的"祥林嫂"。2007年,我和学生探讨过祥林嫂的死因;2010年,我和学生一起梳理祥林嫂被支配的命运,深感其非人如物;2013年,同学疾呼"为什么祥林嫂不跑得再远一点",免得在现实面前束手就擒……一年一年,似乎穷尽人物,实则非然,更何况有浓烈的感伤驻留。经过深长的思考,我决定写下这篇《三读祥林嫂》。

一、一读:被毁尸灭迹的祥林嫂

祥林嫂一生被支配的命运早已不容置疑,按照其人生轨迹,可以用这一串短语加以形容:被轻视,被模糊,被剥削,被买卖,被强暴,被打击,被嫌恶,被消遣,被鄙夷,被恐吓,被迷惑,被判刑,被抛弃,被摧毁,被灭迹!

何人无父无母,何人无姓无名,但纵观《祝福》全文,我们未曾发现祥林嫂生于何时,生于何家,只在第35段有一处介绍:"大家都叫她祥林嫂;没问她姓什么,但中人是卫家山人,既说是邻居,那大概也就姓卫了。"这是讽刺,鲁迅先生何尝不明白怎能以中人是何地人来推断祥林嫂姓甚,只是的确不知,只能模糊。大抵只有至微至陋的人才没有姓名,才不知年岁,不知其源,只剩归途,足见人命被轻视。

从小说第35段零星的笔墨中,我们可推知祥林嫂生下不久,就被卖作童养媳,过着寄人篱下的生活,小丈夫不久即"没了",祥林嫂从新妇成为寡妇。寡妇啊,"时挑野菜和根煮,旋斫生柴带叶烧",艰辛自不必说,还有"严厉"婆婆的管束,甚至羞辱鞭笞。我想祥林嫂是无法再待下去了,大抵是在一个雷雨之夜仓促逃离了。

于是,祥林嫂来到了鲁镇——她生命旅途的重要一站。她以为有手有脚,有活动的身体和耐劳的品性,可以继续生活下去,不求更多,只求活命,哪怕低眉顺眼,哪怕委曲求全,终归可以用体力换一条活路。四婶四叔见到廉价的壮劳力当然是笑纳的,以往几个帮佣的活计都可以交给祥林嫂,他们心安理得地使唤着祥林嫂。

如果老天怜恤祥林嫂,或许可以让祥林嫂如此过活,至少在她还有足够体力的情况下。但是,她的夫家雇了人来了,循着蛛丝马迹找到了祥林嫂,又缜密地设计了绑架方案,要有船,是"篷全盖起来"的船,要有壮汉,要有堵住嘴巴的劳什子,要从水路来,要静候在水边等祥林嫂来河边淘米的时候下手,无须废话。祥林嫂惊慌失措了,她的淘箩都抓不住了,她如小鸡般被老鹰紧紧攫住,被拽上船,被捆了丢掷于船腹。船要去哪里?只有哗哗的流水淌出祥林嫂无尽的恐慌和愤怒。

原来夫家已经把祥林嫂转卖他人了,原来转卖的钱是可以让祥林嫂的小叔子娶妻生子的,原来转卖的钱除了办喜事还有剩余的,的确是"多么好打算"啊。在荒唐的人世里,祥林嫂就是一担货,或者数个南瓜、几把青菜,要不就是一只鸡、一头猪,总之就是集市上的菜货。

既然买祥林嫂的贺老六要娶亲,那仪式还是少不了的,拜堂才算成亲。试问祥林嫂岂能屈膝?她还在被绑架的盛怒中,还在对未知生活的惊惧中,手脚僵硬如何弯得了?于是壮汉再次登场,用蛮力塑造拜堂的假象。令他们始料未及的是,执拗的祥林嫂居然可以挣脱出来,用头撞向香案角去,撞了一个"大窟窿"。然而,胡乱处理后,祥林嫂依然被关入新房。完事了,所有人应该都在窃笑。生米煮成熟饭,祥林嫂只能认命了。对她来说,又能去哪里?如果这个贺老六还能踏实过日子,如此也罢。

经年之后,祥林嫂诞子了。阿毛这条血肉生命第一次连起了祥林嫂的心。她要好好待他,她要好好养他,一岁,两岁,她和阿毛似乎都白胖一些了。啊,这动人的景象啊,能长久吗?

幸福从来都不可能属于祥林嫂。惨祸连至,贺老六疾病骤逝,阿毛被狼叼至狼窟吞食。至今,我都无法忍受鲁迅先生写的"再进去;他果然躺在草窠里,肚里的五脏已经都给吃空了,手里还紧紧的捏着那只小篮",这是描述一个母亲目睹亲儿被狼饱餐后的景象,从此,这番惨象一定会无数次地出现在母亲的脑海里。朱瑞琳同学说:"这样残忍的画面文章中出现了多次,可在母亲祥林嫂的心里,何止播放了几千几万遍?"的确,祥林嫂的天塌了,祥林嫂只留麻木的身躯了,她活着的唯一乐趣、唯一希望让阿毛带走了。

可是,行尸走肉也得活下去。祥林嫂又辗转到了鲁镇,或者是因为这里曾有她劳动的记忆,有她只要劳动就可以勉强度日的一点信心。可是,她脸部已然消了血色,体力已大不如前,既丧夫又失子的命,任谁都能来踩踏。鲁镇人纷纷登场,他们(尤其是她们)围拢来,刺探祥林嫂的不幸,以"赏玩"祥林嫂的痛苦为乐。那"停在眼角上的眼泪"就是高度精确的明证,鲁迅先生此笔极为犀利!祥林嫂逐日被消费着,被耻笑着,遭逢着"一场群体性的恶毒的精神迫害",以至于沉溺往事,痴痴傻傻。更有柳妈"慷慨大义",不仅向祥林嫂点拨"失节事大"的理念,还替祥林嫂设想来日在地府被锯开的惨象。最重要的是,柳妈提出了解决方案,只要捐门槛,就可以"赎了这一世的罪名",不至于到地府受罪。祥林嫂被吓住了,她省吃俭用,只为捐门槛,以为那样便可减罪度日,便可消解惊恐。我们有理由推断,这段日子的祥林嫂在残存的意念中是有所希望的。她盼望着,终于,门槛如愿捐了。

祥林嫂在希望中等待着鲁镇的祝福仪式,可是,重返鲁镇为奴的她,"克夫克子"的她,"伤风败俗"的她,只能被嫌弃、被憎恶,更遑论参与神圣的"祝福仪式"了。鲁四老爷不让祥林嫂碰祭祖的祭物。她等到的只是大声的阻挠——"你放着罢,祥林嫂",四婶杀人于无形,判了祥林嫂死刑了,让她变成木偶了。

于是,祥林嫂终于被抛弃了。她的流浪生涯开始了。千疮百孔、僵硬麻木的乞丐如何度日?"人形鬼样直行狗,今日明天混世猪。"在祝福之夜,这一星烛火理所当然地灭了,祥林嫂终被摧毁。

雁过尚且留声,人过终会留名,祥林嫂则例外。祥林嫂去世的时刻,鲁镇人正在致敬致礼、迎接福神,除了嫌恶她晦气,怒斥她"是一个谬种",再无其他。陈思奕同学说:"当祝福的礼炮升空开出绚烂的花儿,还有谁会记得那在寒冷饥饿中悄然消失的灵魂?"这就不难理解鲁迅先生在第32段如此感慨:"我独坐在发出黄光的菜油灯下,想,这百无聊赖的祥林嫂,被人们弃在尘芥堆中的,看得厌倦了的陈旧的玩物,先前还将形骸露在尘芥里,从活得有趣的人们看来,恐怕要惊讶她何以还要存在,现在总算被无常打扫得干干净净了。"多么辛酸沉痛的一段话。这说明什么?这说明祥林嫂被毁尸灭迹了!就仿佛世间不曾有过她。活人的罪过统统被掩盖,鲁镇没有"任何人的反省与痛惜"。人不能为人,连鬼也做不成,这是什么人间,这是什么世道,这"浓黑的悲凉"谁人来味?

二、二析:祥林嫂如何死去

祥林嫂忍辱一辈子,在那个凄清冰冷的深夜,她到底是怎样吐出最后一口气的?她死亡的姿态到底如何?她是躺着、卧着、漂着、蜷缩着,还是被暴雪残枝覆盖着、衣不蔽体裸露着?《祝福》并没有正面叙述,只通过四老爷家的短工"简捷""淡然"的交代——"老了""昨天夜里,或者就是今天吧""还不是穷死的"带出。鲁迅先生简洁的文字和精心设计的省略,逼迫读者发挥更多的想象与思考。我和学生一次次遵循自己的分析和设计,试图还原那个冰冷的瞬间。

1. 自然死亡

什么是自然死亡?是指符合生命和疾病自然发展规律,没有外力干预而发生的死亡,分为衰老死和疾病死。先看衰老死。梳理小说我们能够发现,祥林嫂从二十六七岁外逃至鲁镇帮佣,到二十八岁左右被劫被改嫁,到三十岁左右丧夫失子再到鲁镇,再到三十二岁左右捐献门槛但未能赎罪被逐出鲁家沦为乞丐,最终三十八岁左右在祝福之夜,凄然死去。不足四十岁的她若论衰老死,实在不合理。即便是古时,黄发为长寿,六十是花甲,三十八岁的祥林嫂怎能称为老人?那么疾病死呢?当然可能,祥林嫂劳累一辈子,风雨相侵,屡遭重创,极有可能身患疾病。看小说中对其脸色的描写,由最初的"两颊却还是红的"到"两颊上已经消失了血色",再至"脸色同时变至灰黑",终至"黄中带黑",从中医上来讲,肾气亏损、阳气不足、血行不畅或操劳过度都会导致面部发黑,肾克心,终于亡命。

2. 意外死亡

(1)饿死。这种推测很有依据,小说第3段就交代了祥林嫂去世五年前的境况——"她一手提着竹篮,内中一个破碗,空的""她分明已经纯乎是一个乞丐了"。一个女乞丐,一个薄命的女乞丐,一个"克夫克子""晦气十足"的女乞丐,谁愿意施舍其饭食?自然"空碗"常在,"空腹"常在,祥林嫂在冰天雪地的冬夜怕是一粒米都未曾见到吧,活活饿死,有理。

(2)冻死。放眼《祝福》全文,鲁迅先生一共8次写到"雪"。第2段写道:"天色愈阴暗了,下午竟下起雪来,雪花大的有梅花那么大,满天飞舞,夹着烟霭和忙碌的气色,将鲁镇乱成一团糟。"请注意,是"梅花"那么大的雪,是"满天飞舞"那么密集的雪,怕是不多久就能把鲁镇速冻起来了吧。有后文第32段为证,"雪花落在积得厚厚的雪褥上面","雪褥"啊,雪的棉被,厚实无比,一个衣衫褴褛的乞丐如何经得起这番寒冻?被冻死有足够的证据。

(3)摔死。有同学提出,祥林嫂最后可能是摔死的,因为祥林嫂去世前五年,已经沦为乞丐,"瘦削不堪",并且需要"一支比她更长的竹竿","下端开了裂"。试想一支下端开了裂的竹竿历经五年,开裂得更严重了吧?它的承受力定是愈发差了,直到那一天,破裂的竹竿再无法支撑,它终于"咔嚓"崩裂了,祥林嫂便也直扑倒地,如竹竿一般崩裂了。甚至可能直扑到河港中溺亡。

(4)吓死。2007年,胡圆圆同学说:"祥林嫂带着丧夫的恐惧心理来到鲁镇,在'寿'字所营造的威压下,患上初步的精神分裂,后被迫改嫁,挣扎受惊中引发恐慌,最后在爆竹声中被吓死。""在爆竹声中被吓死",所言有理。《祝福》从开篇就交代了鲁镇旧历年底送灶的爆竹的"一声钝响",并强调"近处燃放的可就更强烈了",是"震耳的大音";紧接着第2段,又提到鲁镇年终的大典,"拜完自然仍然是放爆竹",并强调"今年(即祥林嫂去世之年)自然也如此";小说最后一段再次出现对鞭炮的描述,"远处的爆竹声连绵不断,似乎合成一天音响的浓云,夹着团团飞舞的雪花,拥抱了全市镇"。试想,胆战心惊、极度赢弱的祥林嫂在生命的最后时刻蜷缩在鲁镇的角落,猛然一声震耳的爆竹炸开在她耳边,紧接着爆竹声连绵不绝,"噼噼啪啪""轰隆轰隆",这真成了祥林嫂的催命符,吓破了她的胆。

（5）他杀。这种意外死亡的方式，几乎被所有学生否认，因为鲁镇的人或许更愿意在祥林嫂的悲剧中消遣，他们没有足够的理由去谋杀祥林嫂。

3. 自杀

有许多同学认为，祥林嫂最后是自杀的，因为生不如死。许斌同学说："小说中写到'死掉的一家人，都能见面的'，这应该能成为祥林嫂选择自杀的证据。"此言非虚。前面我已经提到，祥林嫂自从儿子阿毛被狼吃后精神遭受重创，"眼光也没有先前那样精神了"，重返鲁镇的日日夜夜，祥林嫂仍对阿毛念念不忘，不断自责后悔——"我真傻，真的"，并"淌下泪来"。若时间能倒回，祥林嫂一定会牢牢看护着阿毛，寸步不离。如今，阿毛遭此大罪已逝去，为娘身在人间，这份罪过如何弥补？那就到地下去吧，去阴间陪护孩子吧。如此看来，祥林嫂是可能自杀的。

陈稼宁同学这样分析："祥林嫂在尘世间算是活腻了，自然向往一个未知的世界。可以予她快乐的人皆在地下，祥林嫂还有什么理由留在腐朽的红尘中呢？于是在消磨了几个年头后，祥林嫂向'我'打听完地府之事，主动地离开了这个世界。"

如此看来，祥林嫂真有无数个死亡的理由，有无数次死亡的机会。"寒风做刀雕沟壑，冰凌为剑刺心骨。"徐陈建同学的感慨着实犀利。但是，纵然我们探究了这么多的死亡方式，聪明的读者都会透过死亡的现象探究本质，就如很多研究者所判断的一样："祥林嫂被封建制度、封建礼教吞吃了。"[1]"在这个人与人之间关系冷漠、封建礼教和迷信思想充斥的社会里，祥林嫂无疑正是'这一类无主名无意识的杀人团''人肉的筵宴'中所吃掉的牺牲品。"[2]祥林嫂是被社会玩弄（迫害）死的。作家丁玲说："祥林嫂是非死不行的，同情她的人、冷酷的人和自私的人，是一样把她往死里赶，是一样使她精神上增加痛苦。"曹晨旻同学说："可怜的祥林嫂，她的死，这个可悲的封建社会和所有人都是'凶手'！"的确如此，无需多论。

三、三叹：非人如物的祥林嫂

课堂临近结束，同学们情绪低沉，一种凝重的悲伤缠绕着大家，不知如何排遣，只有将这种情绪抒发出来。于是我设计了最后一个教学环节，"叹，如____的祥林嫂"。我给出了一些示例：如浮萍、如草芥、如微尘、如蝼蚁、如蚊蝇、如小鼠、如木偶、如僵尸……

同学们立刻响应。祥林嫂如敝屣、如渣滓、如丧家犬、如瘠土、如炭渣、如育母蜘蛛、如蜉蝣、如孑孓、如飞絮、如白骨、如地毯、如肉猪、如枯灯……蜉蝣朝生暮死，

---

[1] 吴长华.从女人到女鬼[J].鲁迅研究月刊,1997(01).
[2] 赵大柱,薛薇.《祝福》解读:祥林嫂死因探究[J].中小学电教,2008(04).

孑孓寄身池沼,飞絮飘无影踪,白骨森然可怖,地毯任人踩踏,肉猪遭人吞噬,枯灯油尽泪干……唉!

更有同学不但慨叹,而且说明了理由,言之凿凿。

来程颖:"祥林嫂如碎瓦,全的时候有用,碎了之后就被扫地出门。"

陆舒宁:"祥林嫂如死蝉,仍然有生命,但已动弹不得的蝉只能任由蚂蚁蚕食。"

楼凌辰:"祥林嫂如蛛网,生活在肮脏杂乱的角落,脆弱得一捅就破。"

沈心仪:"祥林嫂如悬在空中的布袋,被社会的大风肆意玩弄致死。"

犹记灵性逼人的现代作家萧红曾说:"鲁迅的小说的调子是低沉的。那些人物多是自在性的,甚至可说是动物性的,没有人的自觉,他们不自觉地在那里受罪,而鲁迅却自觉地和他们一齐受罪。"

陈宇茜同学感慨:"这永远新的旧故事,永远震颤人心的悲哀。"是啊!这是一次沉重的理解。因为它关于悲剧人生,关于生存和死亡,关于反思和革新。更重要的是,它关于近在咫尺的凡人。祥林嫂就是一面镜子,折射出无数穷苦人民的悲惨生活。

病态社会的构成者是谁?有谁?

如果我们真能理解鲁迅先生的忧思——然而灭亡于英雄的特别的悲剧者少,消磨于极平常的或者简直近于没有事情的悲剧者却多,那么这篇老文章便有了新生命。正如莫言所说:"我们不能放弃努力,因为,这不仅仅是救他人,同时也是救自己。"

和中学生一起读名家日记

"'读'最重要,应当把阅读放在首位。"①课外阅读在语文教学中的重要性毋庸置疑,但似乎鲜有人单独论述阅读名家日记的重要性。笔者经过多年实践和思考,认为阅读名家日记对中学语文教学有着非常积极的意义。

根据《现代汉语词典》(第7版)的解释,日记,即"每天所遇到的和所做的事情的记录,有的兼记对这些事情的感受";"名家日记",即那些"在某种学术或技能方面有特殊贡献的著名人物"写作的日记。那么,名家日记相较于一般的文学作品,有何特质呢?

一、它是最真实最生动的史料

作家韩石山曾言:"前些年爱看传记,连带的爱看回忆录,这两年,不知为什么,喜欢上了看日记。道理不难明白,不过是求真而已。在我看来,不管有人有着怎样的遮掩,大体来说,作为史料,日记还是最真实最生动的。档案材料,真实过于日记,生动就差多了。"②的确,似乎很难再找出一种文学作品,在真实性和生动性上能与日记匹敌。即便是小说中的日记,也往往给读者带来莫名的亲切感和真实感。当我们看到《钢铁是怎样炼成的》第九章保尔在医院昏迷时,一位见习医生尼娜用日记记录保尔的康复过程,详细而生动,令人具体可感,使读者对"能忍着一声不吭、从不呻吟"的具有铁人般坚强意志的保尔生出敬重之情。而若是独立的日记,不依存于其他的文学体裁,它的真实感和亲切感就更加突出了。比如阅读《伍尔夫日记选》,我们似乎走进了一位女性作家细腻敏感、复杂谨严的内心世界,听她切切絮语:"我喜欢写作,因为那样的话,我就不必忍受说话的压力了。""这日记将证明我是多么勤勉地工作。""我的大脑就变成一座天平,一粒米就能让它倾斜。昨天它还能保持平衡,今天就倾斜了。"③阅读季羡林的《清华园日记》,仿佛和作者一起共度了三年大学时光,读书、听课、考试、翻译、看戏、交友、思考、生病、创作、思念……林林总总,无所不包。尤其读到"在文学批评班上,我又想到我死去的母亲。这一

---

①温儒敏.温儒敏论语文教育[M].北京:北京大学出版社,2010:105.
②古农主编.日记闲话[M].北京:人民日报出版社,2012:12-13.
③弗吉尼亚·伍尔夫.伍尔夫日记选[M].戴红珍,宋炳辉译.天津:百花文艺出版社,2009:199.

次'想到'的袭击,有点剧烈,像一阵暴雨,像一排连珠箭,刺痛我的心"①时,真心叹服作者之"真情流贯其中",更为季老"一句话也没有删"的坦荡胸怀折服。

二、它是锤炼意志品质的教科书

当我们一页一页翻看名家日记的时候,总会被作者笔耕不辍的意志品质深深打动。为什么他们可以做到每一天回顾、整理和反省？当回首往事的时候,这将是多么清晰可辨的足迹。

许多名家的日记少则数月,多则十数年甚至数十年。比如明代伟大的旅行家、地理学家、史学家、文学家徐霞客,"穷大半生时间,足迹遍及全国名山大川,海隅边陲,几达十九个省市自治区之多。他每天游历、探索的记载,均极详尽。特别是他致力地学研究,诸凡地貌、岩溶、江河、水文、地热、气象等方面,均有建树。"②若细读《徐霞客游记》,学生必定会被这部日记体的中国地理名著深深震撼。20世纪中国著名思想家、教育家梁漱溟先生几乎写了一辈子日记,"为备忘而写",总量竟达70余万字,梁漱溟之子梁培宽称"先父自喻为僧人,而此日记就是自己修炼的记录"。茅盾文学奖获得者麦家也写了十几年的日记。他被文学滋养,使心灵开出花朵。古往今来,人们的自我修炼方式有千百种,唯一相同的就是"持之以恒"。对于中学生,我们在忧心他们定力不足的时候,不妨引导他们读一读名家日记,写一写日记,让他们静心、安心,积跬步、汇小流,在日记这块"磨刀石"上磨出耐心、磨出毅力。

基于以上特质,笔者认为阅读名家日记对中学语文教学有以下四个方面的积极意义。

1. 可做教材的有机拓展

语文教材囿于"本"的束缚,虽精致却难免有限,拓展是必要的。我以为,在拓展材料的选择中,若能引入名家日记,会使教材更加活泛而深刻。

上汪曾祺的《金岳霖先生》时,要向学生介绍西南联大,如果让他们去读一读《联大八年》中吴徵镒的《长征日记——由长沙到昆明》,学生必然会对那个特殊时代里西南联大人徒步进入云南的过程产生浓厚兴趣。这两百余位师生组成的湘黔滇旅行团,如何度过这漫漫六十八日,经过这三千五百华里？路上有哪些困难险阻,有哪些别样风景,有哪些奇闻趣事？

上卡夫卡的《骑桶者》时,若能引入《卡夫卡日记》,如"被拽着向前,在马背上——

---

① 季羡林. 清华园日记[M]. 北京:外语教学与研究出版社,2009:13.
② 陈左高. 中国日记史略[M]. 北京:中国书籍出版社,2016:279.

青春的荒唐。对青春的畏惧,对荒唐的畏惧,对非人生活的无意义的增长的畏惧",再如"我要过一种奇妙的、一切为我的工作设想的生活,我对我这个要求毫不让步;而她呢,好像对我一切无声的请求都听不见似的",完全可以使学生窥见卡夫卡内心深刻的孤独、寂寞和恐惧,他是"永远'在成年人中流浪'的孩子"(林和生),他与俗常世界的不通融是如此强烈。读懂卡夫卡日记,见其心灵世界的真实面貌,几乎就是握紧了一把开启卡夫卡作品的金钥匙。

上丰子恺的散文《云霓》时,学生对文中的"按桌子好像按着了烟囱。洋蜡烛从台上弯下来,弯成磁铁的形状,薄荷锭在桌子上放了一会,旋开来统统溶化而蒸发了"着实惊异,甚至产生怀疑:如此炎热是否夸张？此时可引用郁达夫写于1934年7月6日的日记:"自前两星期起,杭州日在火炎酷热之中。水银柱升至百零五、六度以上,路上柏油熔化,中暑而死者,日有七八人。河水井水干涸,晚上非至午夜过后,晨之二点,方能略睡,床椅桌席,尽如热水壶。"如此则使学生对丰子恺关于1934年"大热的苦闷和大旱的恐慌"的描述有了完全的信任,并为作家的悲悯情怀感动。

在多年的语文教学实践中,我常常恰当选择与教材内容及作家相关的名家日记,适量引证,辅助理解,拓宽视野,对教学实在大有裨益。

2. 可做写作的有价素材

高中生面临着写作议论文的挑战。若无经典素材,只顾自说理,势必空洞无力,分数惨淡。而在积累议论文写作素材的时候,我也建议学生可以从名家日记中精选。

在我开设的选修课中,我曾经向学生推荐过不少名家日记,比如《启功日记》。启功是当代著名学者、教育家、书画大师,在《赴香港筹备励耘奖学金义卖展十日记》中,你会发现一个词反复出现——"甚疲"。其时,启功已79岁高龄,但为了感念恩师——史学家和教育家陈垣,仍然呕心沥血伏案三年,创作了上百幅书画作品。在陈垣先生诞生一百二十周年之际,他用在香港义卖所得的一百六十三万元人民币设立了"北京师范大学励耘奖学助学基金"。这种至纯至深的爱师情令人动容。不仅如此,在其日记中,我们还能读到其善良质朴的品格、隐忍乐观的态度、自知自省的精神和目达耳通的智慧。学生喜欢在议论文中精选启功的材料,加以评述,饱含热情,简直得心应手,比如毛嘉航同学论证"破格"时写道:"我国著名书法家启功先生,先前以传统的等分结构练字,却只习得形似而神全无。后来,他潜心研究,终于开创了'五三五'不等分结构,即'启体书法',为书法文化注入了新活力。这不就是破格的最好证明吗？"

3. 可做研究的有力证据

如果要研究某位作家，阅读其日记十分有必要。在文字中，你会发现一个真实的立体的人。日记研究者陈左高认为日记"有它独特的史料价值，为其他文献所不能比拟和替代"[①]。那么，以有史料价值的日记作研究之用，必定是恰当而有说服力的。1932年9月13日晚9时，季羡林在清华园写下："我尝想，日记是最具体的生命的痕迹的记录。以后看起来，不但可以在里面找到以前的我的真面目，而且也可以发现我之所以成了现在的我的原因。"[②]通过阅读名家日记，知作者来路，便可理性分析，客观评价。

如果你对作家刘心武产生了兴趣，那我借作家自己的话推荐其日记作品集《人生非梦总难醒》："我是真心真意地，用这本书，请你到我的精神之家即我的'心窠'中做客！"读此日记，仿佛在感受其心灵的每一次波动，了解到其人其事，其情其趣。如果研究丰子恺，除去读他的散文作品，看他的绘画作品，《教师日记》也务必读一读，这本写于1938—1939年的总计160篇日记的集子，能让你深入体会丰子恺"学高为师，身正为范"的风貌，其"因材施教""循循善诱""不愤不启，不悱不发"的教学方法令人称道，而以文字"悲世抗世"的大情怀更令人肃然起敬。

4. 可做人生的试炼场

当代著名语言学家、教育家张志公说："日记的价值不仅表现在写的当时，更表现在若干时间之后。"这可以从两个方面来理解，从创作者而言，日记写作是为未来留下珍贵的史料，从阅读者而言，日记是为未来人生提供试炼场。我年轻的时候，认为曹文轩先生说的"人生是一场苦旅"是一种"恐吓"。而现在，我却认为这是一种安慰，每个人都会经历人生中的美景和险途，有高峰必有低谷，无须多虑，只需存一颗从容的心积极面对。

在我向学生推荐的众多日记中，有一本日记集《生命的单行道：程浩日记》稍显特殊，写作者虽然称不上名家，但其二十年的有限生命却折射出灿烂的光华，故我斗胆将此书列入名家日记行列。阅读其从16岁写至20岁的日记，有太多的"疼痛"，却令人"珍惜"："感觉就像用一把铁铲，从皮肉的缝隙中一寸一寸地挖下去""但若是总寄希望于明天的改变，那不论哪一天，其实都是无法挽留的今天""没有能改变生命的长度，但人类的精神，一定会在字里行间永存"[③]……我和学生逐篇朗读他的青春日记，既是学习感悟，也是对照自省，更是致敬遥望。那两节课，教室里的氛围是忧伤而祥和的，同学们纷纷在黑板上写下自己的感悟：觅得一丝光明的欣

---

① 陈左高.中国日记史略[M].北京:中国书籍出版社,2016:279.
② 季羡林.清华园日记[M].北京:外语教学与研究出版社,2009:234.
③ 程浩.生命的单行道 程浩日记[M]南宁:广西师范大学出版社,2013:108.

慰,直面人生的曲径;跌宕亦能勇敢,苦难也可富饶。

现代著名作家郁达夫曾言:"日记文学,是文学里的一个核心,是正统文学以外的一个宝藏。"但是,我们对这一宝藏的发掘似乎还很欠缺——认识不足,行动匮乏。因此,借由此文,希望有更多同仁重视并带领学生开挖日记宝藏,从中获得与众不同的教学价值和育人价值。

不只出现在鲁迅作品中的"看客"形象

读好作品对写好文章有莫大的作用,但好作品的"好"很难说尽,鉴赏经典小说中的"看客"形象,可以让学生感受文学语言的微妙之处。

先看鲁迅《祝福》中的看客:

这故事倒颇有效,男人听到这里,往往敛起笑容,没趣的走了开去;女人们却不独宽恕了她似的,脸上立刻改换了鄙薄的神气,还要陪出许多眼泪来。有些老女人没有在街头听到她的话,便特意寻来,要听她这一段悲惨的故事。直到她说到呜咽,她们也就一齐流下那停在眼角上的眼泪,叹息一番,满足的去了,一面还纷纷的评论着。

眼泪何以停在眼角?因为,它是"老女人"们硬生生挤出的眼泪,装装样子,表表同情,泪不由衷,自然只有一星半点。她们围拢来,意在刺探祥林嫂之不幸,拥有新鲜谈资,给无聊生活以刺激。意大利作家卡尔维诺在《树上的男爵》中,把木桶内聚在一起的蜗牛形容为"饶舌女人",看着腻味;英国作家毛姆在《月亮与六便士》中将这种"善良"泛滥者形容为"食尸鬼",见者悚然。鲁迅《祝福》中的文字,将祥林嫂被消费、被耻笑、被迫害的境遇含蓄精妙地刻画出来。

再看鲁彦《黄金》中的看客:

陈四桥虽然是一个偏僻冷静的乡村,四面围着山,不通轮船,不通火车,村里的人不大往城里去,城里的人也不大到村里来。但每一家人家却是设着无线电话的,关于村中和附近地方的消息,无论大小,他们立刻就会知道,而且,这样的详细,这样的清楚,仿佛是他们自己做的一般。……不到半天,这消息便会由他们自设的无线电话传遍陈四桥,由家家户户的门缝里窗隙里钻了进去,仿佛阳光似的,风似的。

《黄金》的名气虽不及《祝福》,但对人们麻木空虚、自私庸俗本性的披露却毫不逊色。"无线电话"不是由电话线串联起来的,而是由无数口耳自觉而精密地串联起来的,一传十,十传百,每个人都可以是一台电话机,陈四桥村百年前已创建极为发达的"无线网络"。人们在"冷笑你,诽谤你,尽力地欺侮你,没有一点人心",如此揭示,真是入木三分。

再看萧红《呼兰河传》中的看客:

大神说,洗澡必得连洗三次,还有两次要洗的。于是人心大为振奋,围的也不困了,要回家睡觉的也精神了。这来看热闹的,不下三十人,个个眼睛发亮,人人精神百倍。看吧,洗一次就昏过去了,洗两次又该怎样呢?洗上三次,那可就不堪想象了。所以看热闹的人的心里,都满怀着秘密。

哪样的"秘密"呢?是光明正大地看这个十二岁却长得十五六岁那么高的小媳妇各种挣扎的样子、各种无效的哀求,是看其婆婆如何郑重殷勤地配合着这项神圣的"驱鬼"盛举,是看人群中还有哪些患瘫病的挣扎前来赶这热闹集市,是看热闹不凡的呼兰河镇怎样创造奇闻趣事……"所以看热闹的人的心里,都满怀着秘密"。这一句简直力透纸背。正像莫言在《檀香刑》中的一句"土黄草绿的脸上,绽开了辉煌的微笑"。细思恐极,触目即痛,各怀秘密的看客哪个不是屠夫?

再看马尔克斯《巨翅老人》中的看客:

当残疾人拔下他的羽毛去触摸自己的缺陷时,当缺乏同情心的人向他投掷石头想让他站起来,以便看看他的全身的时候,他都显得很有耐心。唯一使他不安的一次是有人用在牛身上烙印记的铁铲去烫他,他待了那么长的时间动也不动一下,人们都以为他死了,可他却突然醒过来,用一种费解的语言表示愤怒,他眼里噙着泪水,扇动了两下翅膀,那翅膀带起的一阵旋风把鸡笼里的粪便和尘土卷起来,这恐怖的大风简直不像是这个世界上的。

残疾人体会到生活不便和人生苦痛,本该与同样残疾的巨翅老人同病相怜,但事实却完全相反,残疾人偏偏带给巨翅老人新的伤痛。为何?残疾并没有让他善良,反而令其凶恶,想从更不幸的人身上寻求一种满足感。一个冷漠的社会扭曲了人的本性,仁意不存,爱已消亡。"有人用在牛身上烙印记的铁铲去烫他"这一细节,更是鲜血淋漓。巨翅老人只是一个被暴风雨吹落到人间的落难者,无端遭此炮烙酷刑,天理何在?

孔子曾言:"举一隅,不以三隅反,则不复也。"正是通过阅读这些经典作品,学生对看客心理的揣摩渐渐深入,感受到看客的愚昧、粗鄙、冷漠、盲目和迷信,感受到看客所在社会的闭塞、死寂和无望。读着这一群又一群的看客,看他们的"吃人"行径,森然可怖,令人警醒。

学习要善于由此及彼,跳出死读书的泥淖,融会贯通,迁移创造,从而具有自省力和生产力,成为灵魂独立的个体。在深入理解看客形象之后,学生自然会推及现实生活,评述如今的一些看客行径:人肉搜索、消费弱者、践踏尊严、道德绑架……然后反观自身:如何摒除看客心理?把良好语感化入笔端。

2015年,在第九届浙江省少年文学之星征文比赛中,我的学生王敏学荣膺高中组"文学之星"称号,在她的获奖作品《归来》中有如下描写:

而今天和往日不同,人们从阴暗的房间里倾巢而出,涌向镇上与大陆深处相连的那条公路。女人们像一群刚吃饱的麻雀,眼神却像饥肠辘辘的秃鹫——未婚年轻女性为显示自己的矜持,不断挺起胸膛,忍住不管在皮肤上蜿蜒爬行的热汗,只是用浸了过多香油而发硬的手帕遮住自己血红的嘴;已婚妇人聚在另一边,用自己才懂的逻辑将在场的每一只雏鸟议论个遍。男人们一边叫骂一边给自己扇风,时不时往欢闹的雏鸟那里瞟一眼,然后立马将视线飘到公路尽头,继续口中的脏话和诅咒。偶尔,人们会向她的屋子这里看一眼,企图从那毫无遮拦的窗中窥探到些不可告人的秘密。她安然端坐在阴影里,人们看不到她,因为外面的阳光太亮太刺眼,他们看不清清凉影子里昭然若揭的真相,于是每个人都在心里臆测,每一个都是引人入胜的故事,散发着豆蔻和咸鱼的味道。

《归来》是一个关于等待的悲剧,此段为第4段,是为整个故事创设环境的关键部分。短短300字,通过一个又一个细节,揭示一群以他人苦痛为乐的典型看客,冷漠和悲哀在文字间流淌。在这样一个小镇上,弱者势必得不到任何同情、任何救助,只会被踩踏入更深更黑的洞穴。王敏学的成功,正是得益于广泛阅读、举一反三和灵动创造。

作家毕飞宇说:"什么叫学习写作?说到底,就是学习阅读。你读明白了,你自然就写出来了。阅读的能力越强,写作的能力就越强。"语言环境对学生的语感形成至关重要,这要求教师首先是一个阅读者、一个语境建设者,才可能克服时空局限,引导学生潜心品读优秀作品,在不知不觉中生成语感,形成言说的内在驱动力,在语言实践中建构自己的语言。

刻意模糊的背后
——《礼拜二午睡时刻》主题探索

直到今天,我还能清晰地回想起2018年9月14日语文课上那场激烈的辩论——《礼拜二午睡时刻》中的卡洛斯·森特诺究竟是不是小偷?认为他是小偷的同学(以下简称"正方")振振有词:"小说第41段,直接提到'就是上礼拜在这儿被人打死的那个小偷'。"不认为是小偷的同学(以下简称"反方")立马反驳:"小偷是镇上民众认定的,但没有确切的证据。"课堂即刻被点燃,双方阵营不断扩大,针锋相对。

正方:第43段,明确写到"在细雨的淅沥声中雷薇卡太太听见有人从外面撬临街的门","凌晨三点钟"撬门的,当然是小偷。

反方:这是一个长句,为什么要写"在细雨的淅沥声中",说明有雨声干扰,而且"临街的门"和雷薇卡太太有一定距离,无论从声响上还是距离上,认定"撬门"太武断。

正方:请注意,雷薇卡太太是孤身一人,她连"细雨落在锌皮屋顶发出滴滴答答的声响"都能听得清楚,怎么就不能判断"撬门声"?

反方:正因为她独身多年,心思极其敏感,虽能"想象出门在哪里",但想象不是事实。再说,哪有第一次开枪的人,在"闭上眼睛"的情况下准确击中小偷的?这太不可思议了。

正方:虽然有些神奇,但我们可以推算子弹飞行的路线。雷薇卡太太"能够准确地知道门锁的高度",无疑,她是朝着门锁的位置射击的。而小偷被击中的是鼻子,说明当时小偷正半蹲着撬门。子弹穿过门锁,击中鼻子。

反方:这样说似乎有理,但仔细一想,鼻子的面积很小。如果真被射中了,那这个人的脸部和脑袋不应该有很大的伤口吗?因此,我觉得"鼻子被打得粉碎"不像枪伤,更像打伤。卡洛斯是一名拳击手,很有可能是被打成那样的。

正方:但是枪和枪不一样,而且射击距离也会影响伤口大小。当然,我们都没有这方面的专业知识。

反方:那么,如果不讲这点,我还有理由证明他不是小偷。第54段,"我告诉过他不要偷人家的东西吃,他很听我的话",可见母亲从小对卡洛斯管教严格,儿子也很听话。而且这位母亲自尊、坚强,我相信有其母必有其子。

正方:母亲的教育会对孩子产生影响,但不一定是正向的,有时甚至是反向的,这样的例子比比皆是。且认为儿子听话的是母亲,只是一家之言,不足信。

反方:你说得有些道理。但我们再看第55段,"他没有办法,把牙全都拔掉了"。请问为什么要把牙全都拔掉?

正方:……(暂时无语)

反方:我的理解是,因为贫穷,卡洛斯只能通过打拳赚钱,即便被打得很惨也始终忍耐。而拔牙,正是想让自己完全没有负担拼命去打,以便赢得比赛。这样的人还有什么苦难不能忍受?而且,更关键的一点,马尔克斯为什么安排卡洛斯的妹妹——年仅十二岁的小女孩讲这句话?我觉得,相较于成年人,小孩的补充更可信。

正方:但这也不能证明他不是小偷。第43段对他死亡时的描述"他穿着一件花条的法兰绒上衣,一条普通的裤子,腰中没有系皮带,而是系着一根麻绳,光着脚",试想谁会在深夜光脚走在马路上?卡洛斯必定极度贫困,这正是他偷窃的充分理由。

反方:纵观整个小说,许多语言都证明卡洛斯一家常年贫困——第4段,"她们俩是这节简陋的三等车厢里仅有的两名乘客""穿着褴褛的丧服";第5段,母亲拿的是"一个漆皮剥落的皮包"。难道贫困一定就会偷窃?至少可以忍耐,之前我已证明卡洛斯极其坚忍。因此,我不认为他会偷窃。

学生紧扣文本,据理力争。然而,要揭示问题的真相、加深对作品的理解,则必须"入乎其里,出乎其外"。既要深入进行文本细究,又要跳出文本,借助丰富的材料比照,促进深度理解。于是,我找来了主要的拓展材料——马尔克斯唯一的自传《活着为了讲述》。马尔克斯曾在接受哥伦比亚《万花筒》杂志记者里奥·阿里斯门迪采访时说,他的回忆录"完全是写实的","它们几乎是我以前所有著作的诠释"。于是,我在课堂上以PPT的形式呈现了《活着为了讲述》中的相关文字,与小说关键语段对比如下:

事情发生在上礼拜一凌晨三点钟,离开这里几条街的地方。寡妇雷薇卡太太孤身一人住在一所堆满东西的房子里。那一天,在细雨的淅沥声中雷薇卡太太听见有人从外边撬临街的门。她慌忙起来,摸着黑从衣箱里拿出一支老式手枪。这支枪自从奥雷利亚诺·布恩迪亚上校那时候起就没有人用过。雷薇卡太太没有开灯,就朝大厅走去。她不是凭门锁的响声来辨认方向的。二十八年的独身生活在她身上产生的恐惧感使她不但能够想象出门在哪里,而且能够准确地知道门锁的高度。她两手举起枪,闭上眼睛,猛一扣扳机。这是她生平第一次打枪。枪响之后,周围立刻又寂然无声了,只有细雨落在锌皮屋顶上发出滴滴答答的声响。她随即听到在门廊的水泥地上响起了金属的碰击声和一个低哑的、有气无力的、极度疲惫的呻吟声:"哎哟!我的妈!"清晨,在雷薇卡太太家的门前倒卧着一具男尸。死者的鼻子被打得粉碎,他穿着一件花条的法兰绒上衣,一条普通的裤子,腰中没有系皮带,而是系着一根麻绳,光着脚。镇上没有人认识他是谁。

——《礼拜二午睡时刻》(小说)

凌晨三点,大门外有动静,有人想撬锁,玛利亚·孔苏埃格拉醒了。她摸黑起床,在衣橱里摸到一把"千日战争"后就再没人用过的老式左轮手枪。黑暗中,她找到大门,双手握枪,估准高度,对准锁眼,闭上眼,扣动扳机。她以前从没开过枪,但那一枪穿过大门,正中目标。

那是我见过的第一个死人。早上七点,我去上学时,尸体还在人行道上,地上的血迹全干了。死者的脸被打得稀巴烂,子弹穿过鼻子,从耳朵里出来。他穿着法兰绒彩条水手服、普通裤子,裤带是根龙舌兰绳,光着脚。他身旁的地上是一整套撬锁工具。

——《活着为了讲述》(自传)

经过比照,学生发现多处关键不同:一是小说只写雷薇卡太太"朝大厅走去",并未如传记写的"找到大门"那么明确、距离那么近;二是小说未提及子弹行进路线,传记则非常清楚,"那一枪穿过大门,正中目标""子弹穿过鼻子,从耳朵里出来";三是关于死者的惨相,小说称"鼻子被打得粉碎",之前学生就质疑伤口过小,而传记写的则是"死者的脸被打得稀巴烂",伤口面积符合枪伤;四是最关键的一点,传记中的这个小偷"身旁的地上是一整套撬锁工具",物证确凿,是小偷无疑。

据此,可以得出结论:在马尔克斯的记忆中,这人的确是小偷,但在小说创作中,作家显然刻意舍去了揭示"小偷"身份的材料,并多次运用绵密长句混淆视听。那么,作家刻意模糊这个人是小偷的用意何在?学生经过讨论得出:其目的在于遮蔽,但更在于凸显,遮蔽不让他人知晓的内容,以凸显渴望他人知晓的内容,即母爱。讨论至此,我又追问学生:那么,这篇小说中,作者渴望读者知晓的题旨是不是仅限于肯定《普通高中课程标准实验教科书 语文 选修 外国小说欣赏 教师教学用书》中所说的"超越了道德、伦理等价值观"的母爱呢?经过深入思考和探讨,我和学生认为小说的主题大致有三。

一、赞美母亲,赞美尊严

马尔克斯通过模糊小偷形象,成功地把我们的视线引向了母亲。在反复研读中,母亲的形象不断丰富且深入心灵。囿于文章字数,仅列举两例。第一,第17段写到"她们径直朝神父家走去。母亲用手指甲敲了敲纱门,等了一会儿又去叫门"。用手指甲敲纱门能有什么声音?为什么把声音控制到最微弱?母亲不去惊扰别人的做法可谓煞费苦心,但这或许正是其多年善解人意而积累的优秀素养。第二,最后一段中写"她挽着小姑娘的手朝大街走去"。为什么是"挽着",而不是"拉着""牵着"或"前后走着"?经过对比,我们发现"挽着"是一种肩并肩的姿态,显出母亲的郑重其事。即便遭遇厄运,母亲仍然选择以挺立的姿态离开这个夺走了她唯一儿子的伤心地,把一切异样的眼光和冷漠的围观都抛诸脑后,不需要同情,更不会沮丧,勇敢无畏、自尊高贵。不得不说,小说收束处烛照了母亲的伟大。

我尝试着把《活着为了讲述》中马尔克斯回忆自己母亲的语言和此文描写母亲的语言进行了对比,发现了许多惊人的相似之处,如下表中加点处。

《礼拜二午睡时刻》	《活着为了讲述》
第5段:她脸上露出那种安贫若素的人惯有的镇定安详的神情。	P5:旅途艰辛,妈妈却安之若素。我看着她,心想:她迅速接受生活贫困、坦然面对社会不公的能力在那个糟糕的夜晚得到了证明。
第21段:她的声调很平静,又很执拗。	P5:典型的狮子座性格使她能够树立起母性权威,以厨房为据点,一边用高压锅煮菜豆,一边不动声色、柔声细语地控制整个家庭,连偏远的亲戚都能辐射到。
第53段:那个女人还是神色自如地继续说。	P17:火车加速时,我在厕所,破车窗里吹进干热的风,旧车厢震天响,鸣笛声听了魂魄散。我的心抖抖索索,胃里翻江倒海,直犯恶心,手脚冰凉。遇到地震才会这么害怕,我飞快地冲出厕所,见妈妈不动声色地坐在位置上。
第70段:她挽着小姑娘的手朝大街走去。	P18:妈妈挺直腰板,步履轻盈地往前走,丧服下微微出汗。

小说中的母亲,强忍悲痛来到陌生的镇子探望儿子的墓地,面对神父"您从来没有想过要把他引上正道"的质疑和民众"乱哄哄"的"鉴赏",始终神色自如,从容以对。《活着为了讲述》中,马尔克斯的母亲同样深陷困境:穷困老迈,儿子任性辍学,四处流浪;母亲去世,不得不卖掉阿拉卡塔卡镇的老宅。可以说,这两位母亲都被命运无情地鞭打,但她们却都"挺直腰板",不卑不亢。与其说马尔克斯在小说中精心刻画了一个伟大的母亲形象,不如说马尔克斯在这个形象中充分融入了对自己母亲的敬意和爱。

在《活着为了讲述》中,马尔克斯写道:"直到陪妈妈去卖房子,直到自己也在午睡时分孤零零地走在同一条街道上时,我才意识到当年那对母女厄运之下,尊严犹在。"①在顺境中拥有尊严或许容易,但在逆境中如何拥有尊严?身处贫穷,可以通过奋斗收获平等与尊重;遭遇不公,可以通过坚守道德和品性来获得尊严。当我们同样身处逆境时,才能真切地感受到保持尊严的艰难和可敬。就算儿子是小偷,但母亲永远是儿子的母亲,母爱可以超越生死;就算儿子是小偷,母亲仍有爱的资格,仍有悲悼的权利。任何雄踞道德制高点,否认儿子进而轻视尤其是嘲弄母亲的心理和行为都是可鄙的。可以说,马尔克斯正是通过赞美母亲来礼赞尊严。这样的尊严,不仅有助于个人和家庭走出困境,更能使一个国家、一个民族觉醒、发展。

二、审视小镇,针砭时弊

"母亲是这个小镇的审判者。"学生朱怡轩找到的有力证据是小说第5段中的一处比喻:"那位妇女眼皮上青筋暴露,身材矮小孱弱,身上没有一点儿线条,穿的衣服像件法袍。"为什么把母亲的衣服比喻为"法袍"?难道仅仅想说明衣服像法袍一样宽大?法袍自身的寓意在哪里?

这让我想到艾伟的长篇小说《南方》中的一个比喻:"洗澡桶很大,像一只小船,娘是拖回家的。娘一副垂头丧气的样子,好像她拖着的是一口棺材。"②把"洗澡桶"比喻成"棺材",难道仅仅是形似?联系后文可知,这个洗澡桶,是刚出生的非常健康的男婴被放逐永江的帮凶;这个洗澡桶,是思儿成疾的罗思甜选择逐流寻儿最终自沉的工具;这个洗澡桶,是罗忆苦余生挥之不去的阴影。它"埋葬"了数条人命,无异于"棺材",这样的比喻可谓充满艺术魅力了。

北村说:"对于学生们来说,应该是用两只眼睛读书,一只眼睛看书上的字,另一只眼睛看文字的背后。这样才会在'经典'引导下,建立自己的思想。"此话言之有理。因此,我对朱怡轩的发现给予了充分的肯定。母亲在厄运中独立、冷静、理智、自尊、勇敢、慈爱的形象,正和镇上冷漠、孤独、无聊、麻木、愚昧的民众形成鲜明对比,母亲的到来,折射出的就是镇子的种种弊病,就像正义的法官对"午睡者"的冷静审判。

三、表达忏悔,自我救赎

在《活着为了讲述》中,马尔克斯提到"这一幕在我脑海中萦绕多年""后来我写了篇故事,才算解脱",他甚至还说"我感觉我像那个小偷"。这些文字极大地震动了我。儿时事件为什么一直困扰着马尔克斯?写作为什么可以获得解脱?为什么

---

① 加西亚·马尔克斯.活着为了讲述[M].李静译.海口:南海出版公司,2015:20.
② 艾伟.南方[M].北京:人民文学出版社,2014:78.

感觉自己像那个小偷？这一系列问题激人深思。

我想起了杨绛先生《老王》的结尾："几年过去了,我渐渐明白:那是一个幸运的人对一个不幸者的愧怍。""愧怍"何来？是不忍见不幸,是羞愧无法改变不幸。有着深广同情心和强烈责任感的作家会自觉和这个世界"共悲共喜,共泣共笑",为人民的苦难而伤心,因自身力不足而自责。于是,"代沉默者疾呼"[1],努力忏悔,自我救赎。如此情怀动人心魄,发人深思。莫言说："每个作家最后面对的肯定是自我,所谓一个作家的反思、文学的反思,终是要体现在作家对自己灵魂的剖析上。"[2]马尔克斯亦如此。

透过《礼拜二午睡时刻》中被刻意模糊的小偷,我们不但看到了一位伟大的母亲,更看见了一位伟大的作家。他们身上,都深藏着我们希望见到的美的人性。

---

[1]郝名玮,徐世澄.拉丁美洲文明[M].北京:中国社会科学出版社,1999:345.
[2]莫言.碎语文学[M].北京:作家出版社,2012:331.

培养非个人主义的完整的人
——读卡尔维诺《我们的祖先》三部曲

《不存在的骑士》《分成两半的子爵》《树上的男爵》,是意大利著名作家伊塔洛·卡尔维诺《我们的祖先》中"关于人如何实现自我的经验"的三部曲。卡尔维诺在1960年6月写下这样一段话:"在《不存在的骑士》中争取生存,在《分成两半的子爵》中追求不受社会摧残的完整人生,《树上的男爵》中有一条通向完整的道路,这是通过对个人的自我抉择矢志不渝的努力而达到的非个人主义的完整——这三个故事代表通向自由的三个阶段。"作为一名教育工作者,也作为一个孩子的母亲,我认为这三部曲中深藏着丰富的育人理念,可细读,从而深思人的培养问题。

首先,我们应该培养活生生的生命个体。在《不存在的骑士》中,骑士阿季卢尔福虽有灵魂存在,但没有肉体安居,面对实在的东西,总有"一股无可名状的怒火在他胸中升起","他感到很痛苦","往往要竭尽全力才能使自己不致消散"。在这个故事中,卡尔维诺强调"争取存在"。我认为这应该是育人的第一步。

当下青少年面临着诸多压力和挑战,他们的心理健康也不断引起全社会的关注。我们——每个家长,每个教育工作者,每个成年人,都应该好好反思一下:是否把孩子当成活生生的人?是否真正呵护了幼小心灵的健康成长?是否给了孩子充满希望和生命力的教育?是否坚决不让孩子成为刷题机器和攫取成人名誉的工具和牺牲品?我们要把孩子带到多远的地方?我们期望他们走到多远的未来?必须强调,教育的第一步,就是让孩子们学会热爱生活、热爱生命!

其次,我们应该培养完整的人。卡尔维诺在《分成两半的子爵》一书中构想了这样一个故事:一个被炮火分成两半的子爵奇迹般地存活,但其左右两边的残躯却分别变成纯恶和纯善的两个人。纯恶之人无恶不作,乱劈乱砍,令大家统统处在其威力之下;纯善之人庄重古板,好教训人,致使人们的苦恼无法排遣。最终,作者设计让左边人和右边人决斗,令他们复归为一个整体,成为一个完整的人。故事虽荒诞,却让我沉思良久,理解并认同卡尔维诺的创作主张"我的宗旨是向人的一切分裂开战,追求完整的人"。教育的目的,也绝非培养分裂者、残缺者,而应是培养完整的人。

一个人想要稳稳地站立,必须要有两条有力的腿——健康的身体、健全的精神。"有健康的身体才有健全的精神"(约翰·洛克),"幸福只有在身体健康和精神安宁的基础上,才能建立起来"(欧文)。有朋友曾问我:"为什么你的学生特别阳光好学?"我总结了四点:"尊重,理解,教育和爱。"也有朋友问我:"为什么你能培养出高大、优秀的孩子?"我也总结了四点:"吃睡好,运动好,心情好,学习好。"孩子在身心发育的关键时期,我们不能错过他们的每一天。无论是作为教师,还是母亲,都必须广泛阅读、充实精神、汲取智慧,都务必俯下身来、聆听心语、关注成长。摒弃浮华和造作,回归自然和质朴,坚决贯彻"双减"精神,言传身教并重,才可能培养出身体健康、精神强健的完整的人。

第三,我们要培养"非个人主义的完整的人"。什么是"非个人主义的完整"?即有对超越自我的大理想的坚持。卡尔维诺在《树上的男爵》中写了一个叫柯西莫的人,他在十二岁那年,因为不吃姐姐巴蒂斯塔用蜗牛做的汤和主菜,更因为反对家庭中不公正的强逼,毅然选择爬上圣栎树,宣称"绝不下树",在树上生活了一辈子,直至65岁去世。他在树上捕食,制作衣服,用一段杨树皮做成水渠引水,用来喝水并洗澡;在树上交朋友,谈恋爱,参与很多活动;在树上学会印刷技术,出版了一部《共和体城市的宪法草案以及关于男人、女人、儿童、鸟兽虫鱼等一切家养及野生动物、林草蔬果等一切植物的权利声明》,用来表明他的理想和追求。更重要的是,柯西莫积极为他人做事,替小产业主守护牲畜,为他们秘密转移粮食和橄榄,使它们不被拿破仑的士兵抢走,给被抽丁的青年们指示可以藏身的洞穴……他尽力保护处于强权之下的人民。由此我认识到,"个人主义者"局限于自己的感受和得失,而"非个人主义的完整的人"关注的是其他更多的人,如同俄国作家列夫·托尔斯泰在《复活》中写的"精神的人"——追求"对人对己统一的幸福""全人类的幸福"。柯西莫在那飘摇不定的栖身所里仍有一双清澈明亮的眼睛,他用这双眼睛关注着这个世界,关注着地面上的人们,他充满希望——"树立起自由树,拯救全球祖国"。这就是"非个人主义的完整"。

我在杭州外国语学校工作已二十余年,曾听人议论,杭外只培养外语说得特别好的人,甚至有人认为,杭外毕业生大都出国且不回来了。这些认识是极为片面且缺乏事实依据的。杭外的校训是"为祖国而学习,为未来作准备",我们不仅培养外语人才,而且培养具有"家国情怀、国际视野和深厚素养"的优秀学生。我们深深知道"精致的利己主义者"将带来"真正的爱国危机",我们始终牢记"为党育人,为国育才"。为此,我们不懈探索,积极引领学生读《论语》《红楼梦》《围城》《乡土中国》等中华经典,积极开展"一起行走在浙东唐诗之路上""鲁迅文创产品设计""《雷雨》话剧表演""Hello(你好),二十四节气"等项目化学习活动,为大学预科班同学独创"浙江作家·浙江文化"语文课程,厚植其家国情怀……因此,我们的学生深爱祖国,深爱家乡,愿意服务祖国,奉献社会。放眼望去,许许多多杭外学子——中国驻阿根廷大使邹肖力、中国驻捷克大使张建敏、"最美翻译官"张京、"中国十大经济年度人物"汪滔等,正在各个领域勇挑重任,在世界舞台上讲述中国故事,为祖国和人民贡献青春和力量。

只有培养活生生的生命个体,培养完整的人,最后才能培养出"非个人主义的完整的人"。这是我的阅读思考,亦是我的育人目标,我将在当下和未来的语文教学教育活动中始终追求之。

第二章 爱·写作

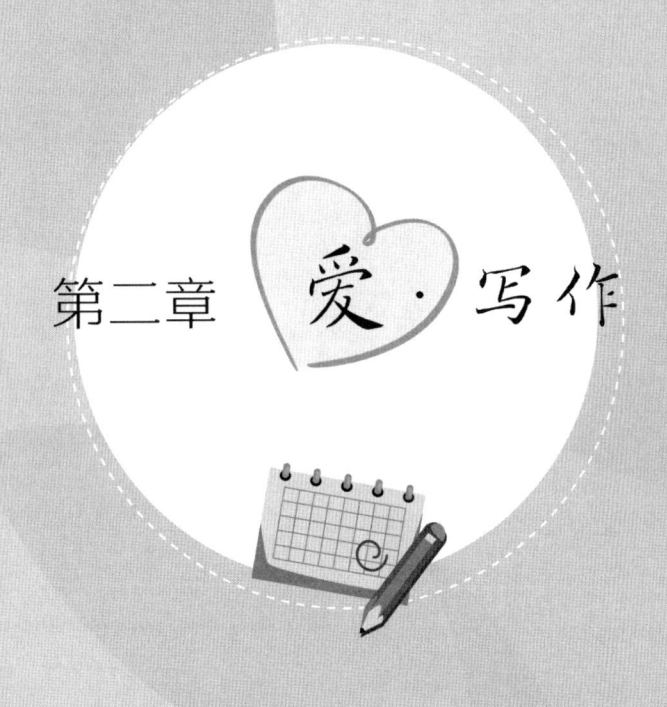

自主写作，自由表达——我的写作教学观

《普通高中语文课程标准》(2017年版2020年修订)33次提及"自主",6次提及"自由",1次提及"自主写作",2次提及"自由表达"。课程内容第四点提到："自主写作,自由表达,以负责的态度陈述自己的看法,表达真情实感,培育科学理性精神。"教学建议第三点提到："要根据学生身心发展和语文学习的特点,保护学生的好奇心、求知欲,鼓励自主阅读、自由表达,激发问题意识,引导他们体验发现问题、解决问题的过程。"

"自主"指"自己做主","自由"指"不受拘束,不受限制"。新课标的理念毫无疑问是深得人心的。但在实际教学和考试中,恐怕学生和教师往往不得自主,不能自由。我认真严肃地问了自己一个问题:带完那么多届学生,如果要为学生编写一本作文集,会选取怎样的作品？有些奇妙的是,我居然能够在最短的时间里想起学生曾经写过的班级日记、月份系列随笔和参赛征文,能迅速回忆起陈娅妮同学用量词"颗"来形容蜘蛛,说"五月初诞生的蜘蛛,或者是在农家的屋檐下,或者是在一株葱绿的树间,露着晶莹之光",能想起周晓馨同学说"写作就是一张纸,一支笔,由此来建立一条长久的心灵通道",想起张亚楠同学说"与笔墨结缘,与时光共舞",想起黄贝青的《当时共我采霉人》、黄思卓的《键上独奏,不知与谁共》、沈佳楠的《与死亡对话》、王敏学的《归来》、叶欢的《最柔软的遇见》等。可是对于那些在高三磨出来的好文章,居然如同博尔赫斯《沙之书》里的陌生人一样"面目模糊不清"。"吹尽狂沙始到金",经历这次自问,我必须坦率地承认,只有动用真情写下的文字才能与另一颗心长久共振,并占据心房一个小小的角落。

那么,"要求编写"的文章,真情在哪里？"不愿意看第二遍的作文",将被丢弃在何处？既然被丢弃,又为何费时耗力？命题专家、语文老师,是否都可以想想如何破局？怎样的高考作文题才能检测出莘莘学子"自主写作,自由表达"的能力,同时检测出"真情实感"和"科学理性精神"呢？

分析原因,考生无法表达真情实感可能是受到作文题的约束,也可能是单调沉闷的生活和干瘪瘦削的阅读并没有滋养他们的真情实感。

笔者曾参加市级高一语文统考阅卷,所评的恰有一道语言运用题,面对将近800份答案,内心五味杂陈。此题为:

写一段文字,描述下面这幅图片的画面。要求语言生动,至少运用一种修辞手法,80字左右。(3分)

初读此题,笔者认为难度适中,适合绝大多数学生顺利完成,因为只需把看到的图画按照一定的顺序描述出来,并使用任何一种修辞即可,这对高一的同学来说不是难事。但在批改过程中,意想不到的情况却层出不穷。

比如对题干中"描述"一词直接忽略,而转为高谈阔论什么是真正的爱情,回答诸如"真爱是一辈子相濡以沫""陪伴是最长情的告白"等;或者陷入浓烈的抒情:"我不向往年轻时的轰轰烈烈,我只想要在发如雪时依然与你牵手"。或许是因为紧张或粗心,学生没有看清题目,又或许是因为学生真的没有分清"记叙""描写""抒情""议论"等表达方式。我想,只要明确概念,稍加训练,以上问题应该是可以克服的。

令我特别惊讶的是另一个问题,那就是对竹筐的形容。有的考生将此竹筐形容为草筐、篓、圆口筐、背篓、箩筐、篓筐、篮子、竹笼等。《现代汉语词典》(第7版)中对"篓""筐""箩""笼""篮"等都有准确介绍:"篓"——用竹子、荆条、苇篾儿等编成的盛东西的器具,从口到底比较深;"筐"——用竹篾、柳条、荆条等编的容器;"箩"——用竹子编的器具,大多方底圆口,制作比较细致,用来盛粮食或淘米等;"笼子"——用竹篾、木条、树枝或铁丝等制成的器具,用来养虫鸟或装东西;"篮子"——用藤、竹、柳条、塑料等编成的容器,上面有提梁。这五者中,最易区分的应该就是"篮子"了,因为上面有提梁,图中竹筐并无提梁,因此形容为"篮",显然是不恰当的。然而,要学生完全区分前四者,是有些困难的。

但是,最令人震惊的是我看到的下面这一答案:

"路上有一对白发苍苍的老人,老奶奶背着大马桶,老爷爷紧紧牵着她的手,在马路上走着,仿佛就像是刚刚恋爱的男女朋友,他们一起白头偕老,在一起一辈子,我想这才是真正的爱情吧。"

分不清是"筐"还是"箩"姑且可以谅解,但怎么可能将"筐"和"马桶"混为一谈呢?我不能准确形容那一瞬间的感受,从惊讶到惊吓,从好笑到苦笑,从遗憾到沉重……

有的老师说,不该出这样的题,因为它远离学生的生活实际,现在还会有学生使用这样的竹筐吗?乍一听,这样的说法的确有些道理,因为我们的学生,尤其是城市的学生,不可能在生活中使用竹筐。但是仔细一想,这样的说法却又不严密,因为"不使用"不能成为不知道的理由。再者,一般上了年纪的人,还是喜欢提菜篮买菜;而在一些山村乡间,背竹筐的人也不在少数;通过电视剧,亦可见类似的生活镜头。更何况,"马桶"总该人尽皆知吧?

究竟是什么原因,让我们的学生分不清马桶和竹筐了呢?究竟是什么原因,让我们的学生缺乏基本常识了呢?

在我的教学实践中,偶尔也遇到过这样的情况。跟学生讲叶圣陶先生的《藕与莼菜》,有学生对"随便拣择担里过嫩的'藕枪'或是较老的'藕朴',大口地嚼着解渴"大为惊讶:"藕怎么还能生吃啊?"跟学生讲张爱玲的《公寓生活记趣》,文中写"米缸里出虫,所以掺了些胡椒在米里——据说米虫不大喜欢那刺激性的气味",问学生可还听说有其他驱虫方法,学生面面相觑。跟学生讲雨果《巴黎圣母院》中对埃斯梅拉达的描写"跳舞时,她那蜂腰般苗条的身材、裸露的肩膀、娇柔的胳膊和小腿不时从外衣里露出来","蜂腰"是什么样的腰?学生的无奈写在脸上……放眼望去,这样的情况实不鲜见——"花生是树上长大的""番薯西瓜也是树上长的""泥土很脏的,有什么用"……

作家曹文轩曾说:"写作永远只能是回忆。"作家莫言曾说:"写完《透明的红萝卜》以后,我才知道我过去的生活经验里实际上有许许多多的小说素材。"那么,"贫瘠"的生活只能有"贫瘠"的回忆,我们怎能奢求学生真实甚至丰富?当学生们纷纷长大,他们何以"回到记忆深深处"?

当一个个家长们将他们的头埋进电子屏幕之中,我们怎么还能看到汪菊生(汪曾祺之父)这样的家长?"他会做各种玩意",为孩子做荷花灯,做纺织娘灯,做西瓜灯,难的不是手艺,更是一颗温柔宁静的心,一份深沉细腻的爱。难怪汪曾祺先生直到七十二岁,还有十分清晰而有滋味的童年记忆,并深情感叹自己的童年是很美的。

当一个个老师们将学生的头按在书桌前,整天刷题,唯分数论,我们怎么还能看到安娜·萨莫伊落英娜(苏霍姆林斯基之师)这样的老师?她在山花烂漫、万物生机盎然的季节,带学生去森林,讲解盛开的椴树在帮助蜜蜂酿蜜,蚁穴有回廊和广场……难怪苏霍姆林斯基始终践行师长的教学理念,培养真正的人。

卢梭曾言:"一直由母亲放在房间中养大的孩子,连什么叫重量和阻力都不知道,所以竟想去拔动大树和掀掉岩石,谁比得上他那分傻气呢?"①如今,我们的圈养教育满目皆是。我十分理解于漪老师的那份沉重——"把学生框在教室里,框在语文教材里,框在题海里,学生缺乏必要的生活积累和生活常识,远离社会实践,这是极其有害的。"②"极其有害"——"四体不勤,五谷不分";缺少体验,难以形成审美经验和审美情趣;"综合实践能力和社会责任感得不到培养,生活和生存的基本能力更是缺乏得令人担忧"③。

作家毕淑敏说:"要有世界观,先要观世界"④。我说:要有真情实感,先要观察自然,感受生活,进而阅读反思。我们都要好好沉静下来,少些空洞的说教,多些"脚踩泥地"的呼唤;少些繁复的刷题要求,多些走向自然、走入社会的实践活动。"如果不让孩子在童年和少年时代便打开这本书(大自然)阅读,这不但是我们教育的缺失,也是孩子们人生的遗憾。"⑤让孩子自然生活,自然成长。如此,真情实感才能在他们心中滋生,写作时才能表达出真情实感。

在二十余年的写作教学中,我一直在想方设法鼓励学生自主写作,自由表达。杭外的经典语文作业——随笔,就是重要方法之一。不限题材、不限体裁,想怎么写就怎么写,想写多少字就写多少字。或许有人会担忧,如果学生存心偷懒,交四行歪诗,应付了事,怎么办?对此,我细细回顾了一下,这样的情况或许有过,但少之又少。事实上,在杭外的随笔作业中,一次创作数千字乃至数万字的作品亦不在少数,比如陈思羽同学参加第六届浙江省少年文学之星征文比赛并获"文学之星"称号的作品《韶光》就长达一万六千余字,金秋葭同学参加第十四届浙江省少年文学之星征文比赛并获一等奖的作品《背影》长达四万三千余字。当然,我们并非提倡写长文,只是提倡放出胆量去写,写多少老师批改多少,还有面谈等一系列沟通和分享。我已经不记得为写作和我的学生面对面聊过多少次、聊过多长时间了,但确乎都是捧出一颗心来,用心和每个学生对话,从不吝啬我的欣赏,从不吝啬我的评语。批改随笔到深夜乃至凌晨,是常事。

2013届的陈雨萌同学曾经为我写了一篇文章《儿女情怀 师者仁心——李芳老师印象小记》,其中写道:

---

① 卢梭.爱弥儿[M].李平沤译.北京:商务印书馆,2012:164.
② 于漪.语文的尊严[M].太原:山西教育出版社,2014:7.
③ 田国福.学生生活经验的生成和表现分析[J].中学教学参考·文综版,2011(10).
④ 毕淑敏,芦淼.毕淑敏母子航海环球旅行记[M].北京:作家出版社,2009:168.
⑤ 李镇西.返璞归真说教育[M].桂林:漓江出版社,2014:33.

用一句俗套的话开头：我永远都不会忘记我们真正认识的那一天（我不记得是否是初遇的那天了）。高一开学没过多久的某天，早晨我还是一个在班级里普通到透明的学生，听李老师委婉地表示她没能看到让她惊喜的随笔；而傍晚我短暂地成了全班的焦点，因为李老师激动万分地和大家说，这最后一本随笔，也就是我的随笔，终于让她眼前一亮。也许是因为我本身对于写作的热爱，也许正是因为李老师表现出的惊喜和激动之情，让这几句话的意义远远超过了简单的表扬。多年后回忆起来，我依然感受到那种由心底升上来的喜悦，仿佛拨云见日，从此后我便不再是那个默默无闻的、坐在后排的学生，我也有那么一处与众不同，值得骄傲。

之后我变得更喜爱写点什么，每个星期最自在的时光就是趴在桌上悠然又情绪投入地写一篇几页长的随笔，最期待的就是李老师改好随笔发下来，翻开本子看到评语的刹那。李老师的字常常写得很大，圆润奔放，就像她本人一样。若是这一篇写得好了，惊喜的情绪都能透过她的字迹传达出来。

雨萌还写道：

需要说明的是，李老师的关注和耐心并不仅仅是因为她对我写作风格的偏爱。事实上她对每个学生都有着饱满的热情和期待。我总是在教室后的黑板上看到她张贴出的学生随笔，其中不乏文笔朴实平淡的作品，或是语文成绩并不出色的作者。彼时我并不怎么能欣赏那些文字，好在有《十二月·沿途》留下来，现在回过头去看，确实能在那些朴素的文字中看到一些独特的风景。

《十二月·沿途》是李老师策划、学生编辑的一本纪念文集。里面收录了李老师教的2010级两个班级里每一位同学的文字，而我有幸担任文集的总编辑。最初我只觉得是一次挺有趣的活动，如今翻看文集，才感受到其中意味深长的纪念。十六七岁的岁月如此可贵，又有多少人能留下这样一份纪念？

正是李老师这份热情和她一双发现美的眼睛，让"随笔"不仅仅是个别学生的舞台。在我的印象中，李老师任教的高一学年里，几乎所有的同学都或多或少对写作产生了兴趣，不再怯于提笔，而是对自己的作品有所期待。

2013年，陈雨萌同学与学军中学朱笑昀同学、浦江中学方雨涛同学的随笔合集《萌动的青春》一书由浙江少年儿童出版社正式出版，三位同学也被《少年作家》杂志社聘为首批少年"签约作家"。《萌动的青春》一书共选录了陈雨萌同学的《契阔》《穷阴夕时》《亡国之君》《灿烂千阳》《又是一年清明》《哀乐》《憧憬》《起飞》《散板》《魔音》《下午茶》《一言万情》十二篇作品，这些作品都是陈雨萌同学在高一、高二时完成的随笔，有小说、散文、日记等，形式多样，感受真切，文辞细腻，写出了成长岁月中的独特滋味，唱响了青春的心灵之歌。

片段摘录：

饺子在水里翻滚的样子，在心中纠结的人眼里看起来，也变得难以忍受起来。圈圈干脆就盖上锅盖，把蒸汽都关在里面，来不及"刹车"的蒸汽一下子撞在玻璃锅盖上，什么都看不清了。

——《穷阴夕时》

实际上，大概每一段感情都是月光下绣出来的作品，朦朦胧胧的光线下缝出来的细细密密的针脚，旁人只能看个大概，只有绣的人才知道哪一针绣错了，哪一针刺破了手，又有哪一针满意得忍不住反复去看。

——《憧憬》

我从来没有见过父亲这样愤怒，如同一只挣脱不了缰绳的野牛，对一切无法改变而感到暴跳如雷；我也从来没有见过父亲这样憔悴，像是秋天里缺水的草，变得脆而枯黄，仿佛一捏就碎。我以为他会和他的兄弟从此就决裂——虽然我觉得这个词很傻，像是小孩子吵架时轻易说出来的词——但我以为，起码会有一场令人心寒的冷战。

可是葬礼上，伯伯们拍了拍父亲的肩膀，父亲就蹲下来哭了。然后他们——父亲和他的兄弟们——抱在了一起。我想，那也许就是手足之情，是我——我们这些独生子女无法体会的。

——《哀乐》

巧的是，那一年十二月下了好几场不小的雪。因此整本随笔集中少说也有一半是关于雪的文章。大家的随笔不同于考场作文，不同于书信日记，每一个人笔下的雪都截然不同。在看那些文章的那一刻，我像是被葫芦瓢突然敲了脑袋，突然间就懂得了很多，比如写作的意义，比如每个人的世界的不同，比如交流的难能可贵，比如这一次"十二月随笔"活动的意义。

作为主编，我要操心的事情比想象中的少，却更琐碎，整个2011年的新年，似乎就在组织大家开会、安排开会内容、敲定下一次开会时间中度过。校对和排版都交给各版面的编辑做，连配图也有人操心，需要我做的除了主持开会，就只是选好各版面的负责人，再敲定版面题目、书本名称，以及从美编提供的各种封面中挑选出最合适的。空闲的时间里，我就一遍一遍地看同学们的文章。

——《散板》

《浙江日报》在《青春因萌动而精彩》一文中评价："他们以独特的书写方式，把对生命感悟的点滴、学习的体会记录下来，让我们窥见当代中学生尝试与这个世界的不同层面进行沟通的真诚愿望。在广袤的夜空里，这些小小繁星闪耀出迷人的光芒。"《钱江晚报》在《三位高中生成少年"签约作家"》一文中评价："陈雨萌，一位显得有些少年老成的含蓄女生,与那张娃娃脸有点对不上号。""可现在,我就像是一个被人夺走了珍珠的蚌。我精心保护了这么多年的珍珠在我死后被剥了出来,肆意穿凿,我却再也没有办法将它纳入我的壳里,悉心呵护,叫我怎么不难过。"这一段话,出自陈雨萌的《契阔》,娴熟的语言技巧背后,隐约透着一份成人才应有的内思内省。

我也相信,自主写作、自由表达已然成为雨萌成长的一种内在需要、一种前进方式乃至不可或缺的精神力量,如她在《起飞》中所言:"年复一年地在挣扎中羽翼渐丰,终于可以成为一只随心而飞的鹰或麻雀。"随心而飞、随心创作,披着明媚的阳光翱翔。

像雨萌这样爱上写作、享受写作的同学,在杭外绝不在少数。我曾在2020年浙江省普通高中语文学科基地调研活动中分享优秀教研组经验——《学跨中西 传承经典——杭外语文教研本色》。对于随笔,我是这样说的:

杭外有着优良的随笔写作传统,迄今已坚持三十五年。北京师范大学肖川教授曾说:"随笔是最自由的文体。它没有一定之规,想怎么写就可以怎么写,可长可短,可文可白,可叙事可抒情,可感叹可议论,可信马由缰驰骋八方,可逆水航船独行一路。""让孩子放胆去写,表达出自己的主观感受",这正是我们坚持的原因。

在杭外,有不可计数的写作爱好者,更有一些酷爱写作的,常常以文会友,神游西溪。杭外校刊《西溪水》经过杭外人多年精心养护,成为一本优秀的杂志。《西溪水》文学社也已经成为一个成熟的社团,从招新、征稿、出刊到举办西溪水读书会、推出社团公众号,《西溪水》游刃有余。去年,在浙江教育报刊总社、《中学生天地》主办的校园杂志评选活动中,杭外《西溪水》杂志被评为"最具潜力杂志",获得了《中学生天地》提供的梦想基金。而在各级各类的作文比赛中,杭外学子屡获佳绩。更有多本杭外学子的专著正式出版。

我们相信,"存在于我们周围世界和我们自己身上的一切,都可能成为构思的推动力"(康·帕乌斯托夫斯基);我们相信,耕耘于随笔本、读书笔记的每一瞬间都具有雕刻时光的美;我们相信,《西溪水》、"文学之星"的光芒会照亮每个年轻的生命;我们相信,写下即永恒。

我深深知道,当孩子们长大后,也将纷纷加入现代社会更多的自媒体平台中。"以负责的态度陈述自己的看法",这是中学生在中学时代必须得到教育和引导的。新课标在学习任务群6中提到的"引导学生学习思辨性阅读和表达,发展实证、推理、批判与发现的能力,增强思维的逻辑性和深刻性,认清事物的本质,辨别是非、善恶、美丑,提高理性思维水平"[9]也是至关重要的。但是,这份理性往往建立在语言能力、生活体验和阅读积累之上。正如感受了美,才能认知"为何美""如何美",

拥有了自信、自如运用语言的能力,才能去"准确、鲜明、生动"地表达。理性思维水平的发展需要感性思维和形象思维作为扎实的基础。只有切实增强形象思维能力,才能更好地发展逻辑思维。

说真的,我有一个梦想。

梦想在每年的高考阅卷结束后,那些高分作文真正飞入寻常百姓家,真正抵住如水般流逝的年华,若干年后,还可以为人乐道;梦想那些高分作文不会被诟病为"美丽的皮囊、空洞的灵魂",不会被诟病为"同质化中的佼佼者",不会被诟病为"虚情假意的顶级版";梦想每一位考生都能挣脱种种枷锁,自主写作,自由表达,尽情享受创作的乐趣并收获丰硕的果实……

附:作文指导获奖(含发表)情况统计表

序号	年份	作文比赛/发表	学生	作品	教师奖项/点评
1	2001	第二届"新世纪"杯全国中学生作文大赛	林巍洋	《陌上桑》	全国二等奖指导奖
2	2004	《初中生网络创新作文》(浙江少年儿童出版社2004年版)	郑丹丹	《虚构一堂语文课》	点评(该书P6)
3	2004		赵彬	《课堂随笔》	点评(该书P8)
4	2004		陈臻	《考试随想三种》	点评(该书P10)
5	2004		朱玥	《致诸位踏着铃声而进入教室的朋友们的公开信》	点评(该书P14)
6	2004		赵彬	《春游魔鬼词典》	点评(该书P21)
7	2004		潘昊	《心动》(一组)	点评(该书P23)
8	2004		郑丹丹	《关于"哭"的说法种种》	点评(该书P25)
9	2004	《名牌中学材料作文大全》(浙江少年儿童出版社2004年版)	林巍洋	《陌上桑》	点评(该书P180)
10	2004		温菁	《蝶恋花》	点评(该书P189)
11	2006	《少年作文辅导》(2006年第12期)	谢宇翔	《山之歌》	点评(该杂志P45)
12	2006		丁茜	《风之歌》	点评(该杂志P46)

续表

序号	年份	作文比赛/发表	学生	作品	教师奖项/点评
13	2009	中国中学生作文大赛(2008—2009)	陆倪驰敏	《抵达之谜》	全国一等奖优秀指导奖
14	2012	第六届浙江省少年文学之星征文比赛	陈思羽	《韶光》	高中文学之星·园丁奖
15	2012		滕黎晖	《飞跃时间轴》	高中三等奖·园丁奖
16	2015	中国中学生作文大赛(2014—2015)	沈佳楠	《与死亡对话》	"恒源祥文学之星"(指导)
17	2015	第九届浙江省少年文学之星征文比赛	王敏学	《归来》	高中文学之星·园丁奖
18	2015		朱琳	《3077号大海》	高中一等奖·园丁奖
19	2015		钟傲然	《不为人知的远方》	高中一等奖·园丁奖
20	2015		黄泓钧	《远方会有好吃的糖醋排骨吗?》	高中三等奖·园丁奖
21	2016	全国第十届冰心作文奖	沈佳楠	《第七重孤寂》	高中一等奖(指导)
22	2016		张亚楠	《阿然》	高中三等奖(指导)
23	2016		张珏敏	《忆夏》	高中三等奖(指导)
24	2016	第十届浙江省少年文学之星征文比赛	钟傲然	《我并不属于你》	高中一等奖·园丁奖
25	2017	第十一届浙江省少年文学之星征文比赛	陈姿彤	《给小豆子的七封信》	高中一等奖·园丁奖
26	2017		廖晨薇	《囚牢》	高中一等奖·园丁奖
27	2017		陈语心	《无因的反叛》	高中三等奖·园丁奖
28	2017		朱怡轩	《心光》	高中三等奖·园丁奖
29	2018	第十二届浙江省少年文学之星征文比赛	廖晨薇	《又绿》	高中一等奖·园丁奖
30	2018		高诺琪	《囹圄》	高中一等奖·园丁奖
31	2018		陈凌波	《囚徒》	高中一等奖·园丁奖
32	2018		叶欢	《窗外的蓝》	高中一等奖·园丁奖
33	2018		李佳雨	《玻璃穹顶》	高中一等奖·园丁奖
34	2018	第十三届中国中学生作文大赛(2017—2018)	叶欢	《最柔软的遇见》	高中一等奖(指导)

续表

序号	年份	作文比赛/发表	学生	作品	教师奖项/点评
35	2020	第十四届浙江省少年文学之星征文比赛	金秋葭	《背影》	初中一等奖·园丁奖
36	2020		余代黛	《白虹贯日》	初中一等奖·园丁奖
37	2020		沈邦彦	《缎带在风中飘扬》	初中一等奖·园丁奖
38	2020		卢东	《海岛·动物·自然》	初中优秀奖·园丁奖
39	2020		张逸瑞	《背影》	初中优秀奖·园丁奖
40	2020	"幸福在'浙'里"浙江省中学生作文大赛	许左	《缑城梦忆》	省一等奖优秀指导老师奖
41	2021	第十六届中国中学生作文大赛（2020—2021）	陆美亦	《白墙》	高中三等奖（指导）
42	2021	第十五届浙江省少年文学之星征文比赛	陆美亦	《呼吸》	高中二等奖·园丁奖
43	2021	《语文学习》(全国中文核心期刊)（2021年第12期）	沃睿媛	《睡前杂记》	点评（该杂志P47）
44	2022	第十七届中国中学生作文大赛（2021—2022）	许左	《追寻与邂逅》	高中二等奖（指导）
45	2022		陆美亦	《薪火》	高中三等奖（指导）
46	2022	第十六届浙江省少年文学之星征文比赛	陆美亦	《念念》	高中一等奖·园丁奖
47	2023	第十七届浙江省少年文学之星征文比赛	陆美亦	《破窗》	高中三等奖·优秀指导教师奖
48	2023	第十七届浙江省少年文学之星征文比赛	许左	《道是无晴却有晴》	高中优秀奖·优秀指导教师奖

我为什么要写作？
——激发学生写作的内在驱动力

2015年，在中国中学生作文大赛中，学生沈佳楠获得"恒源祥文学之星"（全国共十人）；在第九届浙江省少年文学之星征文比赛中，学生王敏学获得高中组"文学之星"称号（全省仅三人），钟傲然、朱琳同学获得一等奖……学生屡摘大奖，对我而言，不仅高兴，更有回望和思考之责，提炼经验，以供参考和分析。

记得2015年11月26日的那个周四，我像往常一样，下发了新一组高三阅读材料，这次的材料由备课组郑燕明老师围绕"人与自我"维度精选，其中有土耳其著名作家、诺贝尔文学奖获得者帕慕克的一篇文章《父亲的手提箱》，行文至高潮处，帕慕克热切地喊出了他写作的原因："我写作是因为我天生就需要写！我写作是因为我要读像我写的著作那样的书。我写作是因为我喜欢闻纸张和笔墨的气味。我写作是因为我相信文学，相信小说的艺术，胜过相信其他的一切。我写作是因为这是一种习惯，一种热情。我写作是因为我害怕被遗忘。我写作是因为我一旦开始写一部小说、一篇论文、一页纸，我就要完成它。我写作是因为写作激动人心，可以把一切生活的美好和丰富都转化成语言文字。"那天下午，阳光微淡，冬风瑟瑟，高三（1）班教室寂静至极。约莫十分钟，王敏学轻轻坐到地砖上，右手轻抚着头发，脸色白皙中透着红润的光泽。那一刻，这个曾跟我说"要写出整个世界"的女孩，她的眼睛就像谜一样。沉思了一小阵，她迅速地回到座位，和着初冬的韵律开始奋笔疾书。仅仅十几分钟，我确定没有记错，这个姑娘就轻轻来到了讲台前，郑重交给我她的阅读随感。而我，仿佛接到了神奇的一道光，光线打在每一字每一句上，使这张薄薄的纸彻亮。

一位北欧女作家曾经说过，只要被落成文字，一切悲伤都可以忍受。写作或者成为作家，大概是一种自我疗伤的方法。那些自己做不到的事、说不出的话、去不了的地方，以及那些永远失去的、无法归去的，由文字倾诉出来，对作家来说，是一种救赎。

为什么会选择写作？最开始是单纯的满足感，再后来是一种成为习惯的乐趣，最后是痛苦——可如此痛苦又如此令人着迷（这过程就像是永恒的爱情，没有名为"婚姻的坟墓"来给予终结，没有名为"亲情的代替"来消减折磨）。没有这种痛，文字只是玩物,只是消耗品。

选择写作是想要得到解脱,但越是坚持越是痛苦,如此这般,却不能停,不能停。

作家不是一个职业一样头衔,它是一种态度、一方烙印。

我几乎是想把整颗心都揉进文字间去,去阅读这个年仅十七岁的姑娘的心,去感受一个年轻的生命对于文字的爱和痛,欲罢不能,坚定无畏。短短几分钟,我像一根木棍杵在讲台,但这根木棍也分明被点燃了。

这一幕已经过去许久,但是它的确似一枚印章,盖在了我心的一角,不能忘。后来敏学获得保送上海外国语大学的资格,再到高中毕业,她已经完全不需要靠写文章来挣得分数。但是,敏学的作品一次又一次光临我的邮箱,我毫不惊奇,我知道这会是她未来的常态,写作已是她生活的有机组成,是她生命中的火花。

当我再次从高三返回到高一,敏学的"烙印"常常浮现,终于在某个周一的傍晚,我做出了一项决定,让孩子们在写作前自问:我为什么要写作?让他们回溯到心底,想一想:我要这些文字做什么?让他们给自己一点(或十足)的理由。只有想明白了这一点,他们的写作行为才可能自觉自愿,由内而出。而我,也将从一个还算仁慈但不免有些威严的执教者转变成他们的伙伴和战友,可以坐在路边鼓掌。

在"与时光共舞"的第一节写作课上,我开始实施计划。我从敏学的故事讲起,讲到作家林徽因的写作可以"慰藉自己,解放自己,去追求超实际的真实",写作可以给人憧憬、给人新鲜、给人共鸣、给人安慰,讲到余华的"我发现自己的写作已经建立了现实经历之外的一条人生道路""写作有益于身心健康",讲到王小波的"我相信我自己有文学才能,我应该做这件事"……徐志摩、巴金、莫言、曹文轩等优秀作家的写作动机充满着强大的感染力,让我们重新认识写作之于自己和他人的意义。教室里寂静无声,却涌动着热浪。我已捕捉到了那些胸腔里的强音。于是我给每位同学发下了一张白纸——"我为什么要写作",是的,素笺配素心。

五分钟过去了,十分钟过去了,十五分钟过去了,一堂课即将毫不留情地过去了。我看到叶欢同学在悄悄抹着眼泪……毛嘉航和吴明睿同学把我送到五楼办公室,略带嗔怪地说:"李老师,为什么不是两节课?"是啊,为什么不是两节课,好让这次探访心灵之旅更悠长、更从容一些?我在心里说。

坐下来,一页一页地翻看着同学们的文字,惊奇连连。

叶欢:"坚持写作,是为了知道自己究竟是何般模样。"

张语瞳:"倔强地想证明,自己的唯一性和独特性。"

庞佳雨:"人是一种敏感的生物,人需要共情,写作是情,是光。"

张一可:"写作不是特长,不是爱好,是一种习惯,同吃饭睡觉一样平常的习惯。"

范思懿:"我能强烈感受到这些文字属于我,同时我又彻底地属于这些文字。"

李佳雨:"一旦动笔,自己方圆一米内成为一个世界。我可以在这个世界中呼风唤雨。整个班在刷题,给人以压迫感;整个班在写作,却舒适而静谧。"

毛嘉航:"在这里,世界是我,我是世界。"

王杨清:"我想将文字变成一种凝结力量的'音乐'。"

钱憬畅:"写作是一种瞬间到永恒的突变。"

还有很多很多的文字,原谅我不能一一呈现,看看这些仅仅十五岁的可爱的孩子们吧。不要以为他们说的是大话、空话、言不由衷的话。我无比珍视他们这一刻的领悟。当写作成为他们了解自己、证明自己、问候自己、实现自己的途径,成为他们联系世界、镌刻永恒的必要行为之时,亲爱的语文同行们,你们,还需要担心学生不愿写、不爱写吗?

这样的叩问,走的是心灵之门。它们轻盈,它们温和,但它们有力,它们持久。

让我意外的是,一周后,我又陆续收到了几位同学写的文章——《我为什么写作》(颜若偎),《不为什么,只是不得不写》(田放),《我为什么要写作》(吴明睿),短则千余字,长则数千字。我看到了孩子们字里行间越发诱人而深沉的思考。

吴明睿:"我正在以自己的脚步,一步一步地丈量我即将创造的净土。这世上,约莫没有比亲手栽培一个花园更幸福的事了。"

田放:"文字让他们穿上了红舞鞋,跳过欢快,跳过痛苦,跳到遍体鳞伤,跳到吐出胆汁。但仍旧不能停,不能停。因为他们不能割舍,更因为必须。"

记得张嘉佳在《从你的全世界路过》中写道:"一个人的记忆就是座城市,时间腐蚀着一切建筑,把高楼和道路全部沙化。"刘亮程在《今生今世的证据》中写道:"当家园废失,我知道所有回家的脚步都已踏踏实实地迈上了虚无之途。"葡萄牙作家费尔南多·佩索阿在《写下就是永恒》中写道:"一旦写下这句话,它对于我来说就如同永恒的谶言。"

写作,正是对抗沙化的铜墙铁壁;写作,正是凝固家园的最好方法;写作,就是瞬间到永恒的突变。

此刻,我为什么要写作?愿你们都懂了。

让写作成为生命最美的歌唱

时下中学生的整体写作水平不尽如人意。作文教学处于理论上地位极高、实践上手足无措的尴尬境地。作文教学"高投入低产出"的不良循环已成为语文教育的顽疾之一。

"我的作文,犹如一潭死水,一点生机也找不到——像我这么活泼的人,写出来的东西却了无生趣,岂不让人笑话?""当我实在想不出胡诌些什么的时候,我便会写小说。不怕你笑话,我自己在隔一段时间后重阅自己的小说,感受十六个字——写时感动,读时累人,题材狭小,分数不高。"

这样的状况,能不让人担心吗?黄孟轲先生说"作文教育应追寻的是一条让学生的人生能够在他的作文中波澜荡漾,能够自由地抵达其生命蓬勃处的路径",很有启迪意义。

一、原因分析

(一)为完成作业而写作,写作束缚了自由的心灵

在陈旧的教育观念中,我们的命题作文教学长时间影响和制约着学生活泼的思想和灵动的思维,不是写好人好事,就是写家乡有何变化,再就是推荐能人。从字到词,从词到句,然后便挤出一篇文章,或者说不算是文章的东西。这种程式化的写作时常会出现在学生应付了事的作文本中,如同公文,大多千篇一律。真正流露心声、真正有思想的表达并不多,令人感到枯燥乏味。很多学生认为写作就是为了完成老师的作业。有人说:写作是义务,就丧失了写作本意。的确如此。

(二)课外阅读的匮乏,患上失语症

课外阅读是学生读书生活的重要部分,对于学生的知识积累、智力培养和思想发展都有着特别重要的意义。然而,我们学生课外阅读的状况却令人担忧。浙江师范大学中文系教授、著名语文教育研究专家王尚文有一个正上小学的外孙,喜欢写作,不时有"豆腐块"见报。一次,外孙给边疆解放军叔叔写了封信,投稿前想着先给外公念念,希望获得认可。刚念一半,王教授就打断他说:"你停下,我往下念,看你是不是这么写的……"王教授当即自顾自往下说,小外孙惊讶极了:"你怎么知道我写了这些?"后来,王教授特别感慨:"长期以来,语文课堂教学失当与课外阅读

匮乏,使我们的孩子几乎患了失语症!"据调查,当前城市中有超过半数中学生基本没有课外阅读,少数学生能读点课外读物,但以流行读物、娱乐快餐式读物为主,涉及严肃读物或经典著作的少之又少。阅读之于写作,就好像营养之于一个人的健康。没有阅读的写作,正如无米之炊,仅凭语文书上那有限的几十篇文章,"半桶水"怎么可能荡漾出优美的波纹呢?人生中的无限精彩将用什么样的语言尽情尽兴地表达呢?

(三)读书不能内化,空有诗书在口头

我们经常会让学生背诵一些经典的诗文,然后通过默写检查过关就以为万事大吉。老祖先说"熟读唐诗三百首,不会作诗也会吟",好像等背到了第300首时,学生自然就是写作的什么"家"了。于是在这样一种惰性思想的支配下,老师只是强调背,而不顾及学生的情感体验,不顾及学生是否也在适当的情境中引用呼应自己的感受。久而久之,学生已经适应了根据上句写下句、翻译古诗文等机械的题型,经典诗文只沦落为对付考试的工具。"背"和"使用"永远都是两条无法相交的平行线。这样的思维定式带来的永远是无用的语文学习!任何知识只有内化成自己生命的一部分时,才能在心灵深处涤荡出美丽的感觉,才能成为属于自己一个人的文字。

二、应对策略

根据这样的现状,笔者在多年的语文教学中不断摸索,苦心孤诣地创造一些机会让学生自觉创作,使他们在文字表达中体会到成就感,以此获得生命中香甜的果实。

(一)以教本为把手,卸下沉重的心理包袱

课堂语文教学往往以教材中的作品为分析和欣赏的样本,任何语文老师都应该坚守这方阵地,调动一切因素来培养学生的创作兴趣。但在很多的教学中,语文老师往往不自觉地给学生带来一种压力。与佳作对比带来的永远只有失落和沮丧,阻碍了学生动笔。

在宗璞先生的《紫藤萝瀑布》一文的学习中,师生都强烈感受到作者语言的精美、观察的细致、体验的敏锐、联想和想象的丰富适当,赞叹这是一篇情景交融的佳作。这时候,我们的语文老师诚恳地说:"宗璞就像一只蚂蚁衔一粒沙,再衔一粒沙,倾心构筑艺术的七宝楼台。但大家知道吗,宗璞的写作并不容易,她自己说'我写得很苦,实在很不潇洒。但即使写得泪流满面,内心总有一种创造的快乐'。"你要知道,就这一句"我写得很苦,实在很不潇洒"会给学生带来怎样的情感震荡?一种信心会在他们的心中悄然而生。一个学生就在后来的作文中这样写道:"宗璞先

生,我并不是很喜欢写作,甚至可以说是讨厌,我总以为写作就是大家的作为,而我这样的小毛孩,哪有落笔成章的能耐。但是今天听老师说您写作也是如此的艰难,这让我猛然有了信心和力量。我读懂了您那颗真诚创作的心,谢谢您!我要向您学习!"我想,这样的教学会给学生带来一份宽松的心境,从中获得前进的力量。让学生从原点起步,真实创作,真心抒情,写作的热情难道不会滋长吗?

(二)点燃课堂思辨的火花,在小练笔中延续精彩的智慧

传统的教学模式是师问生答,学生处于被动状态,久而久之学生就会缺乏主动思辨的热情。因此在教学中,教师要根据课文内容,创设一定的问题情境,激发学生争辩的欲望。如果学生在课堂的争辩中还意犹未尽,那么你可以适时推出课后的小练笔,以成全他们继续自由表达的愿望。而且,学生可能会为了辩论得更加充分,迅速去搜索相关资料,那么,这样的小练笔质量肯定是上乘的。

笔者在上《苏州园林》一课时,在学生的预习质疑中发现了这样的疑问:文章最后一段就这样戛然收尾,如此仓促,似乎不合适,是否有损课文的美?这样的问题对于历来被广泛认可的文章来说,乍看有些突兀甚至大不敬的味道,所以我预测学生肯定会有一场声势浩大的争论。于是我设想以如何评价《苏州园林》的结尾来点燃课堂,激发学生表达的热情。那一天,当课上到五分之四时,我抛出了刘真福在《名作中的瑕疵》一文中的质疑:"《苏州园林》一直被当作说明文的范文,粗看四平八稳,条理清楚,层次分明,内容丰富,语言规范,却经不起细读。文章一段一个中心,各个中心依次是:整体图画感,布局无对称,假山和池沼,树木裁修剪,墙廊景致深,角落花草美,门窗做工细,漆绘尽淡雅。最后一段仅两句话:可以说的当然不止以上这些,这里不再多写了。无法想象一篇整体上有一定的文采和一定的可读性的文章,会这样结尾,以两句索然无味的语言败坏读者的胃口。观其文气,开篇斐然成章,精绘细描,越往后越粗率越急促,到最后就一句空话了事,给人感觉是力不从心,气喘吁吁,草草收笔。"这里的质疑正好迎合了部分同学的疑惑,而相当一部分同学正沉浸在愉悦的欣赏中,猛然有这样的批评,很是不悦,于是大家兴致盎然地展开了辩论。这样的挑战激发了他们的兴趣,一台没有准备的、只是基于对课文理解和对叶圣陶基本了解的辩论如火如荼地展开了。有正方,也有反方,在热烈的辩论中,下课的铃声响起了。所以,关于"《苏州园林》结尾之我见"的小练笔自然就布置下去了。第二天,我从学生的作业中看到了更加激烈和精心准备的辩词。

正方:支持对《苏州园林》结尾的批评

1.《苏州园林》的结尾十分不恰当。文章的结构是总分总,一般总起段和结束语需要首尾呼应,但这篇文章的结尾有些草率,与总起段比则相形见绌。印象中,大家名作的结尾,或是一段优美的抒情,或是一段有理有据的议论,又或者是一个

耐人寻味的镜头,从不见有如此草率之作。

2. 俗话说文章要"凤头、猪肚、豹尾"。开篇写得漂亮、精彩,中间写得容量大、内容充实,结尾要像豹的尾巴一样苍劲有力。总结这篇文章,凤头、猪肚做得不错,但豹尾仅此一句,给人以头重脚轻的感觉。我认为不好。

3. 从读者的阅读心境来说。前面的文字把读者欣赏的热情推向了一个又一个的高潮,多么期待最后的结尾能给读者一个意外的惊喜,可是如此多的希望叠加在一起,却换来了这样"失望"的结果,难免让人的心一下子落入低谷。

反方:反对对《苏州园林》结尾的批评

1. "范文"是人家评的,而非作者说"我写的这个是范文"。写这篇文章的初衷就是写一篇"序文"。目的已经达到,当然是一种成功。我觉得这一段文字只是一碟开胃小菜,如果小菜太过好吃,会影响后面的大餐。

2. 我觉得文章的结尾是一个亮点。作者写这篇文章的目的是表现"苏州各个园林在不同之处的共同处",共同处讲完了,也自然该收笔了。但苏州各具特色的园林哪能就此说尽呢? 于是,作者就只能说"可以说的当然不止以上这些"。"不止"淋漓尽致地体现了苏州园林的优点。文章写得如此优美,但园林之景还不止那么美,简短的结尾似乎又有一种让读者欲罢不能、余音绕耳之味。叶圣陶先生的"不再多写了",难道不是见好就收吗? 一位"优秀的语言艺术家"当然更懂得怎样使用语言吧,难道你们一定要让作者把所有的话都说完吗? 什么叫意犹未尽? 含蓄也是一种美啊!

3. 据我了解,叶老原先的序是这样结尾的:"可以说的当然不止以上写的这些,病后心思体力还差,因而不再多写。我还没有看见风光画报出版社的这册《苏州园林》,既承嘱我作序,我就简略地说说我所想到感到的。我想这一册的出版是陈从周教授《苏州园林》的继续,里边必然也有好些照片可以与我的话互相印证的。"叶老写这篇文章时,已经是75岁高龄,身体状况也不是很好,本来他大可以放弃写作,但其对写作的爱却不允许他这样做。或许可以想象,他是大汗淋漓地写出这篇文章的,是双手颤抖地写出这篇文章的。他能写出这样的文章已经非常了不起了,你们为什么还要苛求一个小小的结尾呢?

你看,这样的小练笔,难道还不能成为学生最自觉、最积极而有意义的创作吗?

(三)随时随性起笔,生活日记留住生活中的美丽

"意"在"笔先",作文的"意"从丰富多彩的素材中来。在平时的生活中,学生的生活是丰富而精彩的,但是如果不加关注,许多精彩就会稍纵即逝,许多精彩就会失落沧海。所以,教师应该悉心引导学生走进生活、观察生活,捕捉生活细节,切身体验生活,以笔头再现生活,用文字留住岁月,积极与他们构建生活的本色。鲁迅

先生说:"有真意,去粉饰,少做作,勿卖弄。"确实应使学生回到真正平实朴素的写作中。

我在多年的语文教学中,一直鼓励学生写生活日记,说说一种心情、写写一个眼神、描描一个风景、叹叹一次失误等。有水滴才有小溪,有音符才有韵律。

表现一个女同学和一个顽皮男生观看《我的兄弟姐妹》时真诚和勉强流泪的样子:

淑女的眼泪颇为珍贵,晶莹的眼泪要在眼眶里酝酿一下感情,下落时每次仅一滴,当然它是不允许掉出眼眶的,在眼眶边缘被纸巾擦去,及时而不失典雅。

本来泪腺里的库存就不多,想要假造自己热心肠动情而哭就更难了。于是拼命眨巴眼睛,打哈欠,打喷嚏,好不容易营造出 0.001mL,又开始为下一滴奋斗……

记录午后同学之间漫不经心的对话中生成的一个文字笑话:

甲:我上次去山东,那儿冷极了。

乙:真的,那儿冬天多冷啊?

甲:河上都结了厚厚的冰!

乙:?! 什么结冰?

甲:河上啊!

乙:那尼姑呢?(将"河上"误解为"和尚")

表达一种考试落败后的沮丧和落魄心理:

考场深深深几许,书本堆积,叉叉无重数,操场沙坑游戏处,楼高不见学院路。余恨疯狂打门柱,手掩试卷,无计留分住。泪眼问球球不语,一脚踢过球门去。

表达放学路上恬淡舒爽的心情:

轻轻地,轻轻地,风,一点一点吹起来;

凉凉的,凉凉的,雨丝儿一点一点飘起来。

慢慢地,慢慢地,枯叶一点一点飞起来;

闪闪地,闪闪地,路灯一点一点亮起来。

幽幽的,幽幽的,雨声一点一点响起来;

蒙蒙的,蒙蒙的,山色一点一点深起来。

冷冷的,冷冷的,衣服一点一点湿起来;

悄悄地,悄悄地,寒意一点一点浓起来。

一点一点,时光就从这里走过;

一点一点,人生就在这里起步、发展、结束。

哦,除这一点一点,还是这一点一点!

"问渠那得清如许,为有源头活水来。"这样的记录使得原生态的生活绽放出七色的光芒,还用愁生活没情趣吗?还用担心笔无情、心无意吗?

(四)大张旗鼓地阅读,拥有丰厚的积累

想唱就唱,那要会唱。想写就写,那要能写。词汇从哪里来,好的范例从哪里来?从你的阅读中来。作为语文老师,应借一切适当的机会告诉学生课外阅读的重要性:"阅读是你必须做的事,而不一定是你爱做的事""无论社会科技有多进步,阅读始终是必要的技能""当你是一个优秀的会读书的人,这个世界将归你所掌握"。吕叔湘先生在谈到课外阅读的作用时曾说:"同志们可以回忆自己的学习过程,得之于老师课堂上讲的占多少,得之于课外阅读的占多少。我想自己大概是三七开吧,也就是说,百分之七十是得之于课外阅读。"课内的功效占30%,课外的功效占70%,语文老师的功力不只在45分钟的课堂,语文老师的影响力更应着意于那70%,这才是大头。一定要鼓励学生豪迈地步入阅读的天地,品尝阅读带来的成就感,久而久之,学生便会无功利地倾心阅读,在一个轻松自在的读书氛围里以书为友,收获无限风光。

只有鼓励阅读,才有大量阅读的盛况;只有大量阅读,才能形成独立阅读思考的能力。在教学中,要为每个学生的课外阅读作系统的设想,读多少课外书、读哪些书、如何安排好时间等,都应制订出周密的计划。一般除了教材规定的每学期2—3本名著的阅读之外,还要鼓励学生每个月根据自己的兴趣爱好选择一本著作阅读,每个月做一张阅读卡。有了阅读,学生才能获得语汇;有了阅读,学生才能获得表达方法,布局谋篇、铺陈比兴也有所借鉴;有了阅读,可以获得间接经验作为写作材料,在短时间内体会人生百味;有了阅读,还能获得作者的思想、道理,形成观点供思索和立意。比如读小说,原来只要了解发生了怎样的故事即可,现在就不一样了,会深究下去,比如人物为什么会有这样的命运,作者凭什么安排人物的命运?作者如何丰满地塑造一个人物,如何实现情和景的交融?这样的思考把学生的阅读带向更广阔的世界和更深远的意境中,也会给学生自己的创作带来重要的参照和深刻的思考。至于提高学生的思维品质,以发散性思维构成其视野的广度,以聚合性思维构成其思考的深度,这样的高目标也必将在学生阅读量的不断扩充和人生阅历的不断丰富中逐日养成。

三、结束语

把学生的心从禁锢的命题作文中解放出来,想方设法解除学生的畏难心理,让生活和阅读去充实他们的身心。"胸藏万汇凭倾吐,笔有千钧任翕张",只有拥有了丰富的素材,拥有了一份倾心表达的欲望,"我手写我心"才可能成为水到渠成的事,写作才能成为学生最自然、最亲近的朋友。歌德在写作《少年维特之烦恼》的过程中,令自己的精神世界得到了升华。他说:"是歌曲创造了我,而不是我创造了歌曲,在它的力量中才有我。"那么我们的学生,应该也可以在文字间唱出最美的生命之歌。

最后,就用学生的语言来结束这篇文章吧。毕竟,他们才是写作真正意义上的主人,而我只不过在路上,不断摸索前行着。

写作,曾经是一件令我憎恨的事,而今却成为我最期盼的事了。等待随笔的布置是一件幸福的事,提笔创作则是情感的流泻。心情放松,一切幻想与你近乎咫尺,触手可得。没人能妨碍你的心情、妨碍你的感受,写出自己所想所思所感,得到一片明净的天空,让心灵得到洗礼,随笔的乐趣也融于其中。

红色的分数一点点上升,华丽的文字慢慢在笔下流淌。沉睡的感情一次次被唤醒,在笔下创造生灵。投注点美好的希望或是悲哀的曾经,拉开人物生活序幕,最后让读者的心灵泛起点点涟漪。

文言文教学也可轻舞飞扬
——以《项羽之死》读写教学为例

首都师范大学副教授、教育部高中语文课程标准修订组核心成员蔡可曾指出当前语文课程教学中的问题："传统文化内容彰显不足,经典作品阅读量不足;读书方法引导缺失,教学几乎都只是精读精讲;学生阅读行为难以发生,实践活动方式单一……"这句话切中要害。就文言文教学而言,逐字逐句讲解仍是课堂教学常态,默写翻译仍是课后检测常态。教师循规蹈矩,毫无生气;学生死记硬背,枯燥乏味。学习只为了应付一场场的考试,沉闷沉重。文言文教学可以轻盈一些吗?

在执教《普通高中课程标准实验教科书 语文 选修 中国古代诗歌散文欣赏》一册中的《项羽之死》这篇文言文时,我尽量避开老路子,有意尝试新的教法。在努力构想后,我选择了张爱玲的《霸王别姬》[1]进入课堂。《霸王别姬》是一篇历史短篇小说,是张爱玲就读圣玛利亚女校时在校刊《国光》上发表的习作。小说塑造了自我觉醒的虞姬形象,"十余年来,她以他的壮志为她的壮志,她以他的胜利为她的胜利,他的痛苦为她的痛苦",而这一次,虞姬想做回自己,完全成为自己的主人,选择自己的人生,而不是"他的高亢的英雄的呼啸的一个微弱的回声"。张爱玲以极其敏感的心思和神奇的想象力,写就了这篇荡气回肠的小说。虽然该小说主要描写的是虞姬的所见所闻及所思,但我也在其中找到不少描写项羽的文字。在对比司马迁的《项羽之死》时,我惊喜地发现两者在某些部分的惊人契合,虽然一古一今,但是人物的精魂却相通,都具有震撼人心的力量。

一、对比中见光彩

教学伊始,我安排了两处对比。

《项羽之死》写道："夜闻汉军四面皆楚歌,项羽乃大惊曰:'汉皆已得楚乎?是何楚人之多也!'""项羽乃大惊",何为"大惊"？"大"为副词,表示程度高或范围广,"惊"为"吃惊",可以简单翻译为"十分吃惊"。但是如何理解"大惊"呢？学生觉得,这其中的情感非常复杂,无法一语道尽,有"害怕""紧张""震动""惊奇""惊异""惊

---

[1] 张爱玲.张爱玲文集(第一卷)[M].合肥:安徽文艺出版社,1992:6-12.

慌""恐惧""惊遽""纷乱"等，司马迁的文字一字千钧。

我问同学，你们想知道张爱玲是如何来表现项羽"大惊"的吗？学生顿时来了兴致。于是我在PPT上呈现了以下文字：

"啊，汉军中的楚人这样——这样多么？"

在一阵死一般的沉寂里，只有远远的几声马嘶。

"难道——难道刘邦已经尽得楚地了？"

虞姬的心在绞痛，当她看见项王倔强的嘴唇转成了白色。

在《霸王别姬》中，张爱玲借助语言、神态、环境等描写和反衬手法，由表及里、由浅入深地呈现了"大惊"的项羽。"啊，汉军中的楚人这样——这样多么？""难道——难道刘邦已经尽得楚地了？"项羽难以置信却又不得不信，是疑问又是无奈的确认。"倔强的嘴唇转成了白色"，痛苦的内心外化成毫无血色的嘴唇。"死一般的沉寂里"笼罩着末日气息，"远远的几声马嘶"进一步突出了项羽纷乱惊惧的内心世界。张爱玲的文字细腻传神，使学生对项羽"大惊"的理解更加细致了。

再看《项羽之死》中的"歌数阕，美人和之。项王泣数行下，左右皆泣，莫能仰视"。"项王泣数行下"，男儿有泪不轻弹，但此时此刻，此景此情，项王已经无法言说翻滚的心绪，唯有无声的泪悄然而迅捷地落下。宋代朱熹说："慷慨激烈，有千载不平之余愤。"英雄末路谁人可味？

我们再看张爱玲的片段："他的眼珠发出冷冷的玻璃一样的光辉，那双眼睛向前瞠着的神气是那样的可怕，使她忍不住用她宽大的袖子去掩住它。她能够觉得他的睫毛在她的掌心急促地翼翼扇动，她又觉得一串冰凉的泪珠从她手里一直滚到她的臂弯里……"张爱玲借虞姬的观察和感受来表现这数行热泪，"睫毛在她的掌心急促地翼翼扇动"，项王的热泪在眼眶中迅速孕育，睫毛已经无法抑制那些决堤的热泪，"一串冰凉的泪珠从她手里一直滚到她的臂弯里"，泪明明带着项王的体温，可却冰凉，或因心如死灰，"滚"字更说明泪之迅捷和丰沛。

经过对比，我们可以发现，司马迁凝练准确、以一敌万，张爱玲丝丝入扣、出神入化。

二、创作中见神采

在学生兴趣正浓时，我乘胜追击。"你们看，张爱玲当年十八岁，你们也是十七八岁！"我启发学生，是不是也可以学习张爱玲，沉浸到司马迁"言已尽而意无穷"的艺术境界中，与人物共呼吸共悲喜，一样落泪一样慷慨，然后大胆联想和想象，由古及今，由精练到翔实。学生的写作热情被点燃。

(一) 如见其人

在学生的创作中,我见到了项羽、田父、乌江亭长等人物,他们的语言、表情、动作和内心世界,是那么丰富,那么立体。

先看项王的面庞和神情。这恐怕是每一个进入文本的读者最先构思的画面,这个日暮途穷的霸王应该有怎样的一张脸?张爱玲《霸王别姬》写道:"他有一张粗线条的脸庞,皮肤微黑,阔大,坚毅的方下巴。那高傲的薄薄的嘴唇紧紧抿着,从嘴角的微涡起,两条疲倦的皱纹深深地切过两腮,一直延长到下颔。"色彩词、动词、拟人手法信手拈来,却又刚刚好,项王的形象跃然纸上。受到张爱玲启发,邱逸写道:"坚毅的脸被雕刻得棱角分明,缄默抹杀了一丝一毫的表情。"安悦写道:"而他却笑了,嘴角扬起一条坎坷的弧线,目光恍惚如将灭的烛火。"这样的项羽,读者仿佛看得见、摸得着又感受得到。

"项王瞋目而叱之",这写的是项王带麾下八百多壮士突围不成,已被汉军包围数层之时,赤泉侯杨喜骑马紧追项王,项王瞪大眼睛呵斥他。这里的细节十分传神,我有两种理解,一种是先瞪大眼睛再用话语呵斥他,另一种是以瞪大眼睛的方式呵斥他。两者都可以表现出人物的威武气势,但从写法上来讲,我宁愿理解为第二种,项王瞪大的眼睛仿佛是呵斥声。这里有了通感,想必每个读者的脑海中都会想象那个画面。记得作家曹文轩曾经在《山羊不吃天堂草》一书中如此形容几个赌徒的目光:"那目光,仿佛有'哧溜哧溜'的燃烧声",从视觉到听觉,也是很妙。莫言在《檀香刑》中写到钱丁眼中的赵甲:"他心里不服气,他心里很不服气哪,那两只深陷在眼眶里的、几乎没眼白的眼睛,闪烁着碧绿的光,如两团燃烧的鬼火。"这句话把这位原刑部大堂剑子手阴森可怖的形象生动表现出来了。而潘妙创作的项羽是这样的:"项羽的怒气从眼眶中射出,如火球一般滚过敌方阵营。"她用了比喻、联想的手法,把无形的眼中怒火形象地比喻为火球,并滚过敌方阵营。这样描写,完全形成了一组流动的画面,精彩神奇。穷途末路,霸气不减,项王就在眼前。

《项羽之死》中有一个不起眼的小人物"田父",却是个关键人物。"项王至阴陵,迷失道,问一田父,田父绐曰:'左'。左,乃陷大泽中,以故汉追及之。"所有尊敬项羽的读者,一定强烈渴望项王能带着壮士们突围成功,当项王迷路之时,一定希望遇见的那位农夫能说实话,告诉逃亡的项王一条正确的路。可是现实是多么残酷,这个别有用心的农夫欺骗了项羽,致使项王陷进了大沼泽地中,终被汉兵追上。莫澜显然非常关注这个田父,于是展开想象描摹:"为首一人气宇轩昂,但掩不住末路的悲凉气息。低沉的声音响起:'敢问我等应走左还右?'压低的草帽下传来另一声低沉的回答:'左。''谢过。'声音兀的轻亮起来。骏马一嘶,加速向前奔去。一切都在一瞬,又仿佛是历史的定格。马蹄高高抬起,又缓慢落下。所有的都有了结局。"

在漫天黄沙中,有一双比黑夜还要狡黠的眼睛。"在她的创作中,田父的形象更丰满了,"压低的草帽""低沉的回答"透着阴险的气息,仿佛早有预谋。"一双比黑夜还要狡黠的眼睛"是多么阴森可怕,显见莫澜对这位田父的愤恨、怨怪,以及对项王的情意。

(二) 如临其境

"夜风丝溜溜地吹过,把帐篷顶上的帅字旗吹得豁喇喇乱卷。"有声有形,是灰暗萧瑟的景象,末日气息弥漫纸间,帅字旗已经在乱风中岌岌可危,预示帐篷中人前途迷茫、凶多吉少。张爱玲《霸王别姬》中的首段就直接把读者带到了那个生动的情境中。

在阅读学生的创作时,我眼前流动的鲜活镜头一组又一组。它们既丰富又刺激着我曾经的想象,把我完全抽离现实世界,穿越两千余年的沧桑历史,去往四面楚歌声中,去往呜呜咽咽的乌江边……

请看俞裔婧的"乌黑的泥水锁住马蹄",短短一句话把项王深深陷入沼泽地的险境写出来了——"乌黑",深不可测,举步维艰;"锁"字极具力量,再矫健的战马都经不起这一锁啊。那么,项王的转机就被这大沼泽彻底掠夺了。再如莫澜对阴陵的描写:"各家门户紧闭。酒旗垂死般挂下。灯笼上挤满了灰。郊外一片焦黑的土地上,乌鸦腾空而起。四面荒芜。"这萧瑟破败、充满死亡气息的阴陵啊,从地到天,就没有一丝生气,项王就如同进入了一个遮天蔽日的巨大坟墓,哪里还会见到明天的太阳?精彩的环境描写,既可以烘托气氛、奠定情感基调,又可以推动情节发展、突显人物并暗示人物命运。

"左右皆泣,莫能仰视",项王沉痛悲愤的热泪让那些追随他的侍者也悲痛不已,跟着落泪,没有一个人能抬起头来看他。抬头多么容易,可此时,每个人都满脸模糊、心中凄苦,他们追随项王多年,情意深长,怎么忍心见到一个骄傲的将帅最软弱无助的瞬间?让人想不到的是,陈思毅同学没有直接写帐篷内的左右侍从,而是从帐篷外的士兵一路写到整个营地中的哭泣,写出了更广阔的情境:"帐篷外的士兵侧过头,眼神从帘子的缝隙中抽了出来,返回到无尽的黑暗之中,营地星星点点的火光映射出汉子微红的眼眶。远处传来幽幽的楚歌声和藏在营地中觅不得踪影的抽泣声。"这不能不说是基于原著细节又大胆合理的联想,是的,那一晚,整个军营都随项王在流泪。

再比如项王面对乌江亭长恳求,是快快渡江还是放弃渡江,这让人揪心不已。项王的放弃最终成就了其悲剧英雄的美名。如果没有那艘船,读者一定不会这么难受,可偏偏有那艘船,那就是项王自己的选择,谁都无能为力了。安悦是这样表现这个情境的:"乌江水滚滚地奔流,发出低声的悲吼。堤岸边的小舟在江水中不安地摇摆,仿佛在催促他快快东渡。'大王,请上船!'乌江亭长第三次重复这句话。而他却笑了,嘴角扬起一条坎坷的弧线,目光恍惚如将灭的烛火。'天之亡我。'他仰天长啸,嘴角依旧带着那一丝凄楚的笑意,苍白,无力。'籍与江东子弟八千人渡江而西,今无一人还。'他哽咽了,艰难地吐出每一个字。那张被汗渍和血渍模糊了的脸抽动着,仿佛也在进行一场痛苦的战役。乌骓抬起前蹄原地踏着步子,沙哑而悠长的嘶鸣声随着江水飘向远方。起风了,拂起项王鬓角几缕灰白的头发,阴霾的天空中乌云正在聚集。"请注意安悦想象的细节,小舟"仿佛在催促他快快东渡",人有情,物也有情,"其辞脱口而出,无矫揉装束之态"[①],所以感人肺腑。不得不说,我仿佛就在那乌江边,听到了悲鸣的乌江水声,触摸到了末路英雄的热泪……

这一次积极尝试,激发了学生浓厚的兴趣,不但进行审美鉴赏,还开展创作互评,教学实效远超预期。卡尔维诺说"我的写作方法一直涉及减少沉重",因文学不是对现实的简单再现,而应该智慧、轻灵地来反映生活。同理,教学也要努力减少沉重,不要把教学搞得死气沉沉,不要把任务强灌给学生。"教师要给审美主体——学生充分的自由,开启主体审视客体的多向、多边、多元的多维思考空间,培养学生的创造性思维和艺术想象力,引导学生走出习惯性思维定式和封闭式求同思维的围墙,提高审美品位。"[②]

请努力拿出智慧来,积极破除单打独斗的尴尬,给学生一些新鲜感,以好奇和趣味来开展写作训练。

---

① 王国维.人间词话[M].上海:上海古籍出版社,2009:58.
② 温寒江主编.形象思维与中学语文教学[M].北京:教育科学出版社,2016:156.

红杏枝头春意闹
——"四月随笔"创作综述

这一组随笔让我更加贴近生活,体味自然的情趣。其实四月的天空很辽阔,能够包容的文字远远不止这些,我甚至感到遗憾!(陈娅妮)

我在别致的小院幻想一地杏花的春梦,我在清明的坟头味读空中的千行泪花,我在谷雨的竹林倾听惊雷笋的成长语录。朋友,趁着大好春光,打开心扉,不要成为那个姗姗来迟的陌路人。(王葭杭)

我从来不知道:四月的花朵开得如此娇艳可人,四月的月夜静得如此圣洁安详,四月的挂念满得如此清然泪下……默默地,渴望——再逢四月。(马稚颖)

看到李老师PPT上的"写进2007年的历史",霎时泪流满面。我们是多么伟大,我们深思着度过了四月,电脑里占据的内存是这一切的见证!(高梦璐)

这些文字是从学生的"四月随笔"小结中摘选出来的,从中可见学生对"四月随笔"的喜爱和感动。是什么样的力量,让写作为孩子所爱?是什么样的情感,让孩子泪流满面?我们的"四月随笔"是怎样的呢?

2007年3月,面对新一季的春天,面对新一批接手的孩子,我的心中充满了无与伦比的欣喜。生命蓬勃生长,如此美好,年轻的力量鼓舞着我更加勤奋工作,以教为乐。在一个鸟鸣山更幽的清晨,我猛然想到应该把孩子们从教室里拉出来,来看看春天嫩绿的草上晶莹的珠光,来呼吸春天野草花间萦绕的清香,于是我即兴在PPT上写下了这样一段"四月随笔"的前言:

亲爱的/四月的脚步已经近了/四月的气息已经浓了/四月的面容已经明晰了/四月的欢歌已经悦耳了

你可以/聆听四月轻盈的足音/呼吸四月芬芳的体香/阅读四月亮丽的容颜/沉醉四月粲然的歌声

你可以/描摹四月的蛾眉/抒发四月的多情/开挖四月的宝藏/收获四月的智慧

你可以/做一个幸福的/四月的孩子

就这样,我们开始了四月的旅程,发现了坚贞的矢车菊、多情的映山红、飘飞如雾的柳絮、两小无猜的纸鸢、久存记忆的青团……

就这样,我们开始了四月的感悟,读懂了暴雨中的竹林为成长而挺立,读懂了四月沉默而深邃的雨就像大山一般的父亲,读懂了香樟落叶为托起辉煌而选择落下的奉献精神,读懂了四月夜的韵律可以消解那青春的愁绪,读懂了与阳光相望中新集体的幸福,读懂了缤纷的四月可以种下诗的青春……

关于四月随笔,我还有更多的思考。

一、投其所好

随笔是学生最喜欢的创作形式,一方面得益于我校优良的随笔创作传统,一方面得益于随笔自身的优势。肖川教授曾说:"随笔是最自由的文体。它没有一定之规,想怎么写就可以怎么写,可长可短,可文可白,可叙事可抒情,可感叹可议论,可信马由缰驰骋八方,可逆水航船独行一路。"的确如此。我的学生说"随笔随笔,随意的笔记最能记录真实的情感"。随笔既不像命题作文一样在内容或立意上有束缚,也不像话题作文总有一个框架的束缚。应让孩子放胆去写,表达出自己的主观感受。所以,以学生喜欢的创作形式——随笔来安排这次创作,应该是正确的选择。

二、开挖宝藏

形式被学生喜爱,这是成功的第一要素。那么,成功的第二要素呢?我认为应该就是素材了。四月的素材真不少。从时令上来看,此时的春天姿态万千、缤纷烂漫。从节日上看,四月有"况是清明好天气,不妨游衍莫忘归"的清明节。从活动上看,四月里学校、社区、家庭往往都会组织一些活动,例如春游远足、民俗宣传、祭祖扫墓等,孩子们有足够多的机会参与这些富有意义的活动。只要接触并亲近了自然、融入并感受了生活,必定能发现四月的宝藏。

三、奏响诗弦

苏霍姆林斯基认为每一个孩子就其天性来说都是诗人。在组织学生写"四月随笔"的过程中,我特别注重激发学生的诗情。

1. 以体验孕诗情

铁凝曾经说过:"我能够像农民对土地深深地弯下腰去那样,对生活深深地弯下腰去,以更宽广的胸襟营养心灵、体贴生活。"[①]成熟的作家尚且需要不断体验生活,更何况我们?四月里,我和学生一起走出校园,走过西子湖畔,来到田野边,藏身竹海间,与自然有了许多亲密的接触。即便带着空空的行囊而去,也能沉甸甸地

---

① 夏立群主编.与名人一起读书[M].北京:北京师范大学出版社,2005:9.

折返,观察、触动、生发,每一个瞬间都变得十分有价值,每一种情感都在滋养诗的心灵。

2. 以诗情育诗情

我不是一个会写诗的老师,但我经常会把一份朴素的感动写下来,呈现给孩子。阅读完学生的第二次"四月随笔"后,我即兴起笔写道:

一定是四月的风把你呼唤去了,

要不然你怎能发现繁盛四月中飘落的香樟叶?

一定是四月的花把你诱惑去了,

要不然你怎么甘心去做那平凡但不庸俗的油菜花?

一定是四月的多情招惹了你的泪腺,

要不然你怎么喝着那蒲公英根熬成的药水就簌簌落泪?

一定是四月的桃灼热了你的心房,

要不然你怎么想像它一般在光明中笑靥如花?

一定是四月的粉铃教导了善良的孩子,

要不然你怎么会在它自由独立的花语中读懂那个像风一样的女孩?

一定是四月的种子牵引着我们回家的方向,

一定,来

感觉四月!

我用这样的小诗一点一点浸润孩子的心灵,告诉他们只要情有所动,就能自然倾泻。然后,同学们创作的体裁更加丰富,可供交流和欣赏的样本更加繁多,鲜明的思想、生动的语言、丰富的创造、洋溢的诗情只能用陈娅妮同学的话来形容:"四月的阳光甚好,四月的我们甚好!我也骄傲,似乎成了一个'种诗'的人。"

四、阅读彼此

每一个学生都有独特的思想和智慧,阅读彼此,永远充满了惊喜,永远不会疲倦。在总共三次的"四月随笔"写作中,我几乎每次都把全班同学的文章分门别类地制作到PPT中去,有前言或后记,有名家或技法,但最隆重呈现的是每一位同学的构思、立意和表达。在作者或朴素或激动的介绍后,老师同学适时评点。在倾听中阅读对方,用掌声和笑声报以感动和震动,这样的学习真正称得上是"最本质意义上的合作学习"了,因为它具备了"学会倾听、学会尊重、学会共享"的核心和根本。阅读彼此不但使被阅读者获得了一种激励,而且能产生更多竞争性的努力,"这种效应就如领跑人的激励可以加快运动员跑步的速度"[1]。

---

[1] 邵瑞珍主编. 教育心理学[M]. 上海:上海教育出版社,1997:359.

五、名家映衬

于漪老师曾说:"我非常重视'讲评'这一环节,制定了众多切合实际的讲评计划,将讲评和作文指导结合起来。"①我非常认同于老师的做法。同时,我还惊喜地发现了一种特别有效的讲评手法,就是把名家的作品拿过来,让他们屈尊来映衬学生的作品,以此激励学生,确实收到了非常好的教学效果。比如:

同样写杜鹃,当代散文作家李华岚在《花圃的杜鹃》中这样写:

粗壮的枝干上,是一层翠绿的叶片;再往上,是上百朵五瓣的杜鹃花簇拥在一起,嫣红嫣红,像喷吐的火焰,像燃烧的云霞,像飘舞的红绸。老远看到,眼睛一亮,心头一热,就会情不自禁地赞叹:啊,真美!

我的学生金圣榆在他的散文《为情而生》中这样写:

那植株红得像在燃烧躯干,像在滴血,鲜红的血。这火红的旋涡转动着,勾摄心神。

不知它为何被称为映山红,这样的花,何止映山成红,已能映红整片天空。

"像喷吐的火焰,像燃烧的云霞,像飘舞的红绸"和"像在燃烧躯干,像在滴血,鲜红的血"有异曲同工之妙。王昌龄说"搜求于象,心入于境,神会于物,因心而得",这两位作者都把客观景物与自己的主观感情融合得恰到好处。李华岚,散文家;金圣榆,未来的散文家!这样的对照和评价,对一个孩子来说,该有多大的激励作用。他(她),怎么不会如苏霍姆林斯基所说的那般"享受到脑力劳动中成功的乐趣"呢?

此外,我还把冰心的《往事》和《樱花赞》、贾祖璋的《水仙》、朱自清的《看花》、徐志摩的《"浓得化不开"》、老舍的《微神》、莱蒙托夫的《绝句》、于·列那尔的《草》、普列姆昌德的《戈丹》等作品中有关春景春情的语段拿来对照或映衬。我希望学生意识到:创作没有特权,只有专利。你可以我也可以!韩军老师认为"孩子写作潜能巨大,超出多数人的想象",应"多鼓励、表扬,少挑刺、少'规矩'"。这种用名家名篇来映衬的评价手法,极大地鼓舞了学生的创作热情,提升了学生的写作质量。

定格四月,"繁花"灿烂。"四月随笔"已经落下帷幕。我的学生对此留恋、感谢、期待,我的情感世界也因"四月随笔"而丰富。我不但看到了学生的成长,也惊喜地发现,这一群认识没多久的学生与我之间有了一种亲昵的默契。可能正如语文特级老师高万祥所说:"作文教学的过程不仅发展着学生的认识能力和语言表达能力,而且也发展着教师和学生互助合作的关系。"如此看来,"四月随笔"真是功不可没!我相信:这将是一场从四月开始的旅行,我和我的学生会走出一条更长的路。

---

①教育部师范教育司组编.于漪与教育教学求索[M].北京:北京师范大学出版社,2006:103.

梅杏青青又著枝
——"五月随笔"创作综述

这次创作对我来说,是十年一遇的宝贵经历,充满了欢乐与享受。(朱晨多)

我请求五月宽恕我。宽恕我未能用我那残笔,写尽你的斑斓。(潘妙)

我们似贪玩的孩子只顾嬉戏,痴迷于文字的舞蹈里忘了回家的路。(章云帆)

我将会永远珍藏这三本例文。(南科望)

2007年4月,我和学生一起走过"四月随笔",我的文章《红杏枝头春意闹——"四月随笔"创作综述》先后在《语文学习》和中国人民大学复印报刊资料《中学语文教与学》上发表。2007年9月,我依然带着共创"四月随笔"的孩子们学习语文,学校还安排我接了一个高一理科实验班。

时间的车轮又向前行驶了一年,我的学生提醒我:"李老师,我们为什么不再写写'五月随笔''六月随笔'呢?"是啊,为什么不再写呢?正如《飘》中所说,"明天总是个新的日子"。而且,我们现在是两个班级,总共93位同学,如果一起来开创一组新的随笔,说不定会有另一派气象。正是在这样一种热情的驱使下,我们开始了新的旅程。

我们选择5月1日《启程》,随风呼唤《五月,我来了》,写下《夏之序言》;在春与夏的交界,我们幸福邂逅"时而火辣时而文静"的"梅"("May"的谐音)姑娘,梦着樱桃的《一点红》,枕着《家乡橘花》的幽香入睡,"五月美丽得像我的一场梦"。(刘梦韵)

我们亦在母亲节时忆起那碗青豆、那朵康乃馨、那架老爷车……我们的五月随笔诞生得熠熠生辉。(陈娅妮)

然而,天有不测风云,正当我们沉浸在优美的诗文中时,残酷的汶川大地震突袭。眼泪模糊了我们的双眼,灼痛了我们的心灵。我们不忍看不忍闻那些悲伤的画面和数据,无法言表的伤痛沉沉积压。那么多双手伸向地震灾区,那么多颗奔跳的心聚到地震灾区,感动在心头,震颤在心间!情郁于中,必发之于外!我们的文思在这个五月沸腾了!

受伤的阿坝,哭得那么痛苦,让我抹去你脸上的泪水和灰尘吧!(《你的泪水,我的脚印》)

被鲜血染红了羽翼的天使,用最崇高的灵魂感动了全世界。(《血沃桃李》)

"多难兴邦","80后""90后",不任性,不骄躁,这个团结的民族必将迎来新的辉煌。(《透视地震》)

五月的收尾则是理性和厚重的。我们回顾"我在'五月随笔'中的成长",讲述"我是如何创作'五月随笔'的",比较相同主题、不同形式的文章,评论"我最喜爱哪一类型的'五月随笔'"或其中的"热点"和"冷点"。我们还尝试把本次随笔编成一本集子,拟一个题目、设计一些栏目、写篇序言或后记。两个班的孩子沐浴着五月的风,把自己青青的梅果挂到了枝头,供人赏阅,更期待成熟……

关于五月随笔,我还有更多思考。

一、移情共振

先让我说说这两群孩子的特点吧。他们实在有很大不同,一个班感性十足,另一个班理性十足。前者会在课堂上"嘻、嘘、哈、嘿",表现出人对外界的直觉;后者则更冷静,常常希望通过学习把握事物的内在规律。前者多叙写故事、抒情写意,后者强于议论辩驳和反思批判。前者会说"这真好",后者会说"为什么这个好"。如何使前者保持感性的敏锐,同时又能多些理性思维,增加思考的深度? 如何使后者在冷静打量的时候,也能保留最原始的冲动,不荒废直觉? 我想,移情共振是最佳选择。因为,就写作而言,我们需要感性地拥抱生活,也需要理性地思考人生。

为实现这个美好的愿望,我决定采用油印例文和点评交流的形式。

高中语文新课程理论强调写作教学中应该补上"作品发表"这一环节。这不仅有利于激发学生的写作积极性,也有助于形成读者意识。读者意识确立了,学生写作文就会主动关心文章的文体、内容、结构、意义、格式,尤其是语言表达定位的问题。

在三次"五月随笔"的创作中,我总共油印了四次学生例文。第一次15篇(总计16635字),第二次22篇(总计23256字),第三次22篇(总计34313字),第四次24篇(总结,为追印例文,总计20625字)。很少有同一个学生的文章两次被选作例文。这样算来,接近90%的同学都有文章被选作例文油印。教育应面向全体,写作教育亦是如此。

在油印例文的基础上,我还组织学生就例文的素材、主题、构思、语言等进行评价。因为,高一下学期的同学已经具备了较好的鉴赏和点评能力,教师不妨放开手去,让学生参与到评价中,这种同伴教育也能产生积极的作用。心理学家研究表明:"如果不是以正确答案作为学习的唯一标准,而是以集体成员每一个人都有所获作为评判成就的标准,则很明显,集体中能力较弱的成员可以受到能力较强的学生的思想和策略的激发,从中获益。"[1]在三次点评中,我和学生一起整理了近35000字的评价,其中第一次例文的点评86条(共11538字),第二次例文的点评102条(共15355字),第三次例文的点评81条(共8104字)。真可谓"百般红紫斗芳菲",气象繁荣啊!

在点评中,学生之间展开了积极的对话,读者和作者之间的交流不断深入,这对真正领悟一篇文章是极有帮助的。

如诗歌阅读。诗歌一般是特别含蓄的,构思者要努力把自己的情感注入意象中,而往往如此,诗歌会特别朦胧,简单地说可能会读不明白。如果小诗人能够现身说法,把选择意象、组织行文等创作意图交代清楚,那么,不但可以让读者茅塞顿开,而且能使读者提升构思立意等能力。

例如在第二次例文油印时,我选择了邵田卉同学的诗歌《不似你的温柔》。诗歌中用了大量意象,"玫瑰海""栀子""花雨""玉兰""红莲""天宫""康乃馨"等组成了五月花的绮丽天地。这斑斓而华丽的篇章,令人沉醉却又茫然无从。有的同学能感受到文字的繁华,能把握住诗歌的主题,但也有同学质疑:文字太过华丽,更有"堆砌辞藻"的嫌疑,篇末点题似乎太牵强。面对这些疑惑,作者写了一篇800余字的创作说明,对结构设计、手法运用(例如铺垫、衬托、对比)、主题揭示等方面都进行了细致的阐释。作者和读者均有收获。

我的学生潘妙在总结中对这种"油印例文和点评交流"的方式作了肯定,她说:"每当例文发放到同学们手中时,教室就变得异常安静。环顾四周,惊奇地发现每位同学都手捧例文,津津有味地品读。经常听到身边的同学感叹:我们班多么的感性,九班是多么的理性!是啊,沉溺在自己的小小情感中,也该多吮吸来自理性的晨露。跨班交流,使我们赏读到更多风格的文章,取人之长,补己之短。感性和理性相结合,对我们是有益的。"

二、师生舞墨

我认为,老师和学生是从事一项活动的共同体。语文特级教师褚树荣在《教师就是课程》一文中这样说:"教师就是课程,意味着教师本身就是课程资源,他不仅是官方既定课程的传授者,同时又是校本课程的构建者。他以自身的生存状态展示课程的生长过程,让学生真切而活泼地参与其中。"教师的下水作文,"从课程的意义上来认识,他们通过自身的行为呈现写作的结果,也彰显着写作的过程,这对学生的语文学习是有多方面的示范意义的"。[2]

---

[1] 邵瑞珍主编.教育心理学[M].上海:上海教育出版社,1997:359.
[2] 褚树荣.褚树荣讲语文[M].北京:语文出版社,2007:47.

在五月第三次例文油印中,我把自己写给4岁儿子的信《臭臭,你好》编入了随笔,文章回忆了自己养育幼子的故事,展露了一个母亲丰富而复杂的内心世界。在例文下发的时候,学生表情惊讶,甚至边读边笑。事实上,我把文章放到例文中,就是告诉学生:老师和大家都是书写生活的同行者,而且,老师愿意接受同学们的评价、议论甚至批评。

从众多学生的点评中我发现,学生很喜欢阅读老师的作品,他们也愿意乐滋滋地给出评价。韩磊同学说:"文章从生活出发,由细节入手,详略得当,感情真挚。"郑琦同学说:"'在你成长的路上,妈妈的一切都是可以让道的。吃那么多,胖那么多,在这个以瘦为美的时代,你的妈妈就仿佛是逆流而上的胖头鱼,难看,却幸福'等语言让人倍感温馨。"

更让我高兴的是,我们很多孩子从文章中感受到了母亲养育子女的操心和不易。黄赛依同学说:"此文让我深深体会到了一位母亲的所思所想,更让我回想起曾几何时的我也是让妈妈担心的小孩童。"郑琦同学在评价完文章后,情不自禁地写下对父母不敬的忏悔:"是啊,他们都老了/我年少的脚步飞快/他们年老的脚步也飞快……我的爸爸妈妈/请原谅你们脾气差强人意的女儿吧。"

好一声"请原谅"!这样的自觉自醒不就是我们教育的终极目的吗?一个人的成长成熟,最需要的就是这样的觉悟。所以,写作与生活,人生与觉悟,在这样的师生交流中已经实现了统一。我不禁感叹,写作不仅是写作,写作的外延可以很大,大到充实人生、指引未来。

三、五月摘抄

没有阅读就没有创作。张中行先生在《多读多写》一文中也提到:"多读,熟了,笔未着纸,可用的多种表达方式早已蜂拥而至,你自然可以随手拈来,不费思索而顺理成章。"[①]多读亦可"吸收'思想'"和"学'思路'",既有内容,又熟悉如何表达,作文的困难自然就没有了。

五月里,我给孩子们推荐阅读了于敏的《西湖即景》、杨朔的《木棉花》、吴之南的《高原书简》、杨沫的《青春之歌》、冰心的《小橘灯》、罗逖(法国)的《冰岛渔夫》、尼克索(丹麦)的《征服者贝莱》、高尔斯华绥(英国)的《福尔赛世家》等书籍或文章片段,还油印了大量以暮春和初夏为创作内容的古诗词。另外,我还发动同学一起借助阅览室、图书馆或网络查找一些关于五月的作品,如老舍的《五月的青岛》等。

五月的早自修,我们的教室里书声琅琅,有"垂下帘栊,双燕归来细雨中"的恬

---

①张中行.作文杂谈[M].北京:中华书局,2007:36-37.

淡轻快,有"尺素如今何处也,绿云依旧无踪迹"的愁肠百结,亦有"鱼虾泼泼初出网,梅杏青青已著枝"的乐观清新。

五月的课余,同学们还提笔对这些文字进行欣赏和评价,例如陈雪同学评价步页卑的《五月花》:"全文的思路很清晰,作者从形貌、用途、传说等不同角度来介绍'槐花''蔷薇''三叶草''厚朴'等花,各有侧重,不觉雷同。"沈楼一媛同学评价于敏《西湖即景》中的"这时细雨霏霏"一段:"杜若美丽又不像兰花般娇弱,暮春虽然没有了初春的柔美,却更硬朗些了。"潘承轲同学评价朱金旭的《五月的艾草》:"在端午节,借艾草追忆母亲。艾草又香又苦,一如作者悼念亡母矛盾的内心。"

由此,同学们不但吸收了丰富的语言素材,了解了可供借鉴的写作技巧范例,心灵也得到了滋养,思考也在激发中被深化了。

四、校本教材

"在新一轮课程改革中,校本教材建设既是目标,更是手段;既是结果,更是过程;既是意识,更是能力。"[1]戴兴海老师如是说。

的确,校本教材建设有积极的意义。杭外就有这样一个优良的传统,那就是结合我校实际,把一些教学成果以编辑"校本教材"的形式保存下来,永远留在学校。后来的师生都可以此为材料展开教学和研究。这一举措对杭外的学生来说是有非同寻常的意义的。试想,哪个孩子不以母校为亲,哪个孩子不想在母校留下珍贵的记忆?

当我和学生心中有了这份渴望和信念之后,我们就着手来编辑我们这本五月随笔集,给集子命名的有之,给集子分栏目的有之,给集子写序言和后记的有之。让我惊讶的是,我们有15位同学写下了序言。孙旻琰的《痕迹》说:"五月已过,墨迹依存。"沈冰清的《星海灿烂》说:"日月如梭,愿君可忆,曾几何时,昨夜星辰依皎荧"。来涵抒的《过去的和过不去的》说:"待到老后再去回望这一段足迹,心情又会是怎样的波澜壮阔。"如今,这些闪耀着智慧的文字已铅印成册——《五月思无涯》,它是孩子们献给母校的厚礼。

播种在五月,沉醉在五月,收获在五月。五月思无涯,五月歌未央,五月梦不落。这五月的31天如此纷繁多姿,每一朵开在笔下的花朵,都是绚丽的。陈娅妮说:"若问这个五月我收获了什么,我可以自信满满地站起,肩上有沉甸甸的文字。"四月,"红杏枝头春意闹";五月,"梅杏青青又著枝"。我们,依然在路上……

---

[1]戴兴海.校本教材本着什么?[J].科学咨询,2005(06).

如果有雪，一定不让它孤单落下
——"十二月随笔"创作综述

2010年9月，我结束高三教学工作返回高一，挣脱题海的樊笼，思绪亦开始飞扬。眼见崭新的107位学子，新奇感和创造感与日俱增，月份系列随笔创作的念头亦牢牢盘踞于心。在与学生的互动中，我时常提及学长的"四月随笔""五月随笔"，但只见他们面露好奇。当我把"薪火相传"之"十二月随笔"的创作愿望在座谈会上与学生和盘托出的时候，他们的反应是令我惊喜的，甚至有了更多的设想，比如"摄影散文"，比如"十二月班级日记"等。楼凌辰同学说："第一次看到李老师以前班里的那些随笔集，就觉得我们应该也有一本，真的很想李老师在教下一届的时候，可以举起我们的'十二月随笔'，可以很自豪地说这篇是考入哪个大学的某某写的，希望那里边也有我的名字。"一份份冲动汇聚起来，势不可挡，"十二月随笔"乖乖进入我们的语文学习生活，一个个新的语文生命顺势诞生，让人喜不自胜。

在过去的随笔综述中，我已经阐释了"投其所好""开挖宝藏""奏响诗弦""阅读彼此""名家映衬""移情共振""师生舞墨""摘抄孕养"等写作教学方式。本文将从"畅想激发""影评拓展""日记普及"三个方面继续论述，期待"写作成为学生生命中最美的歌唱"。

一、畅想挑动创作神经

日本新思潮派代表作家芥川龙之介在《侏儒警语》中说："意欲作文而又为自身羞愧乃是一种罪恶。为自身羞愧的心田上不可能生出任何创作性的嫩芽。"周国平也曾感慨"岁月把一个个小哲学家改造成了大俗人"[1]。在我心中，每个孩子都可能成为一个诗人、一个作家。平庸冗长的灌输式教学只会禁锢思维，抑制心灵，以致好奇的天性逐日被磨灭，畅想的快感遥不可及。

因此，我们需要畅想！畅想可以解放心灵，畅想可以放飞思绪，畅想是信马由缰，畅想是野渡无人，畅想能激发欲望，畅想能获得自信，不激动就不灵动，不自信就不创造。

---

[1]周国平.周国平论教育[M].上海:华东师范大学出版社,2009:101.

温儒敏教授在北大承办的"国培计划"语文骨干教师研修班上发言时曾强调："作文课和阅读课一样,需要气氛,需要熏陶,需要不断激发学生表达言说的欲望。无论什么教学法,重要的是让学生对写作有兴趣,应当想办法营造一种氛围,引起学生动笔的兴趣。"[1]鉴于此,我在这组随笔正式启动前的半个月,上了这节"畅想我们的'十二月随笔'"课,创设写作的氛围,开启畅想的心扉。

站在讲台上,我满怀期待地述说着我对"十二月随笔"的期望：

它应该很真(本真),

它应该很美(唯美),

它应该诗意盎然(超然),

它应该飞向未来(永恒)。

写下的这四行字,源于我对优秀作文的理解。真正优秀的、有生命力的作文首先是真诚和自然的。应该尊敬文字、贴近文字才能喜爱文字,坚决反对无病呻吟。"真正的唯美应该是从自然与真实出发,从生活里去寻找和发现一切美的经验,这样的唯美才是比较健康的。"[2]自然、生活、阅读共同组成肉体和精神的真实。不浮游,不空洞,踩着泥地,用好我们的文字。一"只"蜘蛛是平凡,一"颗"蜘蛛显诗意。2008年,陈娅妮同学曾在"五月随笔"中使用了这个量词,好一"颗"蜘蛛,五月,蜘蛛初诞生,是晶莹剔透的。春夏之交,小作者对生活是欣赏而悦然的,一个量词顿显诗意。"邮票传递信件"是凡常,可邮票"不达目的誓不罢休"是诗意,第五届鲁迅文学奖获奖者陆春祥在杂文《向邮票学习》中充满智慧地阐述了邮票的精神,使邮票的韧劲中透出率性气质和浓郁诗情。诗意来自哪里？来自轻柔的心,来自深沉的思。苏子月夜泛舟,物我相融,穿越时空,是为永恒。那么——如果有雪,一定不让它孤单落下！

十二月的风信子,十二月的燕子掌,十二月的君子兰……

十二月的世界艾滋病日、南京大屠杀死难者国家公祭日、澳门回归纪念日、国际篮球日、毛泽东诞辰纪念日……

十二月经霜的树叶是否"猝然脱离树枝,像一群飞鸟一般,在风中飞舞"？

十二月,浪涛起伏般的千山万岭,是否"很快变得荒凉起来","再也看不见一星半点的绿颜色"？

十二月,严冬封锁的大地,是否"满地裂着口","从南到北,从东到西"？

那么又是什么做成十二月的心呢？在我们的笔下,又将诞生怎样的一个十

---

[1] 温儒敏.语文教学中常见的五种偏向[J].课程·教材·教法,2011(01):76-82.
[2] 席慕蓉.席慕蓉经典作品[M].北京:当代世界出版社,2007:23.

二月?

杨竞帆:十二月将会是一个不可思议、无法想象的时段——心不自觉地激动起来了!

张臣蕾:我渴望将第一片雪花接在掌心。

薛静怡:我愿意用我的眼睛,去凝视哪怕一只卧藏在落叶下挣扎的小虫,我要俯身用我的鼻子,去努力地呼吸哪怕一丝被冷落的空气,我会用我的耳朵,去聆听哪怕花瓣落下的声音;我要用我的手指,轻抚哪怕再凛冽的风的形状……

秦诗画:奶奶已到了风烛残年,就如同十二月,冰冷的,微弱的,想要为她写点什么,为她坎坷的一生,为她稀疏的白发。

陈南成:也许会写一篇小说,也许会写一篇摄影散文。我希望能改善自己的语言质量,希望每一篇文章都能有些许的进步。

高祥:李老师的"留下一笔记忆财富"是良好的长远打算。在被洪水猛兽般的时代大潮吞噬的时候,这样一份珍藏的记忆具备拉拽我们不被淹没的能力。苏格拉底说"思想是灵魂与自己在谈话",思想记忆更是如此。

当我看到史立竹同学的畅想之后,便决定速速打印张贴到班级展板中,让它定格,让它燃烧……

世事总是易被淡忘,我们总是在许久之后,在我们已经长得很大的时候,试图回想年轻的日子里,我们在做什么。或吵架、聊天,或奔跑、沉思……

可惜时间就像蘸了水的毛笔,将回忆的画卷点淡,淡得看不出颜色。

于是我们需要一支笔、一本册子,承载2010年12月的我们的喜悦与忧愁。

经年累月后,当我们再翻开它时,记忆仿如一张张泛黄的老照片般回放,也许我们会想起张狂岁月里那些飞扬的轮廓,那些曾与我们休戚相关的少年的脸。

十二月随笔,我期待着!

畅想的魅力何在?聪明的你一定感受到了。你看,这些文字足以让我成为一个幸福的舵手了,这些文字蕴蓄的能量足以鼓起风帆。十二月随笔,已然起航。

二、影评拓展创作时空

十二月随笔创作期间,恰逢教学《普通高中课程标准实验教科书 语文 必修2》第二专题"和平的祈祷",其间备课组设计了观看战争影片《钢琴师》并完成影评创作的活动。

《钢琴师》"用艺术的美丽揭开了纳粹血腥屠杀的序幕",被誉为"一部史诗般的杰作"。在我心中,它是一个巨大的素材库。它对于写作来说,就是一眼深厚沧桑的井,就是一片波涛汹涌的海。当学生置身其间,他们的眼睛、耳朵、心灵都将接受暴风骤雨式的洗礼。那些在战争中被侮辱、被践踏、被放弃的景象和命运将深深震颤每个人，"自由、和平"绝不只是口号，那将是从心灵深处激荡出的呐喊。

邢乐怡：当我看到钢琴家走在死一般空寂的城市——不，应当说是城市的废墟中时，心中感到一种难以言尽的绝望，并且我相信这绝望不及那钢琴家当时心中情感的万分之一。这样的城市，连飞鸟也从不飞过。

谭馨：我们无法奢望世界飞满和平鸽，所有的枪口都插着鲜花，那些虔诚平和善良的人们永远都不用遭受离乱之苦。梦想太美好，美好到了遥远的程度。但是我希望我们的文明是和平的，玫瑰们不用鲜血的浇灌和洗礼，依旧能鲜红而芳香。

影片拓展了学生的创作空间，给了同学们丰富的情思和创作的激情。结合电影评论写作指导，同学们从作品主题、现实意义、人物、场景、细节、悬念设置、矛盾冲突、叙事线索、情节节奏等诸多方面生发议论，不仅能紧扣"电影"来"评论"，亦能做到思想性与艺术性的统一，优秀作品更是构思独特、见解独到。比如黄思卓的《键上独奏，不知与谁共——观〈钢琴师〉有感》、吴荻凡的《土豆和伊沙克·沙曼的故事——〈钢琴师〉影评》、叶诗瑶的《苦难熏过他的手——评〈钢琴师〉中席皮尔曼手的形象》、张鑫的《第一钢琴叙事曲（G小调叙事曲）——观〈钢琴师〉有感》等作品。《钢琴师》影评掀起了十二月随笔创作的一次高潮。

三、日记深化创作习惯

周国平曾说："真正的写作，是从写日记开始的。""我要再三强调写日记的重要，尤其对中学生而言。当一个少年人并非出于师长之命，而是自发地写日记，他就已经进入了写作的实质。"这次我们提出的班级日记有别于个人私密的日记，它既有一个相对共同的写作对象——"我"、班级，又有日记细密和琐碎的特征。似乎可以更自由，更有个性，三行两行，长长短短，可以不布局谋篇，即便只是灵感的一个速降，神来一笔，未尝不精彩。谁能说这一瞬短暂的精彩不可成为未来某篇大作的萌芽呢？引起曹禺写下巨著《雷雨》的，也"只是一两段情节，几个人物，一种复杂而又原始的情绪"[①]。

从2010年12月1日起，两个班的同学分别开始了这项为期31天的日记创作，一天之内的写作人数不限，多则数人，既有自始至终的日记拥护者和跟进者，比如陈雨萌、张哲天等，也时时有新面孔、新形式、新风格，兴之所至，不拘一格。

陈伊俐（12月3日去黄龙体育馆聆听钢琴独奏）：所有人都静默了，连呼吸都变得慢起来，他的钢琴声征服了听众，征服了冬夜的冷风。

---

① 曹禺.雷雨[M].西安：陕西师范大学出版社，2011：2.

陈扬航(12月11日感慨冷暖不定的天气)：这个冬天来得犹豫不决，明明已经冷锋过境，今天突然来了片会下雨的乌云，气温却有所回升。早晨一起床便对着一柜衣服不知如何是好。

黄诗嫒(12月17日谈论与父母的相处之道)：我一直努力避免与父母发生争执，因为我觉得那样的结果是两败俱伤。最近看三毛的《亲爱的三毛》里面有很多句子对我启发很大，摘录下来与大家分享："试着用自己的智慧去改变父母，不要伤心。中国人的忍字是如何写的，我们都知道。学着取悦父母，念书要出人头地，家务上尽可能帮忙。"

叶诗瑶(12月25日下雪记忆)：静静地下了场小雪，空气比昨日冷得多，但却有几分难得的如浸洗后的清新。淘气的气体急匆匆地钻进鼻子，一会儿又缓慢地从鼻子里出来，变成了暖暖的热气，然后一点点消失在眼前。任由冷空气在你的鼻子里穿梭吧，那是一种奇妙的体验。

李云帆(12月31日年末收官)：2010像百米决赛，/看的时候直觉好慢好慢，/回首才发现快到不容反应。/不论句号是圆是方，/2010总算是过去了。/新年要有新气象，/那么新世纪呢？/今天快乐，永远快乐！

这是一趟自由的列车，任何同学都可以把握方向，任何同学都可以描画沿途的无限风光。我完全退席了，只有满满的好奇，惬意的惊喜。

2010年12月，31天，107个孩子，留下一本22万余字的《十二月，沿途》，而记忆的厚度、情怀的宽度以及抱负的广度或许远不止于此。在手术后不久写下的这篇稿子，于我还有不少遗憾，未能言尽十二月随笔，未能更多眷顾每一位爱文字或正在爱上文字的孩子。舍弃"瑞雪兆丰年"的主标题，写下"如果有雪，一定不让它孤单落下"，是源于它在此次随笔中的重要地位，承蒙老天厚爱，十二月的雪的确来得那么迅猛，那么酣畅，那么慷慨，那么多情。我想说的是：雪，没有辜负十二月随笔；十二月随笔，亦没有辜负雪。这样一种"物我信赖"的情谊是让我震动的。因此，感谢雪，感谢一切"雪"。十二月随笔，不孤单，十二月世界，不孤单。沉醉于斯，心向未来。

我言秋日胜春朝
——"十一月随笔"创作综述

当我提笔写下这篇文章的时候，距离月份系列随笔的初生已有近七年光阴。从2007年的"四月随笔"、2008年的"五月随笔"、2010年的"十二月随笔"至2013年的"十一月随笔"，是的，"月份随笔"，它已七周岁了。

今天，这篇崭新的"十一月随笔"创作综述，有较之以往不一般的新故事、新滋味和新思考。

一、选修走班新鲜有味

说真的，在以往诸多实践之前，我曾有过一丝胆怯，不知道还可以有怎样的新意，不知道新一届学子是否依然饱含对文字的激情和爱。犹疑时，学校组织并激励老师们开设各色校本选修课。"校本"，顾名思义，以校为本，本校特色，薪火传承。于是，我大胆申报了一门名为"与时光共舞"的写作选修课，用这样一段宣传语来推广这门课：

"孤独的时候，寂寞的时候，兴奋的时候，悲哀的时候，都会想到笔。笔是召之即来、来之能战的亲人，笔是忠贞不贰永不叛离的朋友。笔可以简陋到一根草枝，只要手下有一片洁净的沙。笔可以在黑暗中盲写，只要心中充满光明。哪怕整个世界都抛弃了你，笔也像狗一样紧紧跟随。"（毕淑敏）"写作，是因为你试着想要'改善'某种东西。你想改变你周遭的世界，扭转局面，你想把世界改造成你理想中的模样。在真实的世界里，我的力量微不足道，然而，在我想象的世界里，我犹如希腊神话里那个挣脱了锁链的赫拉克勒斯。"（罗伯特·麦卡蒙）亲爱的孩子，让我们一起与笔墨结缘，与时光共舞吧。你会欣赏到2010届学长的"四月随笔""五月随笔"、2013届学长的"十二月随笔"，你会感悟到奏响诗弦、阅读彼此、名家映衬、移情共振、师生舞墨等种种美妙滋味，你会史无前例地开创一组崭新的随笔——"十一月随笔"……让我们的心畅快地飞起来，让我们一起来开挖一片诗意的绿洲，让你的墨字永存在"十一月随笔"中，让写作成为你生命中最美的歌唱！

就这样，36位同学活泼泼地走入了课堂，他们满怀着对文字、对生活的爱和新鲜感受，与时光共舞。

二、秋日采风满溢诗情

当得知拥有了18节课时,我真是欣喜无比。在这里,我们可以畅聊月份随笔的精彩点滴。当然,我亦打算设计一堂与众不同的课,一堂自由的课,一堂行走的课。我姑且把它起名为:采风课。第一节课上,在我说出这一打算后,同学们怦然心动;在我表达了2010年"十二月随笔"未完成摄影散文创作的遗憾后,同学们已欲填补空白并筹划起来。

2013年11月21日,秋阳融融,我比以往更早些走进教室,提笔在黑板上写下:采风主题——把十一月带回来。PPT提示语:或是一片落叶,或是一瓣馨香,或是一缕暖阳,或是一丝风影,或是一抹树荫,或是一段轻吟……

但是,落叶有形可撷取,那秋风呢?那秋阳呢?那秋天的心呢?谁有带回的妙法呢?25分钟后再见。随着一阵欢呼,课堂里已经空了,我亦疾步追出。

14时35分,在校园环形道东北角找到那棵"表情树"之后,我急速返回课堂——我是多么急切地想要看到他们带回的"十一月"。讲台边,各种惊喜陆续呈现,以小诗为凭:

> 这是14点48分的课堂
> 见你阳光下新鲜的小草
> 见你随风飘落时拾起的心形落叶
> 见你从荒废的园地里捧回的清秀的南瓜
> 还有,那渐变的枫叶
> 那沉默的老树皮
> 那姿态悠然的猫、猫、猫
>
> 聪明的你
> 扬起一张热腾腾的脸
> 说十一月的阳光就在脸上
> 可爱的你
> 给我一个热乎乎的拥抱
> 说十一月的阳光就在身上
> 还有
> 附赠那衣角落落恣意的草屑

沉醉的你

拿起素黑的画笔

画下十一月的湖边照影的芦苇丛和旁逸斜出的枝条

伤感的你

兀自说起操场上的孤坐

以及笔下纷乱的文辞

你说秋天是否已经丢失了你

执着的你

把那些碎裂的果实外壳撒落讲台

要我听听这十一月与众不同的声响

我听到你的心亦在奔、奔、奔

但是

你

什么都没有带回

你说你

便是秋天

十一月,我们在这儿

与时光共舞

亦有镜头记录下我们的行走、小憩、沉思:

(为什么一枝独秀?)

(章震尧同学,你嗅香入梦吗?)

(猫儿,你好!)

一周后,我在同学们的随笔中找到了更多的十一月:

陈逸鲲《十一月的遐思》:那天,在一个温暖的秋日午后,我们拿着照相机,准备用相片记录下这秋天的脚步。这样美丽的校园,加上这样绚丽的秋日景致,所有的一切都值得记录,从那枫叶隙中若隐若现的信息中心,到花坛一片绿荫中几滴殷红的野果,再到阶梯上散落的梧桐树叶。

黄泓钧《此处便是秋》：什么才是秋天？那些留下道别的哀歌的飞行轨迹，在鸟儿看来，大概就是秋天了吧；那些金闪闪压弯了腰的谷子，在农民伯伯眼里，大概就是秋天了吧；那些终于抓不住自己臂膀而松开手落在地上的叶子，在大树眼里，大概就是秋天了吧；那些不断寻找食物在森林中踩出的踪迹，在要冬眠的熊眼里，大概就是秋天了吧。

舒蕾《十一月·夜未眠》：放眼望去，杂乱无章的树干或是干皱的枝杈毫无规律地惬意交错着，枯色的残叶摇挂枝头。偶尔会有不知名的鸟飞窜其中，发出吱吱呀呀的压弯脆弱的枝干的声音。不时有轻风吹来，树叶便毫无痕迹地轻巧脱落，转眼间已铺满这整个角落。在这角落的小道上，各色的残叶散漫地交互堆积着，大多以枯黄为主，但仔细观察便不难发现有红褐色掺杂其中，那一抹抹是不再艳丽的红。而这些曾经的红就这样沉睡在这堆枯黄中，安详而静谧。

杨珺琛《十一月，我与一棵树的对话》：那场景仿佛神作一般：烈风从树的反方向吹来，纷飞的圆形树叶直冲我眼前。它们不带一丝犹豫地随着风那一股劲儿打到我的肩上，打到我的胸口，敲击我的心坎，再旋转一圈儿缓缓飘落。风劲越来越小，那些枯叶也仿佛没有了支持一般，霎时间齐齐垂直掉落……我不敢出声，也不敢呼吸，那一刻真如灵魂出窍一般，只是呆呆地望着眼前的震撼。霎时间，我觉得我是一个闯入者，一不小心踏入了树与风的游戏之中，便不由自主地随着它们旋转，旋转。

田平川《十一月的竹林》：秋风阵阵，竹声簌簌，浓浓秋意就这样弥漫在这个进入深秋季节的校园里。脚下踏着结实的泥路，不时踢开道中铺开的杂草落叶，览过周围那别有情趣的秋季代表性风景：绿中又掺杂着淡黄的草尖，已没有夏天蓬勃气概但韵味犹存的行道树，在轻风吹拂下泛起圈圈涟漪的小池，天际间白茫茫一片无法仔细分割的云层。

林凌翔《十一月·残》：这个十一月，墙角的不知名的果实，像吞噬了鲜血般的殷红带着略含羞涩的高调，在10℃的空气中冷笑并叫嚣着，以坚韧与艳丽为资本，嘲笑着人们的懦弱。草地上散落而堆积着的银杏叶，并非艳丽的亮黄，也非古典的深棕，是带着一丝灰暗却又孤单的神色仰躺着，只是，静静地等待那最终的一刻。残秋的风低沉地怒吼着，赶散梢上一两只刚刚停歇的鸟儿，寂静被它们的曲儿撕扯，在空旷中弥漫着，扩散开来，散至大自然的每一片精华，散满整个杭城，直至散入十一月的血液与灵魂。

三、摄影散文初试莺啼

摄影散文"是一种新兴的文体，是对摄影作品作一番解读、鉴赏并进行联想和想象,穿插描写、议论、抒情写成的散文。它兼具摄影、散文这两种表达手段的审美特点,即摄影的视觉性、对瞬间画面逼真的再现能力和散文体运用语言来表达对象时的自由。当然摄影散文不应该只是摄影画面的简单文字解说,而应该有新的发现和新的创造。"比如《寻梦婺源》一书就以摄影散文的形式向读者展示了婺源这方山川的古风雅韵。它既赋予读者美的视觉感受,又赋予读者无穷的品读韵味。"它诞生的价值在于对婺源的独到发现和表达。普通读者能感受到美,层次更高的读者能从中找到梦和故乡。"①

但是,散文难写,精准悟读摄影作品并有新发现的摄影散文更不易写。2010年,当时创作"十二月随笔"的同学们,已纷纷拿起了相机,走入自然,走进生活,拍下了一组组生动的照片,徐佳豪、黄诗媛、陆一辰、陈伊俐等的摄影作品一直收藏在我硬盘中。但遗憾的是,或许是写手们一直寻不到一张触动心灵的照片,或许是难有令自己满意的构思,文字被落下了。

而今天,新一届的杭外同学,似乎更多了一份初生牛犊不怕虎的勇气。11月10日,写作班胡华慧同学给我发来了热情洋溢的电子邮件,在信中,她满怀期待地叙述了她对创作摄影散文的渴望:摄影散文?这种奇异的文章,把我喜爱的两种东西结合在了一起! 啊,好想操刀试一试! 她还附了小诗一首:

  有人说

  摄影师是孤独的

  陪伴他们的只有这片天空　相机以及忽有忽无的自己

  有人说

  作家是孤独的

  陪伴他们的只有一张纸　笔以及忽有忽无的自己

  而我说

  他们的世界

  却是缤纷　有趣　美妙

让我们先来看看汪浔的摄影小诗《眼睛》:

	透过秋天的叶片我寻找秋天, 它是秋的眼睛。 下一次, 我定将改用那春天的花朵, 夏天的荷叶和冬天的雪子, 来看一看这世界到底是什么模样。

---

①范晓波.不一样的婺源——摄影散文珍藏版《寻梦婺源》印象[N].江西日报,2004-12-17.

这首小诗前两句是对摄影作品定格瞬间"透过落叶看世界"的简要描述,诗歌后四句则是恰当的联想,如果季节转换,春季、夏季、冬季,我们可以透过花朵、荷叶、雪子来看世界。这样的联想既充满童真之趣又有深刻理解:新的世界永远就在不断寻找的眼中。汪洧的这首诗具备了摄影散文的某些审美要素,为散文创作提供了构思的借鉴。

此后,周政译、周丽丹、章震尧、方依璇甚至不是写作班的孙咪娜、童宇蕾、王敏学都加入这缤纷美妙的创作中来了!

我们再来看看方依璇同学的摄影散文《疏叶稠风》:

在捧起相机的那几天,十一月突然露出一副想讨好镜头的样子,阳光、鸟鸣、蓝天。但任它如何掩饰,秋的痕迹已然漫上了和山。人们的穿着、阳光长跑的启动、树干上的白漆为证!想必十一月是寂寞的,它漫不经心地在大地上把玩着,所有的景色人物都成了一副萧瑟的样子,似乎这样它就心理平衡一些。但萧瑟之处仍有着清丽的美,这便是我们为什么爱它。

秋天的风,不温不火却入木三分,它侵蚀着树梢的叶子,其势力顺着枝丫慢慢延伸,动一动手指便掀翻一波又一波绿色的守卫者,试图赋予树一个荒凉的形象。无可否认的是,落叶的树比较有情调,一悲一喜的似乎很像人,而秋天就是给小生物们栖息、放空、回忆、忧伤的时候。春天的叶子,对着阳光看去是半透明的嫩绿,有着一尘不染的完整。而秋天的呢,是经络分明的中黄,且一定会有小虫的齿印或是残缺的一角,地上的那些甚至会干燥到蜷起来,也许是取暖吧。亦有厚重的美好。

秋天的风,如怨如慕且余音绕梁,在夜晚尤其明显。似是哪个怀才不遇的文人牵着淡然的一笑,轻轻拂袖,独自踏过这片土地,留下的脚印都是那么荡漾的忧伤。

我睡前总是在偷偷聆听。天气微凉,吞去了我每日早起的习惯。早晚估计因为黑夜的孤独还没有退去或是提前笼罩上来,气温总是特别低。这样昼夜温差较大的天气,心也很容易着凉。也许秋意奠下了人们的情感基调,让我们灵魂中的不安泛滥成灾。风吹落叶子,风经过我们,它悠悠地浅酙低唱,正合上我们的情怀。以之为豁达的美好。

冷起来了,所以人们寻觅温暖。超市里热的东西都卖得格外火爆。咖啡、板栗、粽子捧在手里时,麻木的手指感应到的温度是那么深入人心;我也曾在某个人的眼神中找到了信任、安慰的光芒,便觉得自己是个幸福的人。然而,风一吹,冒着热气的食物很快凉了,被烘热的心也很快重新被新一阵寒潮冻住了。这些日子里,因为有些敏感,所以便尝尽酸甜。抬头看,树上的叶子又落了一波,又黄了一层。

今年我才发现,当枯叶堆积时,梢头早就露出新的芽苞了,蜘蛛还在那附近结网。我曾经以为它们是要在春意渐起时才开始出现并慢吞吞地生长的,没想到竟然要酝酿一整个冬天。

我们碌碌无为或是有为着。我们像十一月的纤夫,拉着人生和未来;我们像十一月猎猎作响的旗帜,被撕扯着却仍在飘扬。

照片是方依璇同学仰拍的,我们看到碧空中那稀疏的枝条,虽有些残缺,但在这晴朗的天地间,萧瑟似乎也不算强烈。源于这种直觉,方依璇同学在构思散文时,便依着心中温暖的情绪展开联想和构思,想到寒风中的温暖,想到生命传承的力量,想到人生中的坚韧。稠密的风吹落飘零的叶,只是十一月的表象,而新的生命亦开始酝酿,更新的未来在前方等候。虽然身处清冷岁末,但少年的心却盈满阳光,甚好。

四、《自北向南》图文并茂

最后一节课,我开始张罗着十一月随笔集的编辑,跟往年一样,我放手让同学们自己设计随笔集,讨论"你心仪的十一月随笔集名称""十一月随笔集栏目规划""十一月随笔集总编辑、文编、美编推荐"等。仅仅半堂课时间,黑板上已经满满当当。

傅亦敏:《十一月,踏马寻花》——像以梦为马的诗人那样,去寻觅开在十一月每个角落的思绪的花。

斯宇西:《十一月,相随》——谁说十一月是萧瑟孤单的?我们的文字交融着思念、回忆和展望,我们一路相知相随。

邵烨:《十一月,待阳光沉淀》——十一月,秋意正浓,寒风尚未凛冽,空气中夹杂着甜蜜与感伤调和得当的气氛。思绪、热情与呐喊,如阳光释放耀眼的光芒,却又最终落在撒着秋叶的林荫道,将灵魂细语。

黄泓钧:《十一月——缱绻》——这是秋末,这是初冬,在微寒中寻觅。这十一月,正如缱绻入睡的,梦乡。

顾城浩:《只此十一月》——情满十一月,留存吾心间。待得秋风起,唯忆我旧年。

阐述、筛选、淘汰、否定、追寻,总想把最好的给十一月随笔集。不知设想了多少回,又推翻了多少回,一直到寒假、新学期开学,才最终敲定十一月随笔集的名字——《自北向南》,总编张亚楠如此阐述:

十一月的我们一如秋季的候鸟,自北向南,从初中到高中,以V字战队飞过沙漠,飞过海洋,飞至我们心中温暖的福地——与笔墨结缘,与时光共舞。

较之五月随笔集、十二月随笔集,我们的十一月随笔集还能有什么新意呢?这是我们共同关注并强烈期待的。林凌翔建议:"李老师,我们的随笔集里所有的插画都亲手画吧!""好主意。"文配画,画衬文,文画并茂,这是多美的景象。在同学们推荐下,林凌翔和陈灼同学接下了这副重担,迎接他们的是十分充实的寒假。

让我们一起来看看他们的画作以及构思吧:

这是林凌翔为《自北向南》第一个板块"萚兮"所作的画。残叶亦有倩影,专栏编辑章震尧以诗经《萚兮》相配:"萚兮萚兮,风其吹女。叔兮伯兮,倡予和女。萚兮萚兮,风其漂女。叔兮伯兮,倡予要女。"叶落,以歌和之,遂成"萚兮"。

这是林凌翔为《自北向南》第三个板块"杯雪"所作的画。这是何处？是那清幽的山村，是那远处的家乡，是那记忆中的乡愁。这一板块是十一月回忆的合集，有吴亚楠的《家里的番薯》、叶童的《老爸的荷包蛋》、黄怡璇的《十一月的母亲》、戴卓欣的《我和爸爸的十一月》、周丽丹的《十一月的胖妞》、储菁的《十一月的葬礼》、方笑的《至秋》、周鋆森《十一月的无与伦比》等。这里盛满了亲情、乡情，是整本随笔集中最柔软的部分。专栏编辑傅亦敏同学为之写下这样的小序："你的番薯，我的荷包蛋，他的葬礼以及他的棋子……都被我们以捎带着思念、忧愁或者温暖的杯子拢住，期待能将这些温暖着、忧愁着的生活的笔墨揉进血肉里去……揽风如挽袂，执手似初呵。人间但存想，天地永婆娑。"的确，想念有你，世界永美好。

　　此刻，2013年的十一月已与我们渐行渐远，但记忆不会褪色，如张亚楠同学所言"思念在夜里狂奔"，而且"与日俱增"。周政译的泪水还在我的眼前回闪，那精彩的《埋葬》至今令我哽咽到无法呼吸；徐渭雯的"十一月家长会"让我重新去认识家长会背后的孩子们，所有的羞愧、懊恼都是珍贵的情绪；范凌与那深沉的感慨"我一直觉得不论人或事物，一旦缘分已尽，它就会以各种方式淡出我们的生活"戳中命运穴点；创作最丰富的潘榕同学诗文俱佳，才情超凡；黄泓钧、陈可馨极富想象力的故事新编让人百般回味；邵烨的异域视野则使我们抬起头来远眺，心更敞亮；张葛思涵的《惰性与理性，平静与激情》数易其稿，孜孜以求之精神可叹；叶惟宁同学一次一次搜集同学们的摄影和随笔作品，一趟一趟来回奔波，憨态十足；杨北辰的书信专栏创意无限，为今后的月份随笔创作埋下希望的种子……原谅我不能一一写下你们的名字和作品。言有尽，意无穷，《自北向南》，秋日胜春朝。

第三章 爱·课堂

上学生需要的语文课
——我的课堂教学观

提笔刹那,百感交集。二十四年耕耘,我究竟带给了学生怎样的语文课?近日,已保送至复旦大学的张泽熙同学写来一则高中回忆:

年级里常有同学在传李老师上课之妙,在教室,和为课堂入神的同学们目光流转,有时会带来自己看的书——满是勾画和批注的痕迹。高二,我花尽全身气力,使用最顶尖的电子设备,终于成功抢到了李老师的"《百年孤独》选修课",以弥补没抢到"杭外二十四节气"课程之憾。

泽熙并非我行政班的学生,我不知其"最顶尖的电子设备",但确知有抢课未成求补录的同学,甚至有不求学分但求旁听的,其中就有被清华大学提前录取的郑书睿,他的数万字《百年孤独》读书笔记,见证了那些"悦"读时光。我的学识尚需精进,德行尚需勤修,许是心中有生,才收获学生信赖。心中有生,知其所想,予之所需,就坚持"上学生需要的语文课"。

早在2010年,我参加《语文学习》主办的长三角语文教育论坛时,就曾在当年获得一等奖的文章《伍尔芙是个疯子?——浅谈〈墙上的斑点〉教学内容之确定》中表达这一观点:

王荣生教授认为好课的最高境界是"教学内容切合学生的实际需要",我很认同。课堂不是老师灌输教材建议的地方,课堂不是千"生"一律的方案推进,课堂不是教师的一厢情愿自说自话。上学生需要的语文课,真正解除他们的迷茫和困惑,激发他们的兴致和热情,这才是有价值的教学。

人民教育家于漪老师曾言:"课的有效与否,功夫在课外。课前准备是教学高效的基础,基础不牢,课就飘飘忽忽。"于老师认为"两个方面的准备必不可少,一是文本解读,二是研究学生"。"学生的现状是教学的出发点,必须了解、研究。课前准备往往只见文章,不见学生,目中无人的糊涂观念至今对教师影响很大。须知,在教学工作中,学习者是第一因素,没有学习者就没有学习"。[1]于老师的箴言铭刻我心。

---

[1] 于漪.语文的尊严[M].太原:山西教育出版社,2014:245-246.

回溯往事，我在"研究学生"上可谓煞费苦心。从二十年前让学生在预习本上提出课前质疑，到十余年前让学生完成学案，到几年前做好学习任务准备，蜗行摸索，有问题错综之忧，更有博采众"疑"之喜，学生的兴趣、爱好、困惑、疑难、渴望，都是活水，都是生机，熟知他们的已知、未知和应知，才能确定教学起点，真正用"教"去无缝对接"学"。

犹记十八年前，上《藤野先生》时，学生提出："第15段中写到'很吃了一惊，同时也感到一种不安和感激'，为何'不安'？"我组织探究"不安"心理，学生紧贴文本，上下求索，一只眼睛看文字，另一只眼睛看文字背后，认为"不安"中有学习"太不用功"的自责，有辜负老师"不倦教诲"和"热心希望"的愧怍，更有受人欺凌的弱国子民的深切自卑。对于经典文学作品，学生需要养成"牵一发而动全身"的阅读意识，珍视作品一字一词。只有"切入字缝"阅读，才能细品文本滋味，理解作家丰沛情感。

犹记十五年前，上《墙上的斑点》这篇意识流小说时，课前高达93.4%的学生表示不理解、排斥。"完全没有看懂。""像被作者抓着头发甩来甩去。""意识流的标签就是'故弄玄虚和无聊'。"这是因为学生习惯了阅读传统小说，对现代小说尤其是意识流小说知之甚少。学生需要了解伍尔芙，了解她不平凡的人生经历，了解她强调"内心真实"的创作主张。我带领着学生读伍尔芙传记、伍尔芙随笔，看电影《时时刻刻》，体验意识流小实验，构建蜘蛛网结构，才有学生对意识流小说的公正理解，如"伍尔芙告诉我们每个人的意识流动都是一本小说"（丁茜），"伍尔芙为我们打开了一个新的空间，一个纯粹的精神世界"（斯露婕）。亲近远方的文学经典，学生需要养成理解和借鉴不同民族和地区文化的意识，挑战阅读习惯，拓宽文化视野，提升鉴赏能力。

犹记十二年前，初上《论语（选读）》时，学生动力不足，跟这两千余年前的老经典亲近不起来，大有为学而学的任务感。学生需要与《论语》建立紧密关系，当然不能只靠检测，而要靠生活，要让《论语》真真切切地融入学生的生活，令学生在生活中运用《论语》、爱上《论语》。于是我大胆提出文言仿句要求，熟读《论语》，用《论语》词汇和句式写人说事。这激发了学生的巨大热情，他们热读《论语》，模仿表达。比如：

予游于她寝，其人问曰："何人居汝寝？"曰："崔语涵。"大惊，曰："是知天寒而不开空调者与？"（陈俐）

吾问查伟于高杰，高杰不对。吾曰："女奚不曰：其为人也，疯癫忘食，狂以忘忧，不知考试将至云尔。"（朱辰一）

分享交流这些仿句，使之成为课堂之磁石。生生之情、师生之情，学习之乐、活用之趣灌注其间。亲近古老的文化经典,学生需要在生活中为其找到生长点,让经典真正活起来,从而生出对文化经典有趣的爱、自然的爱。

犹记五年前,试教高中语文统编教材必修上册第五单元整本书阅读时,我在课前完成了多次调查。第一次:你是否阅读过《毛泽东自传》?你编写过年谱吗?你读过哪些传记?第二次:阅读了《毛泽东自传》,你对青少年时期的毛泽东印象最深刻的、有疑惑的、最想交流的是什么?第三次:你还阅读过和毛泽东相关的哪些书籍?你知道毛泽东除了政治家、思想家以外的其他身份吗?如此,我才准确把握了学生的困难:未曾编写过年谱且甚少了解年谱,不解《毛泽东自传》作者为何署名埃德加·斯诺,不解毛泽东和父亲之间的关系,等等。于是我先明确年谱的基本定义和编写要求,并提供如孔子年谱、丰子恺年谱的基本样貌,增加《毛泽东自传》创作背景的详细介绍,增加两课时的图书馆阅读和写作时间,让学生阅读、思考、整理和写作。对整本书阅读,学生需要"放下一切,阅读",需要培养通读全书的耐心和毅力,需要适应缓慢且深入的思考,逐渐探索"入乎其内,出乎其外"的阅读门径,从而积累阅读整本书的经验。

犹记两年前,我根据《普通高中语文课程标准》(2017年版2020年修订)学习任务群10"中国现当代作家作品研习"中的学习目标"关注当代文学创作动态",和学生共商采访对象,学生纷纷建议,采访孔象象同学的父亲孔亚雷,原因有二:一是近水楼台先得月;二是孔先生不仅是作家还是翻译家,部分作品已被译为英、荷、意等文字,这对外国语学校的学生具有极大的吸引力。于是,我们愉快而迅速地设计了"采访当代小说家、翻译家孔亚雷先生"的学习项目,在课前就完成了"成立项目学习共同体,分组阅读孔亚雷先生的小说《火山旅馆》《李美真》、翻译作品《光年》、评论作品《极乐生活指南》,拟写《采访当代小说家、翻译家孔亚雷先生方案》,现场采访孔亚雷先生"四项工作,为在课堂"观看采访视频,交流感想和思考"和课后"撰写活动感悟"打下了扎实的基础,学生的感悟多角度高质量,被学校官微全文推送。对于项目化学习活动,学生需要发展更多能力。学习场域变化后,学生将真正走出课堂,走出校园,走向社会。阅读只是基础,人物访谈、实地考察更具挑战性,学生需要用新的眼光观察发现、互动沟通、思考总结,认识社会、认识自我,全面提升语文核心素养。

此刻,在盛夏的深夜,我在记忆的长河中潜游,在月色中撷拾那些闪光的教学生命,不记得有过辛苦,只觉得,"上学生需要的语文课",有一种坚韧的力量,有一种美的姿态。

朝"圣"之旅
——第二届"圣陶杯"课堂教学大赛回眸

2008年10月23日—27日,全国中学语文教学专业委员会(以下简称"中语会")主办的第二届"圣陶杯"课堂教学大赛在江苏省宜兴市隆重举行。我有幸被浙江省语文教研室和浙江省中语会推荐,参加了这次赛课。从8月中旬接受使命到参赛结束,两个月的经历让我无比难忘。为不忘却,为文记之。

为上好《啊,船长,我的船长哟!》这一课,来到宜兴前,我设计过四个方案。第一个方案是2007年为备战浙江省优质课评比而设计的,后三个方案都是2007年10月初琢磨的。简单地说,第一个方案是"层递性"设计,从初读、联想,到联系、理解,再到对比、磨味,最后呼应、深思。第二个方案是"史实还原"设计,借助《林肯》《林肯时代》《汤姆叔叔的小屋》《惠特曼研究》等传记、小说和研究文献来构建让人感动、敬佩、痛惜的林肯形象,但诗歌的解读大受挤压。第三个方案是"诗歌理论介入"设计,教学中呈现郭沫若、吴晓、钱吕明、奈达等诗人、研究者、翻译家的理论观点,带动理解,但学生的情感体验被割裂。第四个方案是"忠实诗歌"设计,联想想象来自诗歌,感悟情感来自诗歌,但是问题聚焦点过多,时间不足。这些思路,有被彻底推翻的,也有部分保留的。

正是这样一次次的尝试,让我逐渐深入诗歌,触摸到诗歌的温度,感应到诗歌的脉动。我逐渐明确了这样的认识:一是知人论世才能把握诗歌,既要了解作者的遭际,又要知道作者创作诗歌的写作背景;二是艺术手法为表情达意服务,如诗中"象征""反复""呼告""排比"等手法以及"倒立"结构对抒发强烈情感有重要意义;三是只有真正把握了诗歌精神实质的翻译者才能翻译出温热的诗句。同时,我更确定,一切教育都要源于学生的学习规律:一是尊重学生的阅读初体验,交流碰撞;二是借助联想想象品读诗歌的语言,填补诗歌的艺术空白;三是重视诵读的作用,学生自读、范读,教师范读、带读,用读唤醒冰冷的文字进而"整体直觉"地体悟诗歌,从而感受诗歌的情感和魅力;四是教师不但要与学生对话,还应该有思想启蒙和精神引领。

在大赛前,我需要把这些思考全部都有机地融入教学设计中去。

时间分分秒秒逝去,我们踏着这条航程,艰难地摸索着。终于,一条明晰的思路诞生了。从"船长"形象入手,过渡到林肯,带出遇刺背景,引出"三天未曾进食"的惠特曼;吟诵唤醒诗歌、交流阅读体验。问题聚焦点睛之笔——"啊,船长,亲爱的父亲哟,让你的头枕着我的手臂吧",先比较三个译本,再想象诗歌创造的艺术形象:你觉得他的头是枕在"我"的手腕还是臂弯?你觉得"我"的眼睛是眺望远方还是俯视下方?最后质疑:整首诗歌的核心意象是船长,这里转换成父亲?两者矛盾吗?由此直击林肯的平民总统形象。在理解人物后,师生配乐合作诵读。最后借助《死亡诗社》结束,明白所有追求人类进步的精神引领者,我们都可以称之为"船长"。在笔记本电脑上敲下最后一个字的时候,夜已深,宜兴的街市也显得特别安宁和温柔。

2008年10月25日,我即将走上讲台,面对全国各地五百多位专家和语文老师了。早上,吃了半个汉堡,面包夹牛肉和生菜,滋味很好;中午,吃了一个苹果,清新而醉人,口齿留香,心绪也变得安静而舒畅。我想,我能给这些孩子上一堂美味诱人如汉堡、营养丰富如苹果的课吗?

13点30分,礼堂外,上课的哨声终于吹响了。"同学们,你们认为怎样的人可以胜任'船长'?""我们一起来认识一位船长,好吗?"我们的"船"起航了。"1865年4月14日,南北战争刚刚结束,林肯总统在福特剧院看戏时,被刺客布斯杀害了……"随着我低沉的叙述,学生的面色渐渐凝重起来。自由诵读、交流体验之后,他们渐渐走进诗歌,体会诗人悲痛的心情。在聚焦核心诗句时,我带着学生联想"枕的姿态",学生几乎不约而同地回答:"枕在臂弯,不是手腕!"一个学生说:"因为,那是离心脏更近的地方。""欢庆之际,悲剧突袭。同学们,就让我们一起有感情地来诵读这首诗吧。"一个男生自告奋勇地读第一小节,我读第二小节,师生一起读第三小节。感伤的音乐缓缓地在舞台上流淌,那个悲怆的男声响起:"啊,船长,我的船长哟!"音乐过渡,继续流淌。我也几乎忘了是在讲台,尤其读到"啊,船长,我亲爱的父亲哟",内心翻滚起来,我仿佛看到那个挚爱的亲人徐徐倒下,而我声嘶力竭地想唤他醒来,听听钟声,看看旌旗,接受这一切本该属于他的荣光。音乐流淌,承载哀思。全体学生悲凉地吟诵:"我的船长不回答我的话,他的嘴唇惨白而僵硬,我的父亲,感觉不到我的手臂……"音乐还在继续,现场情思绵绵。我们和诗人惠特曼一起沉浸在悲痛中,久久地彷徨。"林肯船长已成为一个远逝的背影,但是在人类历史的长河中,还有很多船长,基廷老师也是其中一位。"诗歌应该是超越历史的。带着深思,我把学生带到了《死亡诗社》,带到了这部唤醒学生创造力,"有着对自由生命执着追求、精妙诠释,有着打动人心、绕梁三日而不绝如缕的非凡魅力"①的电影中。我播放影片,学生专注观看。"基廷老师即将离开的时候,他的学生深情地向他呼唤'船长,我的船长',那么,在你的人生历程中,有没有这样一个人,他既是你的船长也是你的父亲呢?"真正有效的阅读应该是指向内心的。全场寂静。少顷,一个女生举起手,她站起来,沉静的嗓音动情地述说:"我的爷爷就是我的船长……"真好!学生能理解精神引领者的意义了,他们读懂了,也读出自己了!他们在共鸣和欣赏中达到了阅读的至高境界。"同学们,所有追求人类进步的精神引领者,不论男女,不论尊卑,不论长幼,我们都可以称之为'船长'!"

14点10分,礼堂外,下课的哨声吹响了。啊,这段航程要结束了,这个舞台要落幕了,全国各地的老师们在等着更精彩的课。此时此刻,我不知道,我也不敢想,我的学生们(请允许我这样称呼你们),你们可曾不忍离去?

从台上退到舞台幕布后面,我坐在宜兴一中的凳子上,整个人仿佛都"失重"了。不知过了多久,我的教研组长寻我出去,因为孩子们都在门口,等着留下一张合影,纪念这一课,纪念这场美丽的邂逅。照相机位摆好了,笑容绽放了……

这真是一段艰辛的航程。这真是一次愉快的旅程。这个航程虽不像诗中的"可怕",却有它的艰难险阻,有风雨雷电、有暗流急湍、有礁石冰山,但是,迎着风雨、转过暗流、绕开礁石的探索却是其乐无穷的。

由衷地感谢《中学语文教学》编辑部、中国教育学会中学语文教学专业委员会、"课堂教学效率"专题组,由衷地感谢江苏省宜兴第一中学、宜兴实验中学,感谢他们为青年教师搭建这一成长的平台。

由衷地感谢"船长",由衷地感谢与我同舟共济的所有人!

---

①宋彦.诗意地栖息在大地上——从影片《死亡诗社》看文学对青少年人格的建构[J].现代语文,2008(09):122-123.

伍尔芙是个疯子？
——浅谈《墙上的斑点》教学内容之确定

《语文学习》2008年第12期刊登了浙江师范大学王国均教授的文章《对〈沙之书〉教学片段的一点商榷》，文章在结语中引述了一位教师的苦恼，说一位比较出色的教师在执教《墙上的斑点》时，愤懑的学生发泄道："老师，这篇文章的作者是不是个疯子啊？写得颠三倒四的。"那么，课堂教学到底发挥了多大的作用？教师的"出色"又从何体现？《墙上的斑点》真是无法跨越的鸿沟吗？

夹带着惶恐和期待，2009年4月，我也迎来了此课的教学。像往常一样，我给学生布置了预习作业——写课前随感，可以提问、欣赏、质疑、批判，有话则长，无话可短。

情况极似王老师所言：两个班92名学生中，仅有6名学生对这篇课文表现出喜欢或有限的理解，超过百分之九十的学生表示不理解、排斥甚至气愤。"完全没有看懂。""像被作者抓着头发甩来甩去。""意识流的标签就是'故弄玄虚和无聊'。"课代表金秋实同学坦言："我很少批判或极度讨厌某一事物。可我愿意奉献出我的'第一次全盘否定'。我拒绝阅读伍尔芙这位'作家'的文章。意识流就是把事情复杂化，但又不像科学研究那样复杂得有实际意义。"

对立的情况如此严峻，怎么办？我决定迎难而上，利用有限的教学时间作出最大的教学努力，还"意识流"以公道，还"伍尔芙"以尊重、理解乃至敬佩！

如何实现有效对话促成有效教学，真正上学生需要的语文课？怎样在读不懂和读懂之间搭建桥梁？如何确定教学内容？非常重要的一点就是尊重学生的主体意识，基于学生课前认知来设计课堂教学。王荣生教授认为好课的最高境界是"教学内容切合学生的实际需要"，我很认同。课堂不是老师灌输教材建议的地方，也不是千"生"一律的方案推进，更不是教师一厢情愿地自说自话。上学生需要的语文课，真正解除他们的迷茫和困惑，激发他们的兴致和热情，这才是有价值的教学。经过艰难选择，我确定了以下教学内容。

一、以《优美与疯癫——弗吉尼亚·伍尔芙传》和雅致的散文消解情绪

课始，我呈现学生的课前随感，大家听得很兴奋，课堂里很热闹。相比之下，我

则"愁眉苦脸":"同学们,大家对这篇课文这么反感,李老师该怎么办?"一些同学若有所思,一些同学翘首期待。

随之,我借用了一位老师上公开课时的话:意识流小说是挑战我们阅读习惯的小说。《优美与疯癫——弗吉尼亚·伍尔芙传》作者易晓明曾说:"对大多数人来说,伍尔芙属于典型的熟悉的陌生人。因为,很少有人能通读完她的一部长篇,她如入无人之境的意识流小说叙述方法会把读者,尤其是缺乏耐心的读者纷纷吓退。"

其实,中国人看惯了按情节发生的先后次序或按情节之间的逻辑联系而形成的单一的、直线发展结构的传统小说,而对"随着人意识活动、不受时间空间或逻辑因果关系制约而通过自由联想来组织故事"的意识流小说感到陌生甚至畏惧,这其实很正常。

接着,我口述《跟着弗吉尼亚·伍尔芙走》片段:"以往的阅读,总是一件过于严肃的事情,可供阅读的作品,也必须是因果俱全,头尾完整,把一件事、一个人、一段生命、一朵鲜花,说得明明白白、彻彻底底。我们安之若素地坐在椅子上面,安静从容地从楔子读到尾声,整个过程,我们是'安全'的。但是,终于有一天,《尤利西斯》来了,《喧哗与骚动》来了,《追忆似水年华》也来了。我们终于读不懂了,终于发现了阅读也会带来天底下最大的不安和恐惧。20世纪初期的作家用意识流颠覆了传统写实主义,而越来越多的人发现'意识流'其实正是我们的本心。"[1]

同学们,大家有"挑战自己阅读习惯"的勇气吗?别怕,让我们静下心来,放慢脚步,跟着伍尔芙走,好吗?

二、借助电影《时时刻刻》,贴近作者

之后,我选播了电影《时时刻刻》的片段,让学生对人物产生好奇,产生阅读和理解的兴致。

音乐响起,一位高贵典雅的妇女表情纠结,略显神经质的手停停写写。她带着手杖,匆忙走向乌斯河,口袋里装满了鹅卵石……随着剧情推进,教室里寂静得有些可怕,一些同学的眼睛蒙起了雾水……

"生命的价值在于创造,它的重要性甚至超越了生命本身。"伍尔芙的人生追求令人肃然起敬。

接着,我用PPT出示伍尔芙的基本资料:1882年出生在伦敦一个文学世家,父亲莱斯利·斯蒂芬爵士是著名的批评家、传记家和出版家,家族成员大都受过良好的教育。当时许多学者名流是她家的常客。受浓厚的文化氛围熏陶,伍尔芙形成

---

[1] 于彤彤. 跟着弗吉尼亚·伍尔芙走[J]. 课外语文, 2003(06):6.

了高贵的气质。然而,自1895年起,她最亲近的人相继死亡,这使她经历了多次不同程度的精神崩溃,精神病症折磨了她一生。1941年3月,因为对刚完成的小说《幕间》不满意,又因为第二次世界大战的战火已燃烧到英国,更因为她确信自己的精神分裂症即将复发,她留下一纸绝命书投河自尽。

但伍尔芙以她得天独厚的禀赋,"终其一生几乎毫不间歇地从事着小说和评论写作,病痛之余创作了大量作品,用卡夫卡的话来说,她用一只手挡住命运的袭击,另一只手匆匆在纸上记下自己想要的东西"。"那些曾令她称羡不已的剑桥才子只不过是文学史上的过眼人物,而弗吉尼亚却已成了二十世纪的意识流大师"。[1]

三、借助意识流小实验感知意识流过程,构建蜘蛛网结构

我们不妨做一个小实验,我写一个词,大家往下联想,四分钟后,把刚才想到的人、物、景等写下来。

如陈思毅同学的意识流动过程:伍尔芙—英国—伦敦—绅士—穿裙子的苏格兰男人—小沈阳—过年—烟花—火药—四大发明—古书—毛笔—水墨画—诗词—李白……

如果写成一篇小说,它就是依据心理时间来架构的。在这里,"过去和现在、现在和将来所发生的事同时置于人物瞬息的感受之中"。"小说的完成,不是情节过程的结束,而是人物心绪荡漾过程的完结"。[2]只是《墙上的斑点》有多个心绪荡漾的过程,呈现一个蜘蛛网般的结构。

学生整理交流:

学生一:斑点、炉火、火红的炭块、城堡塔楼、鲜红的旗帜、红色骑士、黑色岩壁的侧坡。

学生二:斑点、钉子留下的痕迹、肖像油画、老房子、搬家、坐火车分手。

学生三:斑点、生命、遗失物件、家具衣服、被射出地下铁道、水仙花的草原、来世、投生、充塞着光亮和黑暗的空间、玫瑰花形状的斑块。

学生四:斑点、小孔、玫瑰花瓣、尘土、特洛伊城、莎士比亚、令人愉快的思路、伦敦的星期日、男性的观点、惠特克的尊卑序列表。

学生五:斑点、古冢、古物收藏家、退役的上校、牧师。

学生六:斑点、旧钉子的钉头、现代的生活、知识、学者、美和健康的思想、可爱的世界。

---

[1] 昆汀·贝尔.伍尔芙传[M].萧易译.南京:江苏教育出版社,2005:译序.
[2] 吴锡民.接受与阐释:意识流小说诗学在中国[M].北京:中国社会科学出版社,2008.

学生七：斑点、钉子、花瓣、木块裂纹、大自然、惠特克的尊卑序列表。

学生八：斑点、木板、树、树的生长、树的生长环境、坚毅而清醒的生命。

如果感兴趣，可以绘制这个蜘蛛网。

四、精选伍尔芙随笔辅助理解文章内容，合作突破

梳理了结构后，必须理解内容。可是内容极跳跃，依据只言片语，很难理解乃至建构观点、情感和思想。何况，整篇小说的思想枝蔓丛生，很难要求学生理解每个跳跃的思维，只能择其关键，比如理解女权意识和自由精神，了解意识流创作主张，感受富于抒情性和音乐感的笔触，等等。唯一的方法只有引进素材。在课外素材中，我锁定了《伍尔芙随笔》，因为"随笔是最能见作者真性情的文字"①。经过筛选，我推荐学生阅读了《莎士比亚的妹妹》《男权社会的局外人》《现代小说》《往事情怀》《黑夜之行》等文章。同时，我把班级同学分成了若干小组，结合阅读，分别聚焦，以学生为主体，自主探索、发现和研究，交流呈现作者的情感态度和价值观：

1. 反思战争，渴望自由

伍尔芙一生都反对战争，渴望和平，战争给她留下了很深的创伤。在《墙上的斑点》中，我们随处可见战争潜入作家的意识。比如第1段，看到斑点，联想到城堡塔楼、鲜红的旗帜、红色骑士，"我"承认这种无意识的幻觉，可能是孩提时期产生的。"火红的炭块""鲜红的旗帜""红色骑士""黑色岩壁"，这一系列色彩对比强烈的图景，充斥着战争的狂热感和躁动感，这种不安是令人排斥的，因此"斑点打断这个幻觉，使我松了一口气"。不要狂躁，不要战争，不要腥风血雨。可是，战争的阴影挥之不去，不久，"我"又联想到"古冢""坟墓""白骨""营地""箭镞"等阴森可怖、压抑沉重的景物。作者甚至在最后直言不讳："该死的战争；让这次战争见鬼去吧！"批判了给人们带来深重灾难的战争。文章在第3段和第13段分别写到"头朝下脚朝天地摔倒在开满水仙花的草原上"和"盛开水仙花的原野"，这不可能出现的景象完全可以理解为"我"遥不可及的希望。另外，第13段中提到的一棵树，虽然在暴风雨中倒下了，但它的生命却还是分散在了世界各地，这好像是动荡不安的局势中一丝光明的讯息，虽然很微弱，但是很顽强，并充满希望。"作为人，作为一个热爱自由、追求自由、视自由为生命的女人，伍尔芙以心灵的自由反抗着现实的不自由，以'内心真实'的追求来打破没有自由、刻板无聊的现实的虚伪。"②"没有专家""没有警察""我希望能静静地、安稳地、从容不迫地思考，没有谁来打扰""令人陶醉的"

---

①伍尔芙.伍尔芙随笔[M].伍厚恺，王晓路译.成都：四川人民出版社，2009：3.
②霍军.墙上的斑点——一个通往自由精神天地的入口[J].名作欣赏，2005(12)：49-53.

"自由感",这些都充分反映了伍尔芙内心抗拒专制、拒绝服从、渴望自由的思想。

2. 主张女子独立和女子社会地位的拓宽

伍尔芙是欧洲女权运动的一位先驱,她高度重视女性的自立自强,敢于向男性文化和男性政治挑战。在《墙上的斑点》中,作者反复提到"尊卑序列表"——在第7段中,她遗憾地说"男性的观点支配着我们的生活,是它制定了标准,订出了惠特克的尊卑序列表";在第9段更直接说"假如没有尊卑序列表","这里是多么宁静啊",俨然一副批判的口吻。可见作者对男权社会的尊卑秩序提出了挑战和批判,这集中体现了她的女权主义思想。对于这一思想,伍尔芙在随笔《莎士比亚的妹妹》中有一个生动的诠释,她说:"假如莎士比亚有一个禀赋超群的妹妹,权且叫她朱迪思吧,那会发生什么事情呢?""她会留在家里","没有机会学文法和逻辑","她去补袜子或者照看炉子上的炖肉","被许配"但逃跑,"想演戏"却"被嘲笑","在技艺上得不到任何训练"……最终,"她在一个冬夜里自杀"。伍尔芙用这样一个假设控诉男权社会里女子被压制、被放弃、被凌辱的社会悲惨地位。这一生动事例的增补,使学生震动而感慨。在伍尔芙笔下,有坚定的觉醒:"没有人伸手来救援我们,我们只能独自前进","努力吧,哪怕是在贫困和微贱中努力"[①]。读来实在振奋。

3. 主张更贴近生活、更真实、更准确的小说创作

在《现代小说》中,伍尔芙遗憾地说:"在几个世纪的进程中,虽然我们在制造机器方面学会了很多,但在制造文学方面是不是学会了什么,还是值得怀疑的。我们并未比过去写得更好。"伍尔芙带着渴望,肯定了詹姆斯·乔伊斯的创作:"力图更贴近生活,更真诚、更准确地保存下使他们感兴趣和受感动的东西,即使为了这样做他们必须抛弃小说家们普遍遵循的大多数成规。让我们按照那些原子坠落到心灵上的顺序来记录下它们吧,让我们跟踪追寻这种模式,无论它看上去是多么不连贯和不一致,每一瞥间的景象或每一件小事都在意识上刻画了这种模式的痕迹。"[②]作者所肯定和夸赞的这种精神性的、更真诚的创作风格,正是她在《墙上的斑点》中积极尝试并充分体现的。她基于自己的情感而不是习俗传统随心所欲地写作,由斑点产生的联想满目皆是,真可谓上天入地、贯穿古今,没有"任何符合公认式样的情节、喜剧、悲剧、爱情或灾难"[③]。这里,你似乎可以触摸到她的每一次心跳、每一个想念,贴着她的神经。

4. 富于抒情性和音乐感的笔触

伍尔芙富于抒情性和音乐感的笔触集中体现在《墙上的斑点》的第9段和第13

[①] 伍尔芙. 伍尔芙随笔[M]. 伍厚恺,王晓路译. 成都:四川人民出版社,2009:86.
[②] 伍尔芙. 伍尔芙随笔[M]. 伍厚恺,王晓路译. 成都:四川人民出版社,2009:44.
[③] 伍尔芙. 伍尔芙随笔[M]. 伍厚恺,王晓路译. 成都:四川人民出版社,2009:43.

段。第9段中她幻想一个"安宁而广阔"的世界,有鲜红和湛蓝色的花朵,人们像鱼儿用鳍翅划开水面一般,充满了和平与宁静。在这里,鲜花、游鱼、荷花、海鸟等多么浪漫而又诗情画意,我们可以相信此刻,作者的心是香甜的,就如同一个少女缤纷的梦。第13段中,她想象雷雨中的树,即便受到摧残、树液流下,即便大地寒气逼人,树木纤维断裂,即便最后暴风雨袭来,树倒了下去,但树的生命没有结束,它还有一百万条坚毅而清醒的生命分散在世界上,生长、生存,有声有息!这实在可以看作树的赞歌,生命力的赞歌!这些生动的描述给人以生命的律动感,仿佛听一首张若虚的《春江花月夜》,听一曲贝多芬的《命运交响曲》。伍尔芙以"细腻笔触、惊人洗练的描写,成功地给我们创造了永恒的情趣与瞬间"[1]。

联系全篇可以看出,作者并不是在这一篇小说中集中表达一个意旨,而是分散地表达了自己的多个观点——关于战争和自由理想、关于女性主义观点、关于意识流小说创作等。可以说,作者要写的不是有关"墙上的斑点"的故事,而是借"墙上的斑点"说明一个道理:客观存在并不重要,重要的是人的意识的活动与反映;客观的显现是短暂的,只有人的意识流动,存在于记忆中的生命体验才是永恒的。

五、课后跟踪,剔除"成见"

在《郭初阳老师〈愚公移山〉课例研讨》一文中,王荣生教授说:"我也希望我们今后的课例研究能够延伸到学生们的实际收获,对公开课作中长期的具体评估。我认识到,联系学生中长期的实际收获,课例研究才是完整的研究。"[2]这个说法很有远见。真正的好课应该是直达心灵的,它的思考和启迪应该是长久和深远的。

课后,我和学生的对话远没有终止,我不断关注他们的情感、态度和思想。从作业本、随笔本、读书笔记乃至闲聊中,我欣喜地发现很多学生对意识流小说和伍尔芙有了新的认识。

陈超:意识流小说尽可以道尽人生。

丁茜:伍尔芙告诉我们,每个人的意识流动都是一本小说。

斯露婕:伍尔芙为我们打开了一个新的空间,一个纯粹的精神世界。

何颖来:《墙上的斑点》从黑暗中折射出生命所特有的光芒。

张佳宁:伍尔芙的思维世界宽广无边、深邃而丰富多彩,让人沉醉。

王晨旸:作者所作的尝试,是还原一个个念头最初在头脑里显现的状态,而不是经过我们习以为常的"表达程序"处理。常见的小说都是"读者友好型"的,本文

---

[1]于艳玲.伍尔芙的文学魅力浅析[J].理论月刊,2005(08):139-141.
[2]王荣生.听王荣生教授评课[M].上海:华东师范大学出版社,2009:126-127.

却是"神经友好型"的,我们阅读时反而要先转化为"正常语言"才能识别,显得非常艰难。这有点类似于拍电影时的未剪辑带,先后是颠倒的,角度是重叠覆盖的,可看性远不如成品,但是好处是显然的——真实再现,没有质量损失,没有扭曲。我的个人意见是,这样的小说是一种表现形式上的创新,是对写作传统的突破,可以认为是一次成功的艺术试验。

我的学生们并没有停止思索,几个月后,屠波同学写了《再谈意识流小说与伍尔芙》:

我又拿起课本,看了一遍这篇小说。这一次,虽然仍然跟不上作者的思维,却也发现了此类文章杂乱中的有序性。让思维像河流那样流动,水朝着一个方向发展,纵使其间流水怎样涨落,支流如何涌入主干,其目的性永远是明确的。

当然,也有一小部分同学仍在观望、徘徊。例如马稚颖同学说:

《墙上的斑点》对于我,是打开意识流世界的窗扉,但那个世界的花草太过奇异、变幻,以至于我仍在窗前徘徊。

完全允许这样真实的思想状态,理解需要时间,相信未来。

因为,伍尔夫已然在《墙上的斑点》中永久地伫立!

她,才情卓著,气质不凡,优雅如画卷,芬芳如百合!

她,意识刚硬,思想深邃,清醒如雷电,坚毅如青藤!

伍尔芙怎么可能是个疯子?

学习任务的有效性思考
——以高中语文统编教材试教为例

前不久，在杭州市高一语文新教材培训活动中，一位老师感慨："似乎我们的教学设计主要是为了体现教材编写者的意图，但学生的学情都能达到一个水平吗？"不少老师都有同感。这一现象引发了我的深思：在新教材第一轮教学中，新上路的教师们罔顾学情去上课的现象，是有可能发生的。这更让我联想到：新教材给出的单元学习任务，教师是亦步亦趋地推进，还是结合学情有选择、有创造性地引领？对此，我们必须考虑到学习任务的有效性。因我省高中统编教材教学刚刚起步，鲜有实践案例，故本文主要以2018年高中语文统编教材（试教）必修上册第五单元的整本书阅读《毛泽东自传》试教为例，谈一谈我对学习任务有效性的思考。

一、学习任务，并非绝对任务

《普通高中语文课程标准》（2017年版2020年修订）提出："普通高中语文课程具有相对稳定的结构和富有弹性的实施机制"，"必修的学习任务群构成普通高中语文课程目标、内容的基本框架"。"富有弹性"包含可调整的理性和温和，"基本框架"乃主要框架。据此，学习任务群统领的单元学习任务，不是绝对任务，更非道道关卡。语文特级教师吴泓在2020年普通高中统编三科教材国家级示范培训的讲座"'整本书阅读与研讨'任务群相关单元的设计思路与教学建议"中指出："'学习任务'的功能作用，主要是指向学生的学习的。教科书给出这几条是供学生参考、选择并完成的。"

二、基于学情，精选学习任务

高中语文统编教材于2019年开始在六省市使用，且不说地区差异明显，千校千面也是实情。那么，根据什么选择学习任务呢？学情！只有尊重学情，才可能最大限度地调动学生的学习热情，使学生产生持久的学习动力。获得学情的主要手段是调查。我在执教《毛泽东自传》时，展开了多次调查。

第一次调查：你是否阅读过《毛泽东自传》？你编写过年谱吗？你读过哪些传记？请写一段你的成长经历。我根据调查发现，没有学生看过此作，无人编写过年谱，但有两名学生粗略读过埃德加·斯诺的《红星照耀中国》，学生读过的传记约有60余种，学生回忆的成长经历中有不少趣事、糗事。据此，我决定完全保留"学习任务1：为毛泽东编制年谱（止于1936年）"。明确年谱的基本定义和编写要求，并提供年谱的基本样貌，如孔子年谱、丰子恺年谱等；根据两生读过《红星照耀中国》的学情，我特意增加两书对比，明确从内容上，《毛泽东自传》相当于《红星照耀中国》的第四篇《一个共产党员的由来》；结合学生的成长回忆，我以《毛泽东自传》中毛泽东十三岁逃学的经历导入，迅速拉近学生和作品间的距离。这是我第一阶段的试教安排。

第二次调查：阅读了《毛泽东自传》，你对青少年时期的毛泽东，印象最深刻的、有疑惑的、最想交流的是什么？经过整理，发现答案主要集中在"人生选择""体育锻炼""乐观精神""思想形成"等方面；阅读难点，一是无法理解《毛泽东自传》为什么署名埃德加·斯诺，二是无法理解毛泽东和父亲之间的关系。因此，我对"学习任务2：查资料，谈影响，感受传主的人格魅力"中的三个小任务，进行了轻重、详略的处理，增加对《毛泽东自传》创作背景的详细介绍，增加相关书籍的推荐，重点推进第三个小任务——在班上组织一次以"'同龄人'毛泽东和我们"为题的演讲。这是我第二阶段的试教安排。

第三次调查：你还阅读过和毛泽东相关的哪些书籍？你知道毛泽东除了政治家、思想家以外的其他身份吗？根据调查，发现学生阅读的相关书籍并不多。因此，很难完成"任务3：拓展活动，深入了解毛泽东"中"撰写一篇不少于1000字的小传"这一学习任务了。于是，我决定增加两课时的图书馆阅读和写作时间，让学生阅读、思考、发现、整理和写作。

三、铺桥搭路，逐级完成任务

在学习任务的完成过程中，学生时常会遇到一些困难。有时是思想上的，有时是行动上的。

比如，学习初始，有学生提出："为什么要读传记呢？"对此，我和学生进行了三点沟通：第一，通过高三学长毛嘉航同学借《启功传》中的"启体书法"素材来论证"破格"一例，从实用层面上，提出阅读传记对积累丰富资料、写扎实议论文的作用；第二，以阅读《路遥传》为例，理解路遥以命相搏创作《平凡的世界》的惊人抉择，肯定传记阅读有助于深入了解传主、理解不同人生；第三，以阅读加西亚·马尔克斯的自传《活着为了讲述》为例，理解作家的人格魅力及创作深度，肯定传记阅读还可以沟通内心世界、补充精神之钙。如此，学生坦然接受了传记的阅读，并以更加积极的心态进入作品。

再如,在阅读中,学生对毛泽东和父亲关系的理解,出现了分歧:

毛泽东似乎一点也不喜欢他的父亲。(黄天骐)

毛泽东在回忆中对父亲没有任何怨恨的情愫,极为平常地叙述事实,甚至带着几分戏谑。"第一次胜利的罢工""两'党'间的斗争"等都富有戏剧性。(陈诺)

为什么毛泽东和他父亲截然不同呢?(胡欣愉)

对此,我借助《毛泽东传》(中央文献研究室编)、《雷雨》、《我为什么要写作》(王小波)三份材料释疑解惑:少年毛泽东读《盛世危言》,引发对民族和时代的巨大疑惑——通过引进西方技术是否可以改变世界?为什么就没有农民英雄?毛泽东决定走出父亲设计的人生道路,走向更广阔的天地,去探寻他要的答案,这与父亲"聚财"的人生追求已然迥异。当然,父亲让毛泽东从小记账、做农活,也培养了他吃苦耐劳的品质,使他充分接触并理解农民的生活。这里的冲突甚少关于道德,更关乎理想追求和人生抉择,不能简单以"爱"或"恨"来回答,应更加理性客观地全面分析。

学生感觉最困难的,是完成为毛泽东"撰写一篇不少于1000字的小传"。这不是想象作文,没有充足资料,怎能杜撰?因此,我提前一周向学生推荐了以下书籍,并带领学生去图书馆大量阅读,然后才开始写作。让学生经历发现问题、提出问题、研究问题、寻求佐证、形成成果的体验过程。

《红星照耀中国》,[美]埃德加·斯诺著,人民文学出版社,2017年版

《毛泽东传(1893—1949)》,金冲及主编,中共中央文献研究室编,中央文献出版社,1996年版

《毛泽东传》,[英]迪克·威尔逊著,国际文化出版公司,2011年版

《诗人毛泽东》,易孟醇、易维著,人民出版社,2013年版

《毛泽东论文学和艺术》,毛泽东著,人民文学出版社,1964年版

《毛泽东与中国文化》,李鹏程著,人民文学出版社,2004年版

《毛泽东的读书生活》,龚育之、逄先知、石仲泉著,生活·读书·新知三联书店,2010年版

《斯诺与中国》,武际良著,中国社会出版社,2005年版

（学生在借阅室自由阅读）　　　　　　（学生在阅览室写小传）

在自由阅读的基础上，学生小传写作的方向丰富可观：

革命家毛泽东（翁浙凯、胡欣愉、厉佳辉、王若安、应林琪、陈森、崔促）

军事家毛泽东（胡锐涛、张正维、吴嘉骏）

诗人毛泽东（陈诺、傅可）

书法家毛泽东（洪锦成）

读书人毛泽东（陶如一、黄天骊、洪锦成）

体育家毛泽东（施郑静）

艺术家毛泽东（王昊天）

政治家毛泽东（孙嘉恺）

评点家毛泽东（张佳）

乐观主义者毛泽东（陈怡静）

爱国者毛泽东（黄天骐）

思想家毛泽东（陈孟原）

年轻学生毛泽东（章悦）

红学家毛泽东（沈天舒）

外交家毛泽东（苏啸然）

长征领袖毛泽东（刘弋舟）

美食家毛泽东（黄钰珂）

丈夫毛泽东（徐妍）

如果没有积极引导，学生如何从《毛泽东自传》走向更广阔的阅读空间？如何发现如此多面的毛泽东？教师及时关注学情，引导在前、铺路在先，默默搭桥、穿针引线,机灵一点、勤奋一点、细腻一点,努力成为学习主体的有力助手,激发学生学习过程中的自主性和能动性。

四、转化任务,成为自觉追求

"任务"一词,自带指定之意,难逃强加之感。但真正有效的学习,往往是自觉自愿的。教师应积极施策,使学生把完成任务转化为自觉追求,并不断获得学习的幸福体验,形成自我发展的积极力量。

1. 平等交流

新课标在多个任务群中都强调"平等",旨在凸显学生语文学习的主体性。教师要尊重学生的发现,欣赏独到见解,平等交流。比如章悦很欣赏毛泽东的好学品质,她说:"即使十三岁离开小学后回家务农,还是'继续求学,找到什么书便读';即使课程烦琐,还是在图书馆从开门待到闭馆。阅读改变了他的一生。"我对她说:"正是常年坚持阅读,使得毛泽东站到了更高处,看到了更远处,他的眼界因此开阔,他的胸怀因此宽广,他对民族和国家的爱更为深沉。"再如胡锐涛说:"早年不停的、艰苦的锻炼,给予了毛泽东强健的体魄,这让他受益终身,也磨炼了他惊人的意志力,让他在面对各种困难挫折时也能屹立不倒。"我说:"斯诺在《红星照耀中国》中写:'我到后不久,就见到了毛泽东,他是个面容瘦削、看上去很像林肯的人物,个子高出一般的中国人,背有些驼,一头浓密的黑发留得很长,双眼炯炯有神,鼻梁很高,颧骨突出。'(呈现斯诺拍摄的照片)这正是当时经历了长征之后的毛泽东的真实写照。但若无年轻时的坚强锻炼,恐怕这样'瘦削'的面容还会更加'瘦削'。"平等对话,真诚沟通,学生的钻研热情不断提升。

2. 促进内化

教师应牢记,学习需要内化,最后沉淀的才能成为素养。学生读出自己,反思、顿悟、积累、建构,逐渐形成素养,才是经典阅读的终极目标。在两周试教结束之前,我喜获学生的珍贵感悟:

我曾经和这些人(不断把时间耗费在拜锦鲤上)一样,虽有复习,但也热衷于转发无意义的东西,没有自己的思想。现在我终于意识到,这不是,也不应是我的信仰。没有实质的东西来填充自己,人始终是飘着的。(张佳)

很多时候,我们也会和当年的毛泽东一样,迷惘,茫然,徘徊不前。在这时,何不学习一下毛主席,坚持自己的理想不动摇。有目标的支撑,一时的茫然就不是真正意义上的茫然。坚信水到渠成,出路自现。(应林琪)

没有一个伟人是在一夜之间成就的。青年时期,正是我们人生的关键时期,因为在这个年纪形成的人生观、世界观、价值观,带给我们的影响,很有可能是一辈子

的。明确自己的人生理想,不轻言放弃,像毛泽东一样,不懈探索、坚持,你就能成为你想成为的模样。(沈单)

这次传记学习让我们更加全面、客观地了解了毛泽东。以前,我不曾想到青年时期的毛泽东也和现在的我们一样,遇到了形形色色的问题,如求学,如选择。其实他离我们并不远,如果以一个同龄人的角度去看待青年时期的他,我们会学到很多真实而又珍贵的东西。(张正维)

我对学生说:"文字背后站着一个立体的人,通过阅读,我们的认识不再空洞,那些生命是可以和我们对话,促使我们反思的。的确,'没有实质性的东西来填充自己,人始终是飘着的',那么,就让我们获得一份又一份的生命启示,不断充实自己,扎扎实实地落到地面上,坚守梦想,努力奋进!"

3. 展示成果

新课标指出:"教师应善于发现学生阅读整本书的成功经验,及时组织交流与分享。"华东师范大学杨向东教授在其"基于核心素养的课程改革"的讲座中也强调,指向核心素养的教学,应"重视学习议题或结果的社会性展示与交流",让学生获得学习的满足感和成就感。在此次学习中,我们完成了以"'同龄人'毛泽东与我们"为题的演讲会,学习小组推荐11位同学上台演讲,并在班中张贴优秀演讲稿,如苏啸然的"坚持追求梦想"、陈孟原的"做个体育家"等。我们开展了"我眼中的毛泽东"座谈会,7位同学在座谈会上侃侃而谈。学习成果的展示,极大地提升了学生的成就感、幸福感。

新教材以学习任务驱动阅读、思考、写作,是遵循学习心理的良策。希望教师真正领会学习任务的价值,在实践中贴近学生,精心选择、创造性实施学习任务,让其发挥最大作用。

"独特性和典型性:阿Q的精神胜利法探究"教学设计

一、专题解释

该专题精读《阿Q正传(节选)》,参读《阿Q正传》和丰子恺《漫画阿Q正传》,赏析阿Q这一典型人物形象,梳理建构"精神胜利法"的丰富内涵,理解旧中国国民的"劣根性",从而理解鲁迅的启蒙思想。

二、预习任务

第一课时	第二课时
1. 阅读《阿Q正传》序言(第一章),了解作者对"文章的名目"以及阿Q姓氏、名字、籍贯的说明,思考作者为什么用如此庄重严肃的文学样式来给无名无姓、籍贯不详的阿Q作传。 2. 阅读课文《阿Q正传》(节选),尝试概括阿Q的生活片段,找出阿Q"精神胜利法"的主要表现,在教材空白处作旁批。	1. 阅读《阿Q正传》第四至九章,梳理主要情节,深入思考作者为什么要塑造阿Q这一人物形象。 2. 欣赏丰子恺《漫画阿Q正传》,想想画家笔下的阿Q形象是否符合你的理解和期待。

三、学习任务设计

学习任务一:漫画激趣,细读慢品

观看北京卫视《念念不忘:含蓄人间情味 开创者丰子恺》节目前6分钟,了解丰子恺先生于1937年、1938年、1939年三度创作《漫画阿Q正传》的主要故事,思考为什么在战火纷飞、颠沛流离的艰难岁月,画家丰子恺先生不顾画稿一再被毁的惨痛遭遇,坚持创作并成功发表《漫画阿Q正传》。究竟是什么样的文学作品,让丰子恺先生读之落泪、潜心创作并祈祷"将来的中国不复有阿Q及产生阿Q的环境"呢?

《阿Q正传》共分为九章。第一章是小说的序言,交代了小说人物名字的由来,介绍这是一个无姓无名、籍贯不详的底层小人物,顺笔讽刺了当时的文人和遗老遗少。教材选择的是《阿Q正传》第二、三章,这两章精练地刻画了阿Q的"精神胜利法"。小说在第二章明确写到"阿Q想在心里的,后来每每说出口来,所以凡有和阿

Q 玩笑的人们,几乎全知道他有这一种精神上的胜利法"。请从课文中找出能体现阿 Q"精神胜利法"的言行,并进行点评。

示例:

序号	原文	点评
1	赵太爷钱太爷大受居民的尊敬,除有钱之外,就因为都是文童的爹爹,而阿 Q 在精神上独不表格外的崇奉,他想:我的儿子会阔得多啦!	生活困窘,没有家,没有固定职业,只给人家做短工,地位低下,穷得娶不起老婆的阿 Q 却妄自尊大,自吹子虚乌有的儿子会更有钱,让人好笑又心酸。
2	被人揪住黄辫子,在壁上碰了四五个响头,闲人这才心满意足的得胜的走了,阿 Q 站了一刻,心里想,"我总算被儿子打了,现在的世界真不像样……"于是也心满意足的得胜的走了。	面对恶意取笑且凶蛮欺负自己的闲人,阿 Q 软弱畏惧,任其奴役,只好在心里说话,视闲人为儿子,占得便宜,得到补偿,仿佛扳回了一局。
3	"和尚动得,我动不得?"他扭住伊的面颊。 酒店里的人大笑了。阿 Q 更得意,而且为满足那些赏鉴家起见,再用力的一拧,才放手。 他这一战,早忘却了王胡,也忘却了假洋鬼子,似乎对于今天的一切"晦气"都报了仇;而且奇怪,又仿佛全身比拍拍的响了之后更轻松,飘飘然的似乎要飞去了。	阿 Q 自认为遭遇的平生两件"屈辱",一件是被王胡打,一件是被假洋鬼子用"哭丧棒"打,可是他转头就去欺负小尼姑,于是又心理平衡了。阿 Q 畏强凌弱,令人哀其不幸怒其不争。

学生以小组为单位进行充分交流,推选优秀点评者作全班分享,并在黑板上写上关键词,比如"盲目排外""自轻自贱""欺软怕硬""愚昧麻木""卑怯狡猾"等。

许多人曾对"精神胜利法"下过定义或作过解释。请阅读下列观点,并对比思考,你更欣赏哪种观点?你也可以尝试为"精神胜利法"下个定义。

A. 精神胜利法,指自卑的人靠幻想来使自己暂时得到一点精神上的满足却无法真正改变现状的方法。

B. 精神胜利法,是对真正的现实不敢正视,而用狂妄自大、自欺欺人的方法达到自我麻醉效果的方法。

C. 精神胜利法,是在现实生活中处于失败者的地位,但不敢正视现实,用自轻自贱、健忘、以丑为荣等种种"妙法"来自欺自慰。

D. 精神胜利法,即对于事实上的屈辱和失败,用一种自嘲自解的方式,在想象中获得精神上的满足和胜利。

学习任务二:整书阅读,理解本意

2006 年,《亚洲周刊》与来自全球各地的学者作家联合评选出"二十世纪中文小说一百强",鲁迅先生的小说集《呐喊》位列第一。《阿Q正传》正是这一作品集中的重要作品。请阅读全文,梳理主要情节,认识"阿Q"这一形象之独特和典型,深入思考作者的创作本意。

1. 梳理剩余章节主要情节

剩余章节	标题	主要情节
第四章	《恋爱的悲剧》	阿Q向吴妈求爱未果引起混乱,全部财产被压并要求履行"赔罪"等"五条件"。
第五章	《生计问题》	阿Q遭人嫌弃,生计难保,去静修庵偷萝卜被黑狗狂追,离开未庄。
第六章	《从中兴到末路》	阿Q进城眼界大开并获各色衣服,回到未庄受到尊敬,但村人知其给小偷打下手的真相后,嘲笑阿Q"斯亦不足畏也矣"。
第七章	《革命》	阿Q觉得自己也成了"革命党",去静修庵革命,却被老尼姑告知秀才和假洋鬼子已经"革过一革"后深感遗憾。
第八章	《不准革命》	阿Q想请假洋鬼子让他加入革命党却被赶,在赵太爷家遭遇抢劫时看热闹,痛恨自己不能一同抢劫造反。
第九章	《大团圆》	阿Q被当作打劫赵家的罪犯,莫名其妙、稀里糊涂地被枪毙而亡。

2. 认识阿Q形象之独特和典型

参考观点:

(1) 现在差不多没有一个爱好文艺的青年口里不曾说过"阿Q"这两个字。我们几乎到处应用这两个字。在接触灰色的人物的时候,或听得了他们的什么"故事"的时候,《阿Q正传》里的片段的图画,便浮现在脑前了。我们不断的在社会的各方面遇见"阿Q相"的人物,我们有时自己反省,常常疑惑自己身中也免不了带着一些"阿Q相"的分子。(沈雁冰)

(2) 作为光辉的典型人物,他(阿Q)将和哈姆雷特、唐·吉诃德等不朽的名字一样万古不朽。阿Q,是一个卑微渺小的人物,但却是一个巨大的名字。我不说"伟大"而说"巨大",是因为这个小人物的确称不上伟大,但这个名字的历史的和美学的涵容量却真是巨大得无比,我想不出世界任何一个文学人物能有阿Q那样巨大的概括性,把几亿人都涵盖进去。几乎每个中国人,你、我、他,都有阿Q的灵魂的因子。别的民族的人群中,也常见阿Q的影子或一枝一节,人性不能不相通。(何满子)

3. 理解作者创作本意

《阿Q正传》以辛亥革命前后的中国农村为背景,写出了贫苦雇农阿Q的短暂一生。"辛亥革命推翻了两千多年的封建帝制,宣扬了民主共和的观念。但它没有完成在全国范围内彻底反帝反封建的任务,没有深入到广大农村。广大农民仍处在帝国主义和封建主义的残酷统治之下,思想上没有得到根本的启蒙和解放。"(《普通高中教科书 教师教学用书 选择性必修 下册》,人民教育出版社2020版)鲁迅在《俄文译本〈阿Q正传〉序》中说:"要画出这样沉默的国民的魂灵来,在中国实在算一件难事。"鲁迅还在《〈呐喊〉自序》中直言:"凡是愚弱的国民,即使体格如何健全,如何茁壮,也只能做毫无意义的示众的材料和看客,病死多少是不必以为不幸的。所以我们的第一要著,是在改变他们的精神,而善于改变精神的是,我那时以为当然要推文艺。"可见,鲁迅先生写作的目的就是要"写出中国人特别是广大受压迫的劳动人民的苦难、愚昧而落后的人生,希望改良这悲惨的人生,为疗救病态的社会、病态的人们而呐喊"(《普通高中教科书 教师教学用书 选择性必修 下册》,人民教育出版社2020版)。

学习任务三:学术争鸣,照出镜像

创作于1921年的《阿Q正传》,距今已一百年,有人说"事实已经很明显地放在眼前,我们能不能说阿Q的时代是万古常新呢?我们愿意很坚决地说,《阿Q正传》着实有它的好处,有它本身的地位,然而它没有代表现代的可能,阿Q时代是早已死去了",也有人说阿Q始终活着。那么,阿Q是否具有超越时代、民族的意义和价值呢?请各抒己见。

参考观点:

(1)观点一:阿Q不仅仅是中国的,也是世界的。

(2)观点二:鲁迅的作品不会过时,阿Q也不会死去。

四、课外练习

1. 有人说:"阿Q的'精神胜利法'实在有过人的妙处,具有相当的正面意义,大可加以推介,以供命运不堪者之用。"对此,你有怎样的想法?请和你的同学一起畅所欲言。

点拨:这一说法对阿Q"精神胜利法"的理解较为片面。我们可以肯定自我安慰的一些积极意义,但要坚决反对靠"畏强凌弱"来获取自我安慰乃至快乐的做法。作为新时代的年轻一辈,我们应该避免愚昧、麻木、狡猾,做有知识、有觉悟、有善心的人。

2. 诗人、学者林贤治曾在其著作《人间鲁迅》(人民文学出版社2010年版)中这样写道:"由于作家悲愤的深广,读者无论取何种角度,都不可能对《阿Q正传》作全景式的鸟瞰。天才的作品是没有公式的。任何单一的创作原则,都不可能描画出如许众多的或显或隐的线索和场景;任何单一的美学风格,都不可能囊括它那无比丰富的语调、色彩和内涵。"请围绕"说不尽的《阿Q正传》"这个话题,写一篇不少于800字的评论。

　　点拨:学生可从人物、情节、环境、手法、主题、艺术效果等任一角度,也可从民族和阶级、历史时代和未来、乡村和城市、官僚绅士和百姓顺民、阿Q和阿Q似的革命党、物质世界和精神世界、真实和荒诞的一切等角度展开评论。

"独特性和典型性:阿Q的精神胜利法探究"
课堂教学实录

授课时间:2022.3.16
授课地点:杭州外国语学校一号楼1325微格教室
授课班级:杭州外国语学校高二(6)班

【教学实录】
(出示PPT1)

《阿Q正传》(节选)
第二章《优胜记略》
第三章《续优胜记略》
杭州外国语学校
李芳
2022.3.16

第一课时　漫画激趣　细读慢品

师:同学们好,今天我们一起来学习鲁迅的经典小说《阿Q正传》,教材节选第二、三章,我们先来看一个视频。

(观看北京卫视《念念不忘:含蓄人间情味　开创者丰子恺》前6分钟,了解丰子恺于1937年、1938年、1939年三度创作《漫画阿Q正传》的主要故事)

(出示PPT2)

学习任务一　漫画激趣　细读慢品

图1　图2　图3

师：在战火纷飞、颠沛流离的艰难岁月，画家丰子恺不顾画稿一再被毁的惨痛遭遇，坚持创作并成功发表《漫画阿Q正传》。《阿Q正传》为何能让他读之落泪、潜心创作并祈祷"将来的中国不复有阿Q及产生阿Q的环境"呢？

（学生思考）

师：课前大家阅读了《阿Q正传》全文，认真完成了学习任务单。《阿Q正传》共九章。第一章是小说序言，交代了小说人物名字的由来，介绍阿Q是一个无姓无名、籍贯不详的底层小人物。教材节选的第二、三章精练刻画了阿Q的"精神胜利法"，请同学找出小说在何处明确提出"精神胜利法"。

生（王宇乐）：在小说第二章中，"阿Q想在心里的，后来每每说出口来，所以凡有和阿Q玩笑的人们，几乎全知道他有这一种精神上的胜利法"。

（出示PPT3）

学习任务一　漫画激趣　细读慢品

从课文中找出能体现阿Q精神胜利法的言行并进行点评。

示例：

序号	原文	点评
1	赵太爷钱太爷大受居民的尊敬，除有钱之外，就因为都是文童的爹爹，而阿Q在精神上独不表格外的崇奉，他想：我的儿子会阔得多啦！	生活困窘，没有家，没有固定职业，只给人家做短工，地位低下，劳碌娶不起老婆的阿Q却妄自尊大，自吹子虚乌有的儿子会更有钱，让人好笑又心酸。

师：是的。课前请大家找出能体现阿Q"精神胜利法"的言行并进行点评。现在我对大家最为关注的三处文段和点评进行了整理，我们一起来看一下。

（出示PPT4　第一处文段：闲人还不完，只撩他，于是终而至于打。阿Q在形式上打败了，被人揪住黄辫子，在壁上碰了四五个响头，闲人这才心满意足的得胜的走了，阿Q站了一刻，心里想，"我总算被儿子打了，现在的世界真不像样……"于是也心满意足的得胜的走了。）

学习任务一　漫画激趣　细读慢品
最受关注的言行排行

序号	原文	出处	学生（18人）
1	闲人还不完，只撩他，于是终而至于打。阿Q在形式上打败了，被人揪住黄辫子，在壁上碰了四五个响头，闲人这才心满意足的得胜的走了，阿Q站了一刻，心里想，"我总算被儿子打了，现在的世界真不像样……"于是也心满意足的得胜的走了。	第二章《优胜记略》	段同学 赵同学 余同学 朱同学 沃同学 郑同学 王同学 包同学 吴同学 许同学 鲍同学 寿同学 王同学 胡同学 许同学 王同学 郑同学 高同学

师:这一段发生在什么情节之后?

生(金子欣):发生在未庄闲人用语言羞辱阿Q之后。

师:之前闲人已经取笑阿Q"亮起来了""保险灯",却"还不完,只撩他",你能想象闲人是如何"撩"的吗?

生(吴甚枢):(直接表演,右手作灯泡发光状)哎哟哎哟,你看,你看,越来越亮了!

(许多同学笑)

师:(笑)这就是从未庄出来的人。

生(黄家齐):之前是用语言羞辱他,现在可能会直接上手,比如弄他的头。

师:下次如果我们排戏,可以设计这样的动作。

生(鲍韵欣):闲人可能会故意凑近阿Q,想照出人影。

(师生笑)

生(潘冠强):可能会发出奇怪的"嘘"声。我不太能模仿。

(师生笑)

师:好的,通过大家的想象,我们似乎也能理解"于是终而至于打"了。但阿Q被打败了,被人"揪住黄辫子"碰响头,"揪"和"抓"有什么区别?

生:(纷纷回答)"揪"更加有力。

师:对的。每个字都值得细品。我选了一些同学的点评,一起来看。

(出示PPT5　许左的点评:磕响头表示惶恐、感激的心理状态,此处阿Q被揪住辫子磕头本是很屈辱的事,然而他却通过幻想辈分获得了心理上的满足,就像晚清政府割地赔款应为奇耻大辱,然而通过以"天朝上国"身份自居,"心满意足的得胜的走了"。)

学习任务一　漫画激趣　细读慢品

序号	原文	
1	闲人还不完,只撩他,于是终而至于打。阿Q在形式上打败了,被人揪住黄辫子,在壁上碰了四五个响头,闲人这才心满意足的得胜的走了,阿Q站了一刻,心里想,"我总算被儿子打了,现在的世界真不像样……"于是也心满意足的得胜的走了。	磕响头表示惶恐、感激的心理状态,此处阿Q被揪住辫子磕头本是很屈辱的事,然而他却通过幻想辈分获得了心理上的满足,就像晚清政府割地赔款应为奇耻大辱,然而通过以"天朝上国"身份自居,"心满意足的得胜的走了"。(许同学)
		两个"心满意足的得胜的走了",读起来颇为荒诞。但是真正让我为阿Q心痛的是"站了一刻"。一个瘦弱的男子站在街边十五分钟,想来便觉得悲伤。(吴同学)

师：许左，你写的"磕响头"和阿Q被"碰响头"的姿态不大一样？

生（许左）：是的，其实闲人就是用"碰响头"的方式让阿Q向他磕头致敬。

师：鲁迅《拿来主义》中也有一句"只好磕头贺喜，讨一点残羹冷炙做奖赏"，这里的"磕头"就是丧失主权、尊严的亡国奴行径。大家对这个"碰响头"有不同的理解吗？

生（王雯）：揪着辫子碰响头就是欺侮阿Q。但阿Q竟能用"被儿子打了"来"自我开导"，最后"心满意足"。

师：你用"竟能"这个词，想表达什么情感？

生（王雯）：震惊！

师：超出了你的想象。

生（王雯）：对。

师："被儿子打了"这句的潜台词是？

生：（纷纷回答）你是我儿子，我可是你老子。

师：阿Q靠虚构"占了上风"。我们再来看吴甚枢的点评。

（出示吴甚枢的点评：两个"心满意足的得胜的走了"，读起来颇为荒诞。但是真正让我为阿Q心痛的是"站了一刻"。一个瘦弱的男子站在街边十五分钟，想来便觉得悲伤。）

师：我必须诚实地告诉大家，之前我没有特别留心过这"站了一刻"，但我现在也确实觉得可以一品。谁来说说阿Q这一刻的所思所想所感？

生（朱硕涵）：他被打了，刚开始有一些难过和委屈，然后转变成愤怒，接着他可能回顾了以前被欺负但也没办法反抗的经历，就很无奈，最后放弃了。

师：你把阿Q的心理发展过程梳理了一下，很清晰。

生（沃睿媛）：阿Q被在墙上碰了四五个响头之后，应该有些脑震荡之类的。（同学笑）所以他应该没有缓过来，还处在脑子昏昏的状态中。后来他肯定想自己也没有办法，打不过闲人，于是就用辈分更高来安慰自己，"没有关系的"。

师：你的分析很切实。可能我们大家都没有这样的经历，但或许也有不小心头撞到桌子、门墙的体验，如果要发出"响"声，那撞击的力量必定不小。头是痛的，阿Q的身体是痛苦的。

生（叶子霖）：我非常赞同沃睿媛的说法。阿Q第一个阶段应该是非常茫然的，我脑海中能浮现出一幅画面——一个男人，张着嘴巴，眼神空荡荡的；第二个阶段应该是非常无助的，因为他的敌人已经扬长而去，而他只能一个人站在那里，什么都不能做；第三个阶段应该是比较尴尬的，他是比较在乎别人眼光的人，他这样被人打了，被别人瞧见了，非常尴尬；最后应该是比较愤怒的。

师:所以他需要用"精神胜利法"来帮他消除这些情绪。

生(许允晟):刚开始不知所措,后来摸摸自己的伤口,无奈。

师:是的,阿Q的头上肯定有包,阿Q确乎是受伤的。大家的分析都很有道理。是吴甚枢启发了我们"字词必较",经典文本往往能让千万读者沉潜其中,越解读越丰富。好,接下来,我们一起来欣赏关注度并列第一的另一个片段。

(出示PPT6　第二处文段:但虽然是虫豸,闲人也并不放,仍旧在就近什么地方给他碰了五六个响头,这才心满意足的得胜的走了,他以为阿Q这回可遭了瘟。然而不到十秒钟,阿Q也心满意足的得胜的走了,他觉得他是第一个能够自轻自贱的人,除了"自轻自贱"不算外,余下的就是"第一个"。状元不也是"第一个"么?"你算是什么东西"呢?!)

学习任务一　漫画激趣　细读慢品
最受关注的言行排行

序号	原文	出处	学生(18人)
1	但虽然是虫豸,闲人也并不放,仍旧在就近什么地方给他碰了五六个响头,这才心满意足的得胜的走了,他以为阿Q这回可遭了瘟。然而不到十秒钟,阿Q也心满意足的得胜的走了,他觉得他是第一个能够自轻自贱的人,除了"自轻自贱"不算外,余下的就是"第一个"。状元不也是"第一个"么?"你算是什么东西"呢?!	第二章《优胜记略》	段同学 郑同学 许同学 陆同学 卢同学 何同学 胡同学 金同学 王同学 陈同学 季同学 王同学 叶同学 寿同学 孔同学 郑同学 董同学 高同学

师:这处文段就在第一处文段的四段后。虽然阿Q已经把自己贬为"虫豸",但闲人也并不放过他。我有两处发现,先和大家说一说。第一,阿Q被碰响头的次数由先前的"四五个"变化到了"五六个";第二,阿Q之前被碰响头后是"站了一刻",但这里却是"不到十秒钟"。按照沃睿媛的理解,阿Q刚才是"昏昏"的,那现在应该是更加昏昏的。按照许允晟所说,阿Q是受伤的,那现在应该是受伤更明显的,怎么可能"不到十秒钟""也心满意足的得胜的走了"?

生(吴甚枢):阿Q被欺侮久了,应该已经是条件反射了。

师:是的,请大家注意,"未庄的闲人们"可不止一个,今天可能是这个闲人,明天可能是那个闲人。好,我们来看一下同学的点评。

(出示PPT7　卢东的点评:在被人揪辫子、磕响头后,他依然能通过精神上的诡辩实现精神上的胜利,有时我真想看看阿Q脑子里究竟装了些什么,他是将痛苦埋藏在找不到的脑海深处了吗？还是他麻木得感觉不到羞辱与痛苦？）

> **学习任务一　漫画激趣　细读慢品**
>
> | 序号 | 原文 |
> | --- | --- |
> | 1 | 但虽然是虫豸，闲人也并不放，仍旧在就近什么地方给他碰了五六个响头，这才心满意足的得胜的走了，他以为阿Q这回可遭了瘟。然而不到十秒钟，阿Q也心满意足的得胜的走了，他觉得他是第一个能够自轻自贱的人，除了"自轻自贱"不算外，余下的就是"第一个"。状元不也是"第一个"么？"你算是什么东西"呢！？ |
>
> 在被人揪辫子、磕响头后，他依然能通过精神上的诡辩实现精神上的胜利，有时我真想看看阿Q脑子里究竟装了些什么，他是将痛苦埋藏在找不到的脑海深处了吗？还是他麻木得感觉不到羞辱与痛苦？（卢同学）
>
> 这段特别体现了他对"第一"的病态的追求，不管什么，是好事或是龌龊事，只要能争个"第一"，对阿Q来说就是骄傲的资本。尤其是拿自己与"状元"相比，体现他对于上层社会地位抱有幻想。幻想与现实的巨大落差深深显出了他的无力。（王同学）

师：什么是诡辩？诡辩指外表、形式上好像是运用正确的推理手段，实际上违反逻辑规律，作出似是而非的推论。一般我们在"第一"后面跟的都是好事，比如第一个获得三好生，但阿Q没有好事，他从"第一个能够自轻自贱的人"中截取了"第一个"，并迅速想到状元是殿试取中的"第一个"，以此获得也有"第一个"的优胜感。这个确实是诡辩了。卢东，我感觉你在写"我真想看看阿Q脑子里究竟装了些什么"时，似乎有些咬牙切齿。

生（卢东）：对正常人来说，受到这样的屈辱时，是不可能敛声屏气至此的，阿Q却可以，他的异化已经到了一定的奇怪的程度了，让我非常震惊，非常痛心。

师："异化"，没有人的尊严，人体会不到身为人的主体性。我理解你的震惊和痛心。我们再来看看王一安的点评。

（出示王一安的点评：这段特别体现了他对"第一"的病态的追求，不管什么，是好事或是龌龊事，只要能争个"第一"，对阿Q来说就是骄傲的资本。尤其是拿自己与"状元"相比，体现他对于上层社会地位抱有幻想。幻想与现实的巨大落差深深显出了他的无力。）

师：这样的"第一"，你们还能替阿Q说出几个？

生（张铭）：我是未庄人身上虱子第一多的。

生（高艺秦）：我是未庄第一个被"儿子"打的。

生（陈星语）：我是未庄第一个被游街示众后再被枪毙的。

师：这下应该是说不出来了。

生（许左）：阿Q找借口的能力成长了，之前是幻想辈分获得优胜，现在进化为

"断章取义"。

师:应该是"断章取义"的升级版"扣词取义"。好的,接下来,我们再来关注一个片段。

(出示PPT8 第三个文段:但他立刻转败为胜了。他擎起右手,用力的在自己脸上连打了两个嘴巴,热剌剌的有些痛;打完之后,便心平气和起来,似乎打的是自己,被打的是别一个自己,不久也就仿佛是自己打了别个一般,——虽然还有些热剌剌,——心满意足的得胜的躺下了。)

学习任务一 漫画激趣 细读慢品
最受关注的言行排行

序号	原文	出处	学生(9人)
3	但他立刻转败为胜了。他擎起右手,用力的在自己脸上连打了两个嘴巴,热剌剌的有些痛;打完之后,便心平气和起来,似乎打的是自己,被打的是别一个自己,不久也就仿佛是自己打了别个一般,——虽然还有些热剌剌,——心满意足的得胜的躺下了。	第二章《优胜记略》	赵同学 陆同学 朱同学 卢同学 叶同学 潘同学 许同学 王同学 张同学

师:在这个片段之前发生了什么?

生(吴甚枢):阿Q赌博时被人趁乱抢走了好不容易赢的钱。

师:是的,阿Q这次怎么来转败为胜?

生(吴甚枢):擎起右手打自己嘴巴。

师:"擎"和"举"有什么不同?

生(吴甚枢):(做手势)"擎"的力量汇聚到手掌中,用力大。

师:很好。一般我们把"擎"字用在怎样的语境中?

生:拿很重的东西,"擎起来"。

师:可见,阿Q应该是很重地打自己。他之前是"被虐",现在已经"进步"到"自虐"了。这个让我想到陆美亦的点评"丢了钱用自虐的方式聊以自慰,说他乐天又不妥,大概只能用'蠢'来形容了罢"。

生(许左):现在阿Q已经发展到"断行为取义"了。

(出示PPT9 卢东的点评:被偷光了刚赢来的钱,竟也能用这精神胜利法转败为胜!打的人还是自己!这种极懦弱、自欺欺人、掩耳盗铃般的荒诞之举,竟是阿

Q"心满意足"排忧解难的唯一出路。那是怎样一个生活在残酷时代里的可悲人啊!)

序号	原文	
3	但他立刻转败为胜了。他擎起右手,用力的在自己脸上连打了两个嘴巴,热刺刺的有些痛;打完之后,便心平气和起来,似乎打的是自己,被打的是别一个自己,不久也就仿佛是自己打了别个一般,——虽然还有些热刺刺,——心满意足的得胜的躺下了。	被偷光了刚赢来的钱,竟也能用这精神胜利法转败为胜!打的人还是自己!这种极懦弱、自欺欺人、掩耳盗铃般的荒诞之举,竟是阿Q"心满意足"排忧解难的唯一出路。那是怎样一个生活在残酷时代里的可悲人啊!(卢同学)

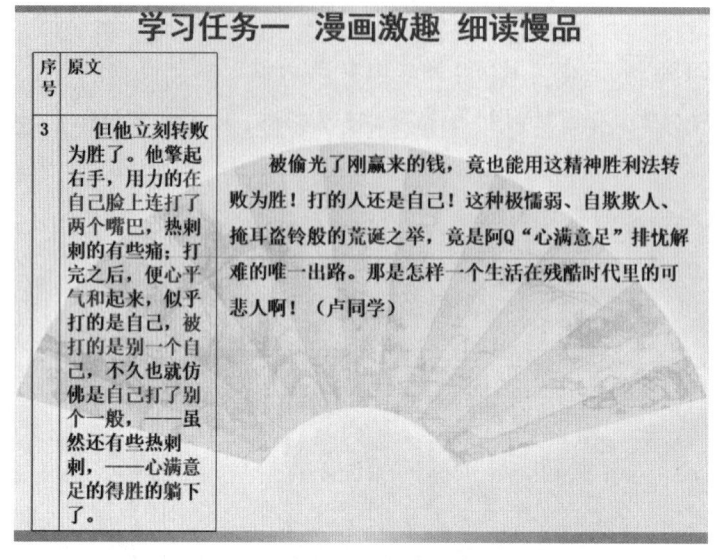

学习任务一 漫画激趣 细读慢品

师:"那是怎样一个生活在残酷时代里的可悲人啊",这句话也提醒我们考虑小说的环境和主题。刚才三个片段中,我留心到三句话,从第一、二两个片段中的"心满意足的得胜的走"到第三个片段中的"心满意足的得胜的躺","走"和"躺"一字之差,你们怎么看?

生(赵宇帆):说明阿Q"躺平了",越来越不在乎了,他的脸皮越来越厚了。

师:好的。我们还有同学关注第三章中的一些片段,比如陈月慧关注阿Q和王胡比虱子、吴甚枢关注阿Q戏弄小尼姑等,大家在课后多交流。而基于这些文段的解读,我们渐渐从"精神胜利法"的表现中认识它的本质。许多人曾对"精神胜利法"下过定义或作过解释,请大家一起来看下列观点,并对比思考,你更欣赏哪家的观点?当然你也可以尝试着来解释"精神胜利法"。

(出示PPT10 A. 精神胜利法,指自卑的人靠幻想来使自己暂时得到一点精神上的满足却无法真正改变现状的方法;B. 精神胜利法,是对真正的现实不敢正视,而用狂妄自大、自欺欺人的方法达到自我麻醉效果的方法;C. 精神胜利法,是在现实生活中处于失败者的地位,但不敢正视现实,用自轻自贱、健忘、以丑为荣等种种"妙法"来自欺自慰;D. 精神胜利法,即对于事实上的屈辱和失败,用一种自嘲自解的方式,在想象中取得精神上的满足和胜利。)

师:经过统计,获得最多认可的是C项。

> **学习任务一　漫画激趣　细读慢品**
>
> A. 精神胜利法，指自卑的人靠幻想来使自己暂时得到一点精神上的满足却无法真正改变现状的方法。
> B. 精神胜利法，是对真正的现实不敢正视，而用狂妄自大、自欺欺人的方法达到自我麻醉效果的方法。
> C. 精神胜利法，是在现实生活中处于失败者的地位，但不敢正视现实，用自轻自贱、健忘、以丑为荣等种种"妙法"来自欺自慰。
> D. 精神胜利法，即对于事实上的屈辱和失败，用一种自嘲自解的方式，在想象中取得精神上的满足和胜利。

生（季蔚然）：A中说"暂时"的满足，但文中的阿Q却是通过"精神胜利法"一直麻痹自我直至被枪毙，可见其效果是长久而显著的。

师：作出这个判断，需要借助全文阅读，用阿Q的一生来佐证这一点。

生（陆美亦）：C中的"失败者"这一定位非常精辟。他的一系列"精神胜利法"的实质是通过诡辩逻辑和歪曲事实使自己免于直面失败，从而麻痹自己，逃避现实。而A中的"自卑的人"这一概括显然不如C中的"失败者"那般一针见血。相比较于A、D提到的精神上的满足，我认为"逃避现实的懦弱"是文章集中火力抨击批判的核心。

师：陆美亦已经在探索作者的创作本意了，很好。

生（卢东）：B中的"狂妄自大"，我觉得语气过重，阿Q自己打自己，安慰自己打了"别人"，与狂妄自大差点距离。

师：很好！大家字斟句酌，这是非常严谨的态度。那么，我们有同学能给出自己的定义或解释吗？

生（郑书睿）："精神胜利法"是失败者面对挫折时使用反逻辑、反常识的方式达到精神上的满足。

生（沃睿媛）："精神胜利法"是在现实中受挫，通过幻想使自己占上风获得满足感。

生（许左）：阿Q运用"精神胜利法"好比在一间绝无窗户而万难破毁的铁屋子中熟睡，不久将被闷死，然而是从昏睡入死，因而并不感到悲哀。

（出示PPT11）

> **学习任务一　漫画激趣　细读慢品**
>
> 阿Q的"精神胜利法",是指面对现实中所遭受的挫折、失败,通过自骗、转移等方式,把真实的失败与痛苦转化为虚幻的精神上的胜利和快乐。
> ——陈俊《阿Q"精神胜利法"的误读及正义》

师:很有见地。我也推荐一篇作品《阿Q"精神胜利法"的误读及正义》,发表于《鲁迅研究月刊》2020年第4期,作者陈俊冷静地提醒读者切莫误读"精神胜利法",他认为阿Q的"精神胜利法",是指面对现实中所遭受的挫折、失败,通过自骗、转移等方式,把真实的失败与痛苦转化为虚幻的精神上的胜利和快乐。你们认同吗?

(许多同学点头)

第二课时

(一)整书阅读　理解本意

师:2006年,《亚洲周刊》与来自全球各地的学者作家联合评选出"二十世纪中文小说一百强",鲁迅小说集《呐喊》位列第一。《阿Q正传》正是其中的佳作。课前,大家梳理概括了剩余章节的主要情节。

(出示PPT12、PPT13)

> **学习任务二　整书阅读　理解本意**
>
> | 剩余章节 | 标题 | 主要情节 |
> |---|---|---|
> | 第四章 | 《恋爱的悲剧》 | 阿Q调戏完小尼姑后发春,对赵府内唯一的女子吴妈心生歹意,口出"狂"言,被赶到舂米场,又躲进土谷祠被低保教训,签下赔偿条约。 |
> | 第五章 | 《生计问题》 | 阿Q因调戏吴妈丢了工作。这日他碰见赵府新佣人小Don,心中不是滋味,便不由分说与之干架,后翻墙进尼姑庵偷萝卜,决定进城。 |
> | 第六章 | 《从中兴到末路》 | 阿Q从城里回来,讲述城内富贵生活赢得尊敬,倒卖衣服引人怀疑,后被发现是在做小偷,偷不下去遂归,社会地位更是急转直下。 |
> | 第七章 | 《革命》 | 宣统三年九月十四日,韦庄笼罩在"革命"的阴影下,令阿Q恨上了革命,可当他知道革命使老爷们不堪言时,便也想冲动地"革他一革"。 |
> | 第八章 | 《不准革命》 | 抱着与革命党结识的心愿,阿Q进城会见洋鬼子却将阿Q赶走,阿Q觉得失望,回土谷祠,意外撞见赵家遭抢。 |
> | 第九章 | 《大团圆》 | 阿Q被当成参与革命的革命党抓了起来,稀里糊涂被杀头了。 |
>
> ——王同学

学习任务二 整书阅读 理解本意

剩余章节	标题	主要情节
第四章	《恋爱的悲剧》	求爱失败，被逼赔罪，受到竹杠痛打
第五章	《生计问题》	求生困难，"龙争虎斗"，去庵里偷萝卜
第六章	《从中兴到末路》	入城打工，分享见闻，众人刮目相看
第七章	《革命》	风雨欲来，人人自危，阿Q胡喊造反
第八章	《不准革命》	想去革命，洋鬼不准，失望愤恨入睡
第九章	《大团圆》	阿Q被抓，胡乱审问，糊涂中被杀

——季同学

师：王一安和季蔚然两位同学已经进行了概括。请大家指出他们存在的问题，再组建小组修改完善。

（结果见表）

剩余章节	标题	主要情节	
		王一安小组	季蔚然小组
第四章	《恋爱的悲剧》	阿Q想女人入狂，对吴妈口出狂言，被赵家打骂后逃回土谷祠，地保迫其订定赔罪等五条件。	徒然求爱，阿Q名裂身败。
第五章	《生计问题》	阿Q遭人嫌弃生计难保，与赵府新佣人小D"龙虎斗"，去静修庵偷萝卜果腹被黑狗追咬，决定进城。	生计难谋，斗败还偷萝卜。
第六章	《从中兴到末路》	阿Q返乡，因现钱和新衣受人尊敬，在倒卖衣服时引人怀疑，后承认做小偷帮手，重新被看不起。	进城归来，声名鹊起又落。
第七章	《革命》	未庄笼罩在革命"阴影"下，阿Q见革命令老爷们害怕也神往革命，喝醉后自称革命党受人敬畏，醒后却发现错过了革命。	风声鹤唳，唯恐天下不乱。
第八章	《不准革命》	革命党进城后，阿Q也盘起辫子，为了结识革命党去见"假洋鬼子"却被赶走，赵家遭抢后痛恨不能造反。	赵家遭抢，阿Q痛失机遇。
第九章	《大团圆》	阿Q被抓并说自己想造反，受审时被认定为打劫赵家同伙，画押、游街示众后被枪毙。	团圆不圆，沉默灵魂归天。

师:纵览全文,我们能对阿Q这一经典形象进行总结吗?

生(胡印良品):阿Q是一个懦弱、庸俗、无知、愚蠢、麻木的可恨又可怜之人。

生(段芝平):阿Q是混沌的、未睁眼的人。

生(孔象象):阿Q是中国旧社会底层的典型雇农,饱受他人欺凌,却不愿认清现实,自我麻醉,终于成为懦弱的废物、有势者手中的玩物。

生(赵宇帆):阿Q是质朴愚昧又圆滑无赖、自尊自大又自轻自贱、争强好胜又忍辱屈从、狭隘保守又盲目激进、憎恶权势又趋炎附势、蛮横霸道又懦弱卑怯、不满现状又安于现状的矛盾者。

(出示PPT14 沈雁冰和何满子的观点)

> **学习任务二 整书阅读 理解本意**
>
> 现在差不多没有一个爱好文艺的青年口里不曾说过"阿Q"这两个字。我们几乎到处应用这两个字。在接触灰色的人物的时候,或听得了他们的什么"故事"的时候,《阿Q正传》里的片段的图画,便浮现在脑前了。我们不断的在社会的各方面遇见"阿Q相"的人物,我们有时自己反省,常常疑惑自己身中也免不了带着一些"阿Q相"的分子。
>
> ——沈雁冰
>
> 作为光辉的典型人物,他(阿Q)将和哈姆雷特、唐·吉诃德等不朽的名字一样万古不朽。阿Q,是一个卑微渺小的人物,但却是一个巨大的名字。我不说"伟大"而说"巨大",是因为这个小人物的确称不上伟大,但这个名字的历史的和美学的涵容量却真是巨大得无比,我想不出世界任何一个文学人物能有阿Q那样巨大的概括性,把几亿人都涵盖进去。几乎每个中国人,你,我,他,都有阿Q的灵魂的因子。别的民族的人群中,也常见阿Q的影子或一枝一节,人性不能不相通。
>
> ——何满子

师:阿Q似乎可以一眼被识别,却万般复杂,丰富性和独特性互相哺育,遂成经典。阿Q已然走出阅读世界融入了我们的生活乃至意识。那么,鲁迅为什么要塑造这样一个文学形象?

(出示PPT15)

要画出这样沉默的国民的魂灵来,在中国实在算一件难事。(《俄文译本〈阿Q正传〉序》,鲁迅)

凡是愚弱的国民,即使体格如何健全,如何茁壮,也只能做毫无意义的示众的材料和看客,病死多少是不必以为不幸的。所以我们的第一要著,是在改变他们的精神,而善于改变精神的是,我那时以为当然要推文艺。"(《〈呐喊〉自序》,鲁迅)

> **学习任务二 整书阅读 理解本意**
>
> 要画出这样沉默的国民的魂灵来,在中国实在算一件难事。
> ——鲁迅《俄文译本〈阿Q正传〉序》
>
> 凡是愚弱的国民,即使体格如何健全,如何茁壮,也只能做毫无意义的示众的材料和看客,病死多少是不必以为不幸的。所以我们的第一要著,是在改变他们的精神,而善于改变精神的是,我那时以为当然要推文艺。
> ——鲁迅《〈呐喊〉自序》

师:《阿Q正传》以辛亥革命前后的中国农村为背景,写出了贫苦雇农阿Q短暂的一生。"辛亥革命推翻了两千多年的封建帝制,宣扬了民主共和的观念。但它没有完成在全国范围内彻底反帝反封建的任务,没有深入到广大农村。广大农民仍处在帝国主义和封建主义的残酷统治之下,思想上没有得到根本的启蒙和解放。"(《普通高中教科书 教师教学用书 选择性必修 下册,人民教育出版社2020年版》)可见,鲁迅写作的目的就是要"写出中国人特别是广大受压迫的劳动人民的苦难、愚昧而落后的人生,希望改良这悲惨的人生,为疗救病态的社会、病态的人们而呐喊"(《普通高中教科书 教师教学用书 选择性必修 下册,人民教育出版社2020年版》)。同学们能理解吗?

(学生频频点头)

(二)学术争鸣 照出镜像

师:创作于1921年的《阿Q正传》,距今已一百年,有人说"事实已经很明显地放在眼前,我们能不能说阿Q的时代是万古常新呢?我们愿意很坚决地说,《阿Q正传》着实有它的好处,有它本身的地位,然而它没有代表现代的可能,阿Q时代是早已死去了",也有人说阿Q始终活着。那么,阿Q是否具有超越时代、民族的意义和价值呢?

(出示PPT16)

> **学习任务三　学术争鸣　照出镜像**
>
> 　　创作于1921年的《阿Q正传》，距今已一百年，有人说"事实已经很明显地放在眼前，我们能不能说阿Q的时代是万古常新呢？我们愿意很坚决地说，《阿Q正传》着实有它的好处，有它本身的地位，然而它没有代表现代的可能，阿Q时代是早已死去了"，也有人说阿Q始终活着。那么，阿Q是否具有超越时代、民族的意义和价值呢？

　　生(孔繁杰)：当然具备。鲁迅写的是人性，而人性不囿于某个时代、某个民族。

　　生(鲍韵欣)：当下社会中很多年轻人的"躺平"，其实也可以说是一种不愿努力而麻醉自我的方法，从中看见阿Q之影。

　　生(吴甚枢)：是的，现在有人沉迷于虚幻世界，像阿Q一样靠"精神胜利法"来"愚乐"自己。

　　生(寿昱华)：当今社会不乏阿Q这样的人，"阿Q精神"是阻碍社会发展进步的，需要有这类经典作品来讽刺、批评，借此唤醒"阿Q"们的羞耻心和上进心。

　　生(许允晟)：所有人都会遇见失败，而"阿Q精神"还在不断警醒着人们，以更加积极的心态应对挫折，不断前进。

（出示PPT17）

> **学习任务三　学术争鸣　照出镜像**
>
> 观点一：
> 阿Q不仅仅是中国的，也是世界的。
>
> 观点二：
> 鲁迅的作品不会过时，阿Q也不会死去。

师：是的，经典作品扎根于沃土，枝叶繁茂。阿Q既是时代之像，亦是人性之镜，他的光芒不灭，必将穿越时空。课后，请大家围绕"说不尽的《阿Q正传》"这个话题，写一篇不少于800字的评论。

（出示PPT18）

> **课外练习**
>
> 诗人、学者林贤治曾在其著作《人间鲁迅》（人民文学出版社2010年版）中这样写道："由于作家悲愤的深广，读者无论取何种角度，都不可能对《阿Q正传》作全景式的鸟瞰。天才的作品是没有公式的。任何单一的创作原则，都不可能描画出如许众多的或显或隐的线索和场景；任何单一的美学风格，都不可能囊括它那无比丰富的语调、色彩和内涵。"
>
> 请围绕"说不尽的《阿Q正传》"这个话题，写一篇不少于800字的评论。

【教学反思】

作为《浙江省普通高中学科教学指导意见·语文》（2021版）选择性必修下册第二单元的撰写者，我深知"中国现当代作家作品研习"这一任务群的独特使命，而"时代镜像"这一人文主题又引导教师不能就文论文，而应该把作品放入时空维度，引领学生感悟经典作品的强大生命力，探索其蕴含的民族心理。

对节选作品的教学，我始终坚持从节选走向整本书，避免断章取义造成的误读、错读，何况《阿Q正传》只两万余字，高二学生完全有能力读完。因此，我设计了学习任务单，要求学生读完全作，点评"精神胜利法"言行，思考"精神胜利法"实质，概括剩余章节，思考作家创作本意。随后，我对预习作业进行了梳理、筛选、整合，将其融入教学设计。

教学过程中，我遵循"入乎其内，出乎其外"的基本思路带领学生走入文本、走出文本。第一节课，多次采用"抓关键词、关键句"，让学生联想、想象阿Q的处境和状态，迅速贴入文本，贴近人物，充分认识和理解人物，甚至与人物同呼吸、共命运；第二节课，给学生典型材料，引导学生跳出文本，理性思考作家创作本意。两节课中，一直穿插呈现学生的课前预习。存有疑惑的，一起交流探讨；值得肯定的，一起补充提升。学生学习兴趣浓厚，不断产生碰撞，生成了不少新鲜有趣的教学生命。有的学生化身为"阿Q"以及"闲人"展开表演，有的学生冷静深思，挑战权威。即便下课铃响，学生也喊着"继续继续"。这或许可以用"能且愿"来形容，教学的生命力亦在于此。

课后，稍觉遗憾的是，"精神胜利法"三个品读片段，虽充分尊重学生兴趣，但均集中在第二章，对第三章的关注略显不足，最好能择一交流。比如阿Q戏弄小尼姑、阿Q和王胡比虱子等，都很能体现阿Q"泯灭了善恶界限，'以丑为美'"（陈俊）的一面，这也是阿Q"精神胜利法"的突出表现。

项目驱动，真实阅读
——《百年孤独（节选）》教学设计与说明

高中语文统编教材选择性必修上册第三单元，是面向全世界的大单元，节选了英国、俄国、美国、哥伦比亚四国的作家查尔斯·狄更斯、列夫·托尔斯泰、欧内斯特·米勒尔·海明威、加西亚·马尔克斯的经典作品《大卫·科波菲尔》《复活》《老人与海》《百年孤独》。从小说类型看，前两者为现实主义长篇小说，后两者为现代小说。《百年孤独》是现代小说中魔幻现实主义的经典作品，教师备教的重点是引导学生透过神奇怪诞的人物和情节，以及各种超自然的现象来把握小说思想内涵。

《百年孤独》是作家加西亚·马尔克斯运思十五年之后完成的一部杰作，一经问世即受到西班牙语世界乃至全世界的广泛关注。作家马尔克斯在1982年因"建立了一个自己的世界，一个浓缩的宇宙，其中喧嚣纷乱却又生动可信的现实，映射了一片大陆及其人民的富足与贫穷"（诺贝尔文学奖颁奖词）获评诺贝尔文学奖。中国当代作家对《百年孤独》和马尔克斯亦是好评如潮，作家莫言认为"《百年孤独》这部标志着拉美文学高峰的巨著，具有骇世惊俗的艺术力量和思想力量"[1]，作家阎连科认为"他在理性的控制之下，落笔处又尽显神性"，并称《百年孤独》是"人见人爱的作品"[2]。但是，在喧嚣的网络世界却射出另一些异样的"光"，有人对《百年孤独》进行标签式评价，更有人大言不惭："别说话，10分钟帮你搞定《百年孤独》。"其间充斥着对经典的亵渎和不敬。对语文教师而言，阅读的浮躁之风仍是教学的最大阻碍，若不趁学生阅读品质养成的关键时期，引导学生养成真实阅读、理性阅读、正确阅读的好习惯，放任其随"网"沉浮、随"波"逐流，我们将在有意无意间制造出更多的不合格读者。因此，我的教学目标主要有四点：第一，阅读研习《百年孤独》整本书，认识作品的地位和影响；第二，通过梳理探究，了解人物生平经历、个性特征、精神气质；第三，欣赏魔幻现实主义手法，逐步理解作家的创作意图，理解多样文化；第四，为丽贝卡·布恩迪亚编写词条，表达自己的审美体验。我的核心用意在于培养《百年孤独》的合格阅读者。

---

[1] 邱华栋. 我与加西亚·马尔克斯[M]. 北京：华文出版社，2014：5.
[2] 邱华栋. 我与加西亚·马尔克斯[M]. 北京：华文出版社，2014：65-66.

迄今为止，《百年孤独(节选)》教学设计甚少出现在国内各级期刊上。一方面是教材满怀期许，一方面是教学现场莫名冷淡，不能不让人猜想教学者是否有畏难情绪，以及学情是否不容乐观。本文将以2022年浙江省普通高中语文学科基地调研活动中在杭州外国语学校开设的公开课《当我们谈丽贝卡时我们谈论什么？——从〈百年孤独〉节选走向整本书阅读》为例，阐述我的教学构想和思考。

一、核心学习任务

教材《百年孤独(节选)》为《百年孤独》第三章前半部分(因作家马尔克斯并未为全著拟定目录，故我们以每章首页空出十行为标志界定其共为二十章)。第三章写的是何塞·阿尔卡蒂奥·布恩迪亚被送到祖父家但隐藏身份，由为逃避失眠症来到乌尔苏拉家的比西塔西翁照料。马孔多由小村落变成繁华的城镇，何塞·阿尔卡蒂奥·布恩迪亚回归现实，忙于整治市镇，以保证人人享有平等权益。吉卜赛人带来赌场，对马孔多造成冲击。奥雷里亚诺掌握金银器工艺，变得沉默寡言孤独入骨，预感有人要来。乌尔苏拉的远房表妹、11岁的丽贝卡带着父母的骨殖来到马孔多，喜吃湿土和石灰墙皮，家人想法遏制她的恶习，丽贝卡逐渐康复却染上失眠症，失眠症开始传播，众人采取措施试图将疫病控制在村镇内，用标签来抵抗遗忘未果，后由梅尔基亚德斯带来解药使马孔多重获记忆，他与布恩迪亚家族拍全家福。乌尔苏拉着手扩建家宅。共和国政府里正堂阿波利纳尔·摩斯科特进入马孔多，与原住民发生冲突并妥协。奥雷里亚诺见到九岁的蕾梅黛丝。教材节选部分的主要情节有"马孔多受到外来文明冲击""丽贝卡吃土并被治疗""丽贝卡带来失眠症"。虽然节选部分出现了布恩迪亚家族第一代和第二代共计六人，但若联系情节，外来者丽贝卡无疑是节选部分的重点人物，因此，在设计学习任务时，我决定从丽贝卡入手，以其为杠杆撬动《百年孤独》整本书阅读。结合学生课前预习中的疑问、矛盾甚至误读，我设计了"为丽贝卡·布恩迪亚编写人物词条"的学习任务，让任务驱动整本书阅读。词条是辞书中由词目和对词目的解释等组成的条目，结合《文学词典》的编写要求对词目进行精确、生动的概括，要求学生在梳理人物主要经历的基础上，对其性格特征、精神面貌作出合理界定，并能结合作家创作意图评析文学人物的典型性和影响力。

二、设计思路

《普通高中语文课程标准》(2017年版2020年修订)在学习任务群11"外国作家作品研习"的教学提示中明确提到"设计有挑战性的学习任务，激发学生阅读外国文学作品的兴趣；调动学生关于世界历史、地理以及不同民族文化的知识，促进对外国文学作品中的社会生活及心灵世界的理解",而在学习任务群1"整本书阅读与研讨"中也对选择性必修阶段的整本书阅读提出建议"指定阅读的作品可从教材课文节选的长篇作品中选择"。因此,我引导学生从教材节选进入《百年孤独》整本书,去发现完整的人物,去探寻其精神世界,领会作家创作意图。

在我看来,丽贝卡是《百年孤独》中第四位女性形象,情节量位列乌尔苏拉、阿玛兰妲、费尔南达之后,但其精神容量却不逊《百年孤独》其他人物形象。丽贝卡作为马孔多的外来者,与马尔克斯其他小说如《礼拜二午睡时刻》中的母亲和小女孩、《巨翅老人》中的天使一样,都有着沉默的秉性,却承担着照见的功能。丽贝卡从《百年孤独》第36页登场,到第298页去世,对于总数360页的小说而言,其横跨全书的篇幅不可谓不大,而其全身遍布的谜团更占据了读者极大的思考空间。在"为丽贝卡·布恩迪亚编写人物词条"的核心任务统领下,我又设计了两个准备任务:第一,为丽贝卡拟写100字左右的小传;第二,探究丽贝卡之谜。在这两个任务之中,我引导学生通读《百年孤独》整本书,梳理出丽贝卡的人生经历,初步感知其内心世界;在探究其吃土之谜、其夫何塞·阿尔卡蒂奥死亡之谜,以及丽贝卡失眠症之谜中,逐渐认清其精神实质,理解人物功能。

三、教学过程设计与解读

1. 任务一:请对高二(3)班周越同学拟写的丽贝卡小传提出修改建议

丽贝卡小传:丽贝卡父母双亡,十一岁时,被送到乌尔苏拉家收养。她有食土的恶习,尽管一度被治好。长大后,她认识了意大利人皮埃特罗,对他的爱让她重新爆发吃土的恶习。性格的差异让这一恋人关系走向破灭。丽贝卡和出走多年突然回来的何塞·阿尔卡蒂奥结为夫妻。丈夫被枪杀后,她从此把自己禁锢在屋子里,直到去世。

【说明】周越同学用140字概括了丽贝卡的主要人生经历,主线清晰,但对部分情节理解不够全面。任务设计的目的是让学生结合自己的梳理、理解来审核这段小传,从中发现问题并加以改进。矛盾点主要有:究竟是什么原因让丽贝卡和皮埃特罗的恋人关系走向破灭?结合小说,我们可以发现,最主要的原因是阿玛兰妲百般阻挠,蕾梅黛丝被误杀后导致丽贝卡和皮埃特罗的恋人之情走向"倦息"。从《百年孤独》整本书来看,我们可以将丽贝卡在马孔多的经历大致分为四个阶段:第一,初到马孔多,好吃土,带来失眠症;第二,婚恋受挫后闪婚,又吃土,被驱逐;第三,平静婚姻中丈夫被杀,过上"活死人"的生活,被遗忘;第四,孤独终老,像虾米般蜷缩着死去。就像不看全《阿Q正传》,无法彻底认识到阿Q的"精神胜利法"是"从始至终"的"面对现实中所遭受的挫折、失败,通过自骗、转移等方式,把真实的失败与痛苦转化为虚幻的精神上的胜利和快乐"[①]一样,不从节选部分走到整本书,我们无法提取更多的"吃土"情境来分析人物,并且无从整理出丽贝卡的命运轨迹,进而从其人生结局来深刻理解其孤独的深度和广度,更不能理解作家让其承担的主题功能。

2. 任务二:探究丽贝卡之谜

小任务①:丽贝卡吃土之谜

从《百年孤独》整本书中梳理出丽贝卡吃土的情节和细节,概述其所处情境,理解其心理状态并分析其吃土的目的。

序号	页码	相应语句	所处情境	人物内心	吃土目的
1	P37	她只喜欢吃院子里的湿土和用指甲刮下的石灰墙皮。	初到马孔多。	孤独,不安	①果腹 ②获得安全感 ③释放情绪 ④满足欲望
2	P55	她又开始吃土。	怀念皮埃特罗。	苦痛,难以抑制	
3	P58	自戕般饥渴地吞下一把把花园里的泥土。她又痛苦又愤怒地骂泣,咀嚼柔软的蚯蚓,咬碎蜗牛的硬壳崩裂牙齿,又呕吐直到天亮。	等待情书未果。	痛苦,愤怒	
4	P79	方向迷失,希望破灭,丽贝卡又开始吃土。	蕾梅黛丝被误杀。丽贝卡和皮埃特罗的恋人关系就此永远停滞不前,沦为无人再去理会的倦怠爱情。	悲愤,痛苦,迷惘	
5	P82	丽贝卡失去了自制力,又开始以往日的狂热吃泥土和墙皮。饥渴地吸吮手指,拇指上甚至都结出了茧子。她呕出混杂有死水蛭的绿色液体。	何塞·阿尔卡蒂奥夸丽贝卡很有女人味。	疯狂,幸福	

【说明】《百年孤独》这一魔幻现实主义杰作设计了许多神奇怪诞的人物、情节以及各种超自然的现象,比如马孔多有史以来最美丽的女子蕾梅黛丝白日升天,"永远消失在连飞得最高的回忆之鸟也无法企及的高邈空间",比如一阵飓风把马孔多从大地上抹去。而在教材节选部分,学生最感兴趣的一点是,丽贝卡为什么要吃土?尽管马尔克斯曾经在《番石榴飘香》中坦陈"我有一个妹妹,她整天啃吃泥

[①]陈俊.阿Q"精神胜利法"的误读及正义[J].鲁迅研究月刊,2020(03).

巴"①,但对"异食癖"鲜少了解的学生来说,吃土无疑是神秘而怪诞的行为,好奇之心一经点燃,便引发了学生对相关情节地毯式搜寻的热情。在教学进程中,这一研讨过程仅靠两位同学便获得了完美的答案,学生逐渐感知丽贝卡的心理状态,理解她吃土的主要目的在于"果腹、获得安全感、宣泄情绪和满足欲望",认为其吃土主要是由于心理因素,这是一个无依无靠、极度缺乏安全感而有着强烈原始欲望的女性。

小任务②:丽贝卡丈夫何塞·阿尔卡蒂奥死亡之谜

出示《百年孤独》第117页、118页中叙写何塞·阿尔卡蒂奥死亡过程的片段,提出马尔克斯写了人物死亡前和死亡后,却未曾写到死亡的时刻。让学生结合全著,推想何塞·阿尔卡蒂奥的真正死因。

【说明】在课前预习中,我发现学生对何塞·阿尔卡蒂奥的死因非常关注,但存在巨大分歧,有的学生说是因战争而失踪,有的学生说是被杀,有的学生质疑丽贝卡为什么不为何塞的死而悲伤。网络上对此的猜想更是纷纭,甚至有人认为何塞·阿尔卡蒂奥是被雷击而亡,唯一证据是"眼看暴风雨迫近",如此武断实不可取。正如《百年孤独》中所言,"这也许是马孔多唯一从未解开的谜团",作家故意遮蔽关键情节,而在更多的地方作了暗示,阅读者需要像侦探一样寻找蛛丝马迹,建立逻辑链,从而推断出何塞真正的死因以及杀害何塞的凶手。在交流中,更多学生逐渐给出了明晰的推断,认为丽贝卡最有可能是杀害何塞的凶手,理由主要有三:第一,她的能力,"她一枪命中,当场击毙一个企图撬门入室的小偷";第二,她的果决,"毅然决然地扣紧扳机";第三,她的动机,为赢得孤独特权,切断和世界最后的联系。对照马尔克斯唯一自传《活着为了讲述》中类似小偷情节的精准写作,我们发现,作家能写却不写实在富有深意,他在充分调动读者的阅读热情,锻炼读者的阅读能力,并提示读者深入阅读,从现象钻探到人物的本质,更加深入地理解人物孤独的深度和广度。这或许也是阅读现代小说和现实主义小说最明显的不同,我们读现代小说,再不能像读一些因果俱全、线索明晰、人物跃然纸上的现实主义小说那样安之若素,我们需要调动自己的知识、经验和想象力来主动理解故事。

小任务③:丽贝卡与失眠症之谜

马孔多有那么多的外来者,比如吉卜赛人、印第安人等,为何让丽贝卡带来失眠症?

【说明】丽贝卡是马孔多的外来者,为何作家马尔克斯设计让她带来失眠症,这是值得深思的。"失眠症最可怕之处不在于让人毫无倦意不能入睡,而是会不可逆

---

① 加西亚·马尔克斯,P.A.门多萨.番石榴飘香[M].海口:南海出版公司,2015:93.

转地恶化到更严重的境地:遗忘。"当马孔多人甚至食品饮料都沾染失眠症后,人们勉力用标签暂时维系现实但仍然步入"死亡的遗忘",最后梅尔基亚德斯用淡色液体才让马孔多重获记忆。如果说失眠症导致的遗忘是一种病症,是被动的结局,那么丽贝卡的被遗忘,则是其主动选择的结果,而病症尚有药可治,主动持守孤独而被遗忘则无药可救。作家在丽贝卡这一人物上设置了这一暗扣,人物在马孔多的起点即暗示其结局,且照见马孔多被遗忘直至消亡的镜像。作家马尔克斯接受记者P.A.门多萨采访时坦陈布恩迪亚家族的历史可以说是拉丁美洲历史的翻版。"拉丁美洲的历史也是一系列代价高昂而徒劳的奋斗的集合,是一幕幕事先注定要被人遗忘的戏剧的集合。至今,在我们中间,健忘症仍然存在。只要事过境迁,谁也不会清楚地记得香蕉工人横遭屠杀的惨案,谁也不会再想起奥雷里亚诺·布恩迪亚上校。"[①]这即是失眠症的象征意味。由此,我们能够发现,布恩迪亚家族的最终消亡从另一个角度理解,是所有孤独、不团结的结局,无论是奥雷里亚诺上校打制小金鱼又将其熔化成金,循环往复,还是阿玛兰妲织永远织不完的寿衣,这些没意思的无效的孤独导致了家族的分裂、离散和无力,这应该是飓风抹去马孔多的内在逻辑。

3. 任务三:撰写"丽贝卡·布恩迪亚"词条

《文学词典》重新修订,将在"文学故事人物"板块中增加一则"丽贝卡·布恩迪亚"词条。请阅读《百年孤独》全著,结合作品具体内容,阐释丽贝卡这一人物形象,从生平经历、性格特征、创作意图、影响评价等多个角度表达自己的理解和感受,力求做到观点明确,内容丰富,思路清晰,表达准确、生动。

【说明】综合之前的研习,我们能够发现丽贝卡秉性孤僻,饱含原始的冲动、情欲和勇气,其敏感、焦虑、顽固、倔强,缺乏安全感而耽溺于极致孤独,自我封闭、与世隔绝乃至被人遗忘,最终凄惨离世。她是《百年孤独》中孤独人物的典型代表,凸显了布恩迪亚家族沟通的匮乏、爱的缺失。她带来的极具魔幻色彩的吃土症和失眠症,与羊皮卷寓言、飞毯升天、上校金鱼一起成为永恒的文学镜头。在公开课现场,让学生在五分钟之内完成词条的写作,是颇有难度的。但是学生热爱这一任务,他们在现场奋笔疾书,顺利地完成了词条写作,胡舒好同学还当场分享了她的词条:"丽贝卡·布恩迪亚是乌尔苏拉的养女,与何塞·阿尔卡蒂奥结婚,最终孤独死去。她同奥雷里亚诺上校一样,都是自主选择孤独的人,因此也是《百年孤独》中最为孤独的人之一。丽贝卡的孤独甚至能够影响马孔多上的其他居民,'失眠症'正是此的体现。她的印第安人身份与'遗忘'这一关键词,加之拉美沧桑的历史进程,

---

[①] 加西亚·马尔克斯,P.A.门多萨. 番石榴飘香[M]. 海口:南海出版公司,2015:95.

引发人对于历史以及人性的深思。"在如此短暂的时间内,在公开课现场,学生能简述其生平、把握其特点并将人物承担的主题功能一并简述,已经超出了我的预期。但是词条毕竟是要字斟句酌的,在课后时间,学生可以充分交流并完善词条。

《普通高中语文课程标准》中12次强调"真实",包括语言运用情境真实、信息来源和资料真实、感情真实、观点真实、任务群学习过程真实等。不真即假,假无真知。不看原文看概括、不看原文做题目、不看原文凑评论的虚假阅读仍大行其道:网络介绍比原著更亲、考点精练比原著更热、评论摘抄比原著更香。不自己阅读、不自己思考的虚假阅读无法完成对丰富语言、精巧技法、智慧思想的吸收,无法养成良好的阅读习惯、提升阅读鉴赏能力,甚至滋长以偏概全、盲听盲从、以讹传讹、骗人骗己等不良风气,与形成正确的世界观、人生观和价值观背道而行。"语文学科核心素养是学生在积极的语言实践活动中积累与构建起来,并在真实的语言运用情境中表现出来的语言能力及其品质。"一名合格的阅读者,首先应该是一名真实的阅读者,真切地付出精力,自己读,自己思考,不囫囵吞枣,不粗枝大叶,不把名著变得如同胶囊般一口吞下还"假装阅读"过,而应该细细品读文学的肌理与质感,领略文本中人性之复杂、人生之参差百态,只有这样,才能真正提升审美鉴赏力,丰富精神世界。

《百年孤独(节选)》课堂教学实录

授课时间：2022.9.26

授课场合：2022年浙江省普通高中语文学科基地学校调研活动

授课地点：杭州外国语学校一号楼6楼

授课课题：《当我们谈丽贝卡时我们谈论什么——从〈百年孤独〉节选走向整本书阅读》

授课班级：杭州外国语学校高二(3)班(借班上课)

【课前预习】

1. 阅读《百年孤独》整本书，为"丽贝卡·布恩迪亚"拟写100字左右的小传，并为《百年孤独》绘制一幅"丽贝卡"插图。

2. 完成《当我们谈丽贝卡时我们谈论什么？——〈百年孤独〉学案》(教师根据第一项预习任务设计)。

【教学现场】

【教学过程】

（出示PPT1）

当我们谈丽贝卡时我们谈论什么？
——从《百年孤独》节选走向整本书阅读

杭州外国语学校 李芳
2022.9.26

师：各位同学，1966年，在哥伦比亚作家加西亚·马尔克斯运思十五年、潜心创作十余个月之后，他的代表作《百年孤独》横空出世，一时间，西班牙语世界震惊了，订书单像雪片一样飞往阿根廷首都布宜诺斯艾利斯。随后，全世界震惊了，《百年孤独》被翻译成十余种文字享誉全球。1982年，马尔克斯获评诺贝尔文学奖。

（出示PPT2）

> 西班牙语世界震惊了。一夜之间，几乎所有的人都在说《百年孤独》，但与此同时几乎所有的书店都说此书已经售罄。订单像雪片一样飞往布宜诺斯艾利斯，一时出现了"洛阳纸贵"的局面。
>
> 世界震惊了。当年就有两家欧洲出版社与加西亚·马尔克斯的经纪人卡门·巴尔塞尔签订了《百年孤独》的出版合同。不久，《百年孤独》的法文版和意大利文版出版发行，并在法国和意大利引起了轰动。几个月后，卡门女士手中的翻译合同猛增到了二十多个，其中有德文版、英文版、葡文版、俄文版和丹麦、芬兰、瑞典、挪威、荷兰、波兰、日本、捷克、匈牙利、南斯拉夫（包括克罗地亚语和斯拉夫语）、罗马尼亚等国的译本。卡门女
>
> 《加西亚·马尔克斯传》（陈众议著，新世界出版社2003年版）

加西亚·马尔克斯以小说作品建立了一个自己的世界，一个浓缩的宇宙，其中喧嚣纷乱却又生动可信的现实，映射了一片大陆及其人民的富足与贫穷。

——诺贝尔文学奖颁奖辞

师：当《百年孤独》传入中国以后，中国当代的作家也为之疯狂，有太多的作家表达了对马尔克斯和《百年孤独》的喜爱。

（出示PPT3）

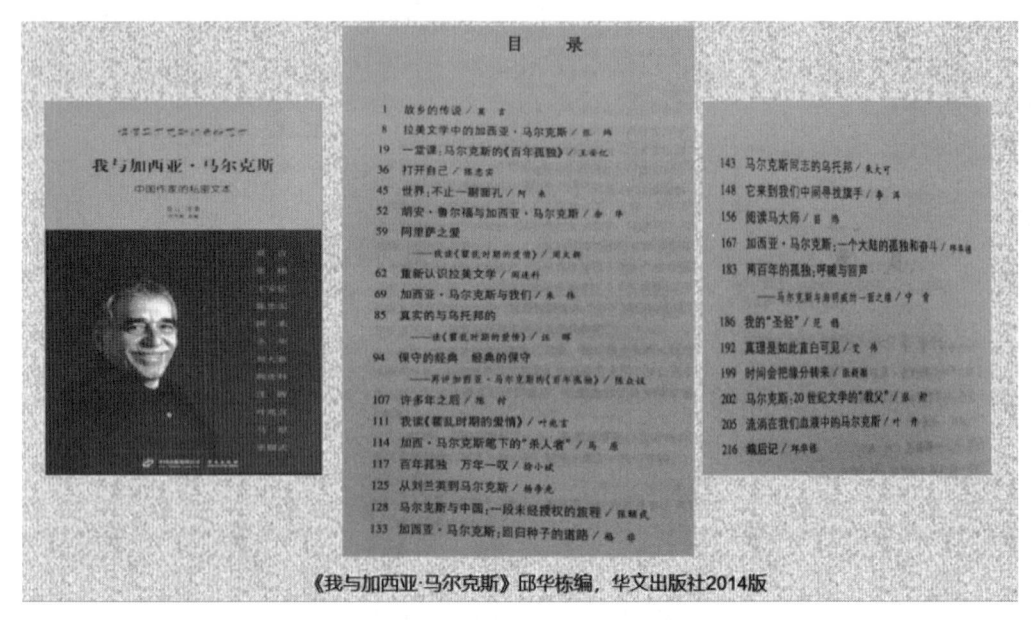

《我与加西亚·马尔克斯》邱华栋编，华文出版社2014版

师：作家阎连科甚至说《百年孤独》是一部人见人爱的作品。

（出示PPT4）

> 莫言：我认为，《百年孤独》这部标志着拉美文学高峰的巨著，具有惊世骇俗的艺术力量和思想力量。
> 阎连科：他在理性的控制之下，落笔处又尽显神性。……《百年孤独》这部人见人爱的作品。
> 张炜：《百年孤独》是他的第一部长篇，写得很苦，运思长久，改动较大。读过之后，常常会觉得它绷得很紧——实际上它在纸上落下第一笔之前，已经在作家的心里不知修改了多少遍——不止一次地全盘推翻，走一步退两步，左右观望——这种慎重和严苛，最后仍然能从文字间感受到。
> 陈村：许多年之后，面对死神，中国小说家将回想起，加西亚·马尔克斯带他去见识马孔多的那个遥远的下午。
> 艾伟：我在年轻时候遇见了马尔克斯，他让我知道小说原来可以写得如此自由，可以不顾现实逻辑而飞翔其上，可以天马行空地凭自己的想象重新构筑一个新世界。

师：2020年，《百年孤独（节选）》正式进入我国普通高中语文教材。你们高三的学长学姐在高二时第一次在课堂中学习了《百年孤独（节选）》乃至整本书，他们也为《百年孤独》编写了几十个版本的目录，今天我带来了其中一个版本，是由季蔚然学姐编写的，你们能发现教材节选自哪一章吗？

（出示PPT5）

《百年孤独》目录编制
杭州外国语学校 李蔚然（2023届）

一	古卜赛人来了	1
二	马孔多之初建	17
三	吃土与失眠症	33
四	初尝爱之苦涩	52
五	爱情、毒药、战争	71
六	独裁者之死	92
七	战争，战争，战争	108
八	马孔多被"入侵"	126
九	上校停战归来	143
十	美人儿	161
十一	女王、新婚、认亲	180
十二	升天、灰烬、十字	198
十三	上校默默离去	216
十四	偷情与黄蝴蝶	235
十五	被遗忘的罢工	255
十六	马孔多在下雨	273
十七	老祖宗的离去	289
十八	人们逐渐离去	307
十九	羊皮卷与乱伦	323
二十	在飓风中消失	344

生：第三章。

师：对，第三章《吃土与失眠症》。那么，今天，《百年孤独》来到我们的面前，我们如何成为它的一名合格的阅读者呢？我们又能为《百年孤独》做点什么呢？就在前不久，一位同学对我说："李老师，我在图书馆借到的《文学词典》里未曾找到马尔克斯及《百年孤独》的词条。"他甚至说，在网络上也未曾搜寻到"丽贝卡·布恩迪亚"的词条，遗憾之情溢于言表。于是我想，如果《文学词典》重新修订，需要在"文学故事人物"板块中增加一则"丽贝卡·布恩迪亚"的词条，我们可以来做这件事情吗？请大家打开我之前下发的《百年孤独》学案，我们已经在学案中看到了"文学词典"的编写要求和编写示例，从中可以发现编写词条的角度：生平经历、性格特征、创作意图、影响评价等。

（出示PPT6）

《文学词典》重新修订，将在"文学故事人物"板块中增加一则"丽贝卡·布恩迪亚"词条，请阅读《百年孤独》全著，结合作品具体内容，阐释丽贝卡这一人物形象，从多个角度表达自己的理解和感受，力求观点明确，内容丰富，思路清晰，表达准确、生动。

多个角度（参考）：
① 生平经历
② 性格特征
③ 创作意图
④ 影响评价

师：为了完成这一任务，我已经请同学们阅读了《百年孤独》整本书，并为丽贝卡拟写了100字左右的小传，我们一起来看周越同学拟写的小传。请周越同学来朗读一下。

（出示PPT7）

学习任务一：拟定丽贝卡小传
请对高二（3）班 周越同学拟写的丽贝卡小传提出你的修改建议。

丽贝卡小传	正文	备注原著页码信息
	丽贝卡父母双亡，十一岁时	P56
	被送到乌尔苏拉家收养。她有	P57
	食土的恶习，尽管一度被治好。	P58
	长大后，她认识了意大利人皮	P55
	埃特罗，对他的爱让她重新爆	P58
	发吃土的恶习。性格的差异让	P79
	这一恋人关系走向破灭。丽贝	
	卡和出走多年突然回来的何塞·	P80
	阿尔卡蒂奥结为夫妻。丈夫被	P91
	枪杀后，她从此把自己禁锢在	P110
	屋子里，直到去世。	P119

生（周越）："丽贝卡父母双亡，十一岁时，被送到乌尔苏拉家收养。她有食土的恶习，尽管一度被治好。长大后，她认识了意大利人皮埃特罗，对他的爱让她重新爆发吃土的恶习。性格的差异让这一恋人关系走向破灭。丽贝卡和出走多年突然回来的何塞·阿尔卡蒂奥结为夫妻。丈夫被枪杀后，她从此把自己禁锢在屋子里，直到去世。

师：周越同学的书写非常漂亮。同学们对周越的概括有没有异议，需要对什么地方进行修改吗？

生（徐之凡）：我对"性格的差异让这一恋人关系走向破灭"这句有异议。我觉得恋人关系破灭的原因可以写得更具体一些，我改的是"阿玛兰妲的阻挠和误杀蕾梅黛丝使两人的恋人关系走向尽头"。

师：也就是说他们的倦怠爱情不仅仅是因为性格的差异，还因为阿玛兰妲的百般阻挠。那我想问一下，他们的性格确实有差异吗？

生：我认为不同的两个人，就算相爱，性格肯定是会有差异的。但是我觉得主要原因还是她误杀了那个小小的女孩。

师：好，阿玛兰妲原本要毒杀的对象是丽贝卡，对吗？

生：对的。

师：很好，谢谢！大家有没有想起来，在《百年孤独》中，丽贝卡对皮埃特罗的哪一个行为是失望的？（稍作停顿）丽贝卡本来是想和皮埃特罗私奔的，但皮埃特罗同意吗?

生(张萱):没有同意。

师:是的,也正因此,丽贝卡觉得皮埃特罗的个性比较软弱,这和丽贝卡勇敢的个性有差异。好的,还有其他同学要修改周越的概括吗?

生(俞恺睿):我对何塞·阿尔卡蒂奥的死还是表示疑虑。

师:何塞·阿尔卡蒂奥究竟是怎么死的?这是马孔多唯一没有解开的谜团,等下我们会有专门的时间来进行研讨。还有其他异议吗?(稍作停顿)周越同学有一个很好的阅读习惯,她在丽贝卡小传的右边一列中标注了《百年孤独》的页码,你对标注的页码有怀疑吗?

生(周越):我更改一下,丽贝卡去世应该是在第298页。

师:是的,丽贝卡是在《百年孤独》女主人公乌尔苏拉去世的那一年年底去世的。好的,到现在为止,我们大概明确了丽贝卡在马孔多的四个阶段:第一阶段是教材节选部分,她初到马孔多时是个无依无靠的孤儿,好吃土,带来失眠症;第二阶段,因为阿玛兰妲的百般阻挠,丽贝卡的婚恋受挫,后与何塞·阿尔卡蒂奥闪婚,又重新吃土;第三阶段,在平静婚姻中,丽贝卡的丈夫被射杀,她过上了"活死人"的生活;第四阶段,丽贝卡躺在孤寂的床榻上,像虾米般蜷缩成一团去世。

(出示PPT8)

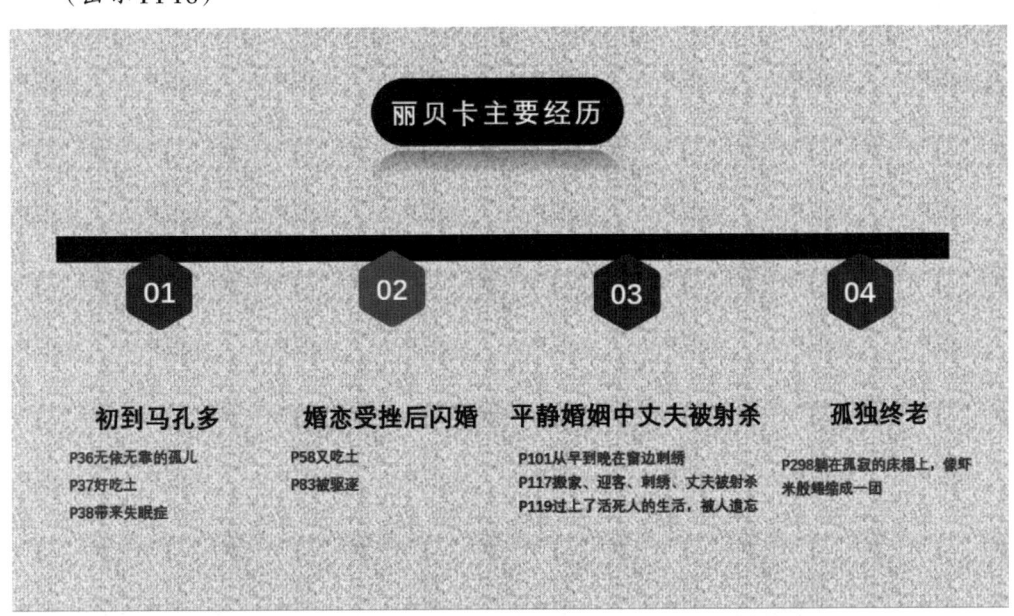

丽贝卡主要经历

01 初到马孔多	02 婚恋受挫后闪婚	03 平静婚姻中丈夫被射杀	04 孤独终老
P36无依无靠的孤儿 P37好吃土 P38带来失眠症	P58又吃土 P83被驱逐	P101从早到晚在窗边刺绣 P117搬家、迎客、刺绣、丈夫被射杀 P119过上了活死人的生活,被人遗忘	P298躺在孤寂的床榻上,像虾米般蜷缩成一团

师:至此,我们可以发现,丽贝卡真是谜一样的女人。她的身上遍布谜团。

(出示PPT9)

> **学习任务二：探究丽贝卡之谜**
>
> （一）丽贝卡吃土之谜
>
> （二）丽贝卡丈夫何塞·阿尔卡蒂奥死亡之谜
>
> 　　这也许是马孔多唯一从未解开的谜团？——《百年孤独》P118
>
> 　　自从丈夫何塞·阿尔卡蒂奥离奇死亡后，丽贝卡便不再出门。（李可俨）
> 　　何塞被杀后，丽贝卡为他守寡，并未"玷污"布恩迪亚的姓氏。（虞杨英）
> 　　丽贝卡不为何塞的死而悲伤，活成了孤独的幽灵。（张萱）
>
> （三）丽贝卡与失眠症之谜

师：第一，丽贝卡吃土之谜。大家好奇吗？丽贝卡会在什么样的情况下吃土？她为什么要吃土？从中我们可以发现她的内心世界吗？第二，丽贝卡的丈夫何塞·阿尔卡蒂奥死亡之谜。在课前预习中，我发现同学们对这个问题存有很大分歧，有同学说他好像是因为战争而失踪了，有同学说他是离奇死亡的，但是具体死因没有写。还有同学说丽贝卡在何塞被杀之后为他守寡，并未玷污布恩迪亚的姓氏，但她却不为何塞的死而悲伤，活成了孤独的幽灵。我着重把握的是"不悲伤"，似乎张萱同学在提醒我们思考"丽贝卡为何会不悲伤"，正常情况之下她应该感到悲伤。第三个谜，我们在教材节选部分发现丽贝卡带来了失眠症，我想问大家的是：马孔多有那么多的外来者，为什么马尔克斯唯独让丽贝卡带来失眠症？如果要真正理解这个人物，我想我们应该努力去探索这些谜，或许在探索的过程当中，我们能逐渐认清丽贝卡这个人。好，接下来我们先来探索第一个谜——丽贝卡吃土之谜。同学们是否在教材节选乃至《百年孤独》整本书中找到了丽贝卡吃土的相关语段？（稍作停顿）好，我们请这位同学。

（出示PPT10）

（一）丽贝卡吃土之谜					
序号	页码	吃土情节（细节）	所处情境	人物心理	吃土目的
1					
2					
3					
4					
5					

生(虞杨英):在教材中(《百年孤独》原著第37页)有"一切都逃不过他们的眼睛——发现她只喜欢吃院子里的湿土和用指甲刮下的石灰墙皮",这是丽贝卡第一次吃土;第二次吃土在《百年孤独》第56页:"她将一把把泥土藏进口袋,一边传授女友们最繁难的针法,谈论其他不值得自己为之吃下石灰墙皮的男人,一边趁人不注意一点点吃掉";第三次是在第58页:"丽贝卡绝望得发疯,半夜爬起来,自戕般饥渴地吞下一把把花园里的泥土";第四次是第82页:"丽贝卡失去了自制力,又开始以往日的狂热吃泥土和墙皮";第五次,在第193页:"有人告诉他那房子没有主人,过去曾经住过一位以泥土和墙皮为食的孤单寡妇"。

师:阅读非常仔细,应该为你鼓掌!李老师再问一下,这些吃土的场景你都找到了,你能不能给大家介绍一下丽贝卡在怎样的情境中才吃土?

生(虞杨英):第一次,因为父母双亡,她刚刚到乌尔苏拉家,处在一个孤立无援或者无依无靠的境地下;第二次,她遇到了皮埃特罗,可能擦出了爱情的火花而选择吃土;第三次,皮埃特罗本来说要寄情书,但是邮差没有来,导致她很痛苦、很愤怒;第四次是她遇到了何塞·阿尔卡蒂奥,又燃起了爱情的火花,然后就又开始吃土;第五次是因为何塞·阿尔卡蒂奥死了,她与世隔绝,很孤独,无依无靠,选择吃土。

师:你找到的五处中前四处都是正面描写,对吧?只有第五处是一个侧面描写。侧面描写,我们可以先打一个小小的问号,这是人们说的"吃土",究竟是不是真的还要存疑。经过你的介绍,我们大概了解到丽贝卡多在情绪激动的状态下吃土。那么我要问其他同学了,你们觉得丽贝卡吃土的目的是什么?

生(李承展):我觉得她一开始吃土是因为幼年贫穷饥饿,营养不良,这是一种她求得生存的方式。后面是因为她性格比较孤僻,在她比较紧张孤独痛苦的时候,通过吃土来发泄和缓解,是一种很独特的方式。

师:照你这么说的话,丽贝卡是在负面情绪很强烈的时候,用吃土来宣泄自己的情绪,但是在何塞·阿尔卡蒂奥夸他"你很有女人味"的情况之下,她也吃土了,这时候她的情感应该是比较兴奋激动的吧?这时候她吃土的目的是什么?

生(李承展):我觉得我刚才发言中所提到的"发泄",可以指发泄负面情绪,也可以指发泄正面的兴奋激动的情绪,它只是一种对自己情绪的表达和外露。

师:很好,其他同学有没有补充的?来,请你回答。

生(徐之凡):我再补充一点吧。我们在讨论丽贝卡为什么吃土的时候,不能离开丽贝卡本身的背景。丽贝卡初来布恩迪亚家族时带有印第安人的口音与其父母的骨殖,而在"暴力"的作用下却成了卡斯蒂利亚的乖巧孩子。"吃土"作为幼年被禁止的秘密嗜好,是丽贝卡一生中不能填补的欲望黑洞。对丽贝卡来说,每一次吃土都是她颤抖的天性的释放,也是一种快意的对理智的背叛。

师:好,经过刚刚讨论,我觉得同学们都已经超越李老师之前所整理和思考的了。丽贝卡吃土的目的,我也写了四个方面:果腹,获得安全感,释放情绪和满足欲望。

(出示PPT11)

(一)丽贝卡吃土之谜

序号	页码	吃土情节(细节)	所处情境	人物内心	吃土目的
1	P37	她只喜欢吃院子里的湿土和用指甲刮下的石灰墙皮。	孤儿初到马孔多。	孤独,不安	1、果腹(幼年贫穷饥饿) 2、获得安全感(孤儿,性格孤僻) 3、释放情绪 4、满足欲望
2	P55	她又开始吃土。	怀念克雷斯皮。	苦痛,难以抑制	
3	P58	自戕般饥渴地吞下一把花园里的泥土,她又痛苦又愤怒地哭泣,咀嚼柔软的蚯蚓,咬碎蜗牛的硬壳崩裂牙齿,又呕吐直到天亮。	等待情书未果。	痛苦,愤怒	
4	P79	方向迷失,希望破灭,丽贝卡又开始吃土。	蕾梅黛丝被误杀。丽贝卡和克雷斯皮的恋人关系就此永远停滞不前,沦为无人再去理会的倦怠爱情。	悲愤,痛苦,迷惘	
4	P82	丽贝卡失去了自制力,又开始以往日的狂热吃泥土和墙皮。饥渴地吸吮手指,拇指上甚至都结出了茧子。她呕出混杂有死水蛭的绿色液体。	何塞·阿尔卡蒂奥夸丽贝卡很有女人味。	疯狂,幸福	

师:我们先把这个谜暂时放一下,进入第二个谜——丽贝卡丈夫何塞·阿尔卡蒂奥死亡之谜。同学们可以把《百年孤独》翻到第117页和第118页,这两页写到何塞·阿尔卡蒂奥死亡前和死亡后。

(出示PPT12)

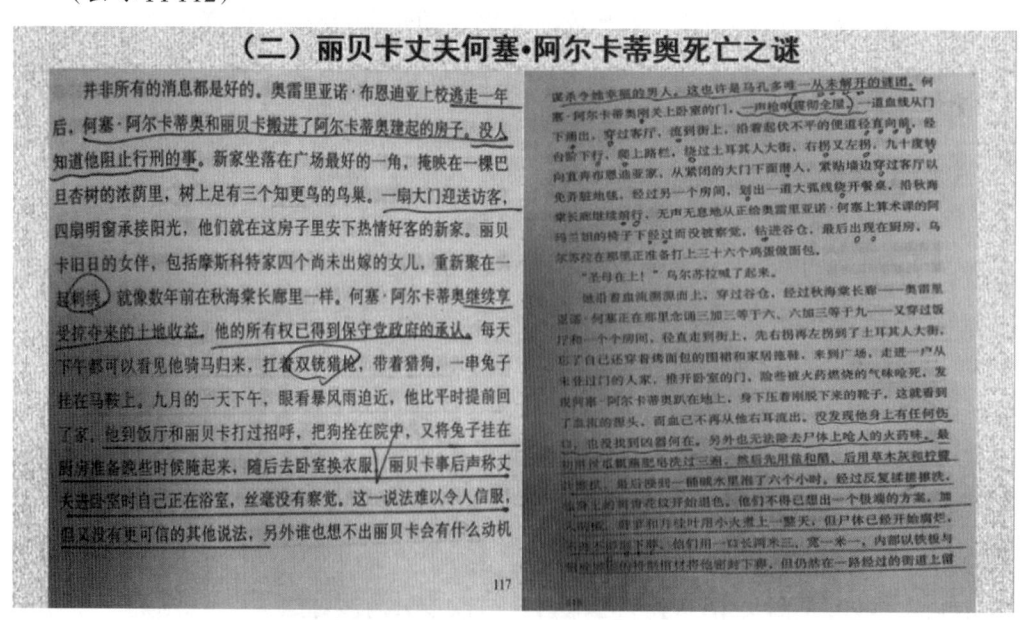

(二)丽贝卡丈夫何塞·阿尔卡蒂奥死亡之谜

师：大家注意我在这边用了一个符号（手指《百年孤独》第117页画"V"处），这个符号之前的文字写的是何塞·阿尔卡蒂奥遇害前，这个符号之后的文字写的是何塞·阿尔卡蒂奥遇害后。如果说马尔克斯对何塞死亡的叙写是一段布匹的话，中间被强行剪掉了一截，就是"何塞死亡时"，留下了一个巨大的空洞，让我们自己去理解。这就非常考验我们的阅读能力了。谁来说说何塞·阿尔卡蒂奥究竟是怎么死的？（稍作停顿）死亡有自然死亡，有意外死亡，当然意外死亡里面也有很多种类，有可能是自杀，也有可能是他杀，如果是他杀的话，是谁杀害了何塞·阿尔卡蒂奥？好，我们请这位同学来说一下。

生（张萱）：首先看自杀与他杀的情况，我认为何塞·阿尔卡蒂奥的死亡是一起他杀。在第118页提到何塞·阿尔卡蒂奥的死状是身上没有其他伤口，只有血液从耳朵里流出，且人们在现场并没有发现任何凶器，如果这是一起自杀，我们不可能没有在现场找到凶器，这明显是何塞·阿尔卡蒂奥无法做到的。而在凶手的问题上，我认为丽贝卡是最大嫌疑人，我主要找了四点原因，首先在第118页提到何塞·阿尔卡蒂奥死前"一声枪响震彻全屋"，说明这极有可能是一场枪杀；第二点就是第118页写何塞·阿尔卡蒂奥死时"身下压着刚脱下来的靴子"，说明杀他的人极有可能是他熟悉的人，让他不设防，同时也排除了他突发奇想自杀的可能；第三点是丽贝卡在何塞·阿尔卡蒂奥死后过上了"活死人"的生活，但并未流露出任何悲伤，只是将自己抽离了这个世界，那她杀死阿尔卡蒂奥的动机就是割断她与世界最后的联系，孤身投入孤独的沼泽；第四点就是后文提到一个传闻，称有人看到丽贝卡一枪命中企图入室的小偷，说明她具有杀死何塞·阿尔卡蒂奥的能力。

师：你从多个角度来分析，很好！马孔多的人不认为是丽贝卡杀了何塞·阿尔卡蒂奥，是因为觉得丽贝卡没有动机，但你刚才好像解决了这个问题，你认为丽贝卡是为了切断和这个世界最后的联系，所以杀了何塞·阿尔卡蒂奥，很好！其他同学有什么样的想法？

生（郑嘉睿）：我认为张萱同学说得非常有道理，但是我也有两个想法。一个是何塞·阿尔卡蒂奥回来之后继续享受着掠夺来的土地，从这里可以看出他与马孔多的村民是有很大的矛盾的。但是我后来和同学讨论了之后，排除了这个想法，因为马孔多的建立者，也就是何塞的父亲（何塞·阿尔卡蒂奥·布恩迪亚）和母亲（乌尔苏拉·伊瓜兰），我想就算是看在他们两位的分上，马孔多的村民也不至于突然把何塞·阿尔卡蒂奥一枪崩了。第二个想法就是超自然死亡。我们可以知道何塞·阿尔卡蒂奥出去过一段时间，当他回到马孔多的时候，他变得生命力非常旺盛，体型也异于常人，而且就在何塞死亡这一天，文中提到他提前回了家，有没有一种可能，他已经预感到了当天的死亡。

师:好,谢谢!你提出了自己的思考。你说就算看在他父母是马孔多开创者的分上,即便是他抢夺了镇上人们的土地,人们也不至于把他给枪杀了,对不对?然后你怀疑他是一个超自然的人,所以他有一种超越我们正常认知的死法。《百年孤独》确实用了魔幻现实主义的手法,对于这种手法,我大概是这么理解的:我觉得魔幻是它的外壳,而现实是它的内在,看似荒诞离奇的情节背后有符合现实的逻辑,或许作家马尔克斯更希望我们去把握这现实的逻辑,进入作品情节的内部,上下勾连,深入探索,大概推断出这个凶手行凶或者说何塞死亡的方式。还有没有其他同学有不同的想法?

生(吴家晟):其实我本来也倾向认为何塞死于超自然,因为他真的是很奇怪的一个人,他的体格抵得上十几个人。但是后来我发现第193页写当奥雷里亚诺·特里斯特进入丽贝卡家里时,丽贝卡拿着一把老旧的军用手枪指着他,当时奥雷里亚诺背上斜挎着双铳猎枪,手里拎着一串兔子。我觉得可能丽贝卡看到他这样有点像自己丈夫以前的样子,所以她拿起了那把老旧的军用手枪。可能当时她就是用这把军用手枪杀了丈夫。当天何塞·阿尔卡蒂奥提早回家,是因为暴风雨要来了。我现在还是觉得何塞最有可能是丽贝卡杀的。

师:你刚刚说暴风雨来了,李老师在网络上看到一个网友说,何塞是被雷击而亡。仅凭"暴风雨迫近"这句话就推断他是被雷击而亡,多么武断。好,很感谢这位同学,他和张萱的方向大概是一样的,他们觉得最大的可能还是丽贝卡杀害了何塞。你刚才提到丽贝卡使用手枪,就这个信息,李老师作了一个梳理,大家来看一下。

(出示PPT13)

丽贝卡杀死何塞·阿尔卡蒂奥的证据链

序号	页码	文段
1	P101	丽贝卡凭着不屈的性格、贪婪的情欲和执著的野心,吸纳了丈夫超常的精力,使他从一个游手好闲、寻花问柳的男人变成一头干活的巨大牲口。
2	P117	他从饭厅和丽贝卡打过招呼,把狗拴在院中,又将兔子挂在厨房准备晚些时候腌起来,随后去卧室换衣服。丽贝卡事后声称丈夫进卧室时自己正在浴室,丝毫没有察觉。这一说法难以令人信服,但又没有更可信的其他说法。另外谁也想不出丽贝卡会有什么动机谋杀令她幸福的男人。这也许是马孔多唯一从未揭开的谜团。何塞·阿尔卡蒂奥刚关上卧室的门,一声枪响震彻全屋。
3	P119	从尸体被抬出的那一刻起,丽贝卡就紧闭家门,过上了活死人的生活。她将自己包覆在高傲的厚壳里,生世间的一切诱惑都无法打破。她出过一次家门,那时她已进入晚年,脚下一双古银色鞋子,头上一顶缀有小花的女帽。那时正值传言中"流浪的犹太人"经过村里带来酷暑。飞鸟恶热得撞破纱窗死在卧室里。最后一次有人看到她的时候,她一枪命中,当场击毙一个企图撬门入室的小偷。除了阿尔赫尼妲,她的女仆和心腹,再也没人与她有过联系。人们一度听说她给她视作表兄的主教写过信,但从未听说她收到过回音。她已被镇上的人遗忘。
4	P193-194	她穿着上个世纪的衣服,光秃的头顶上稀疏几根黄发,一双大眼睛仍残存着昔日的美丽,只是最后的希望之光已在其间熄灭,脸上的皮肤因孤寂而干裂。奥雷里亚诺·特里斯特被眼前非人间所有的景象震慑,险些没有察觉那女人正用一把老旧的军用手枪指着他。 "抱歉。"他含糊地低声道。 她在堆满破烂的客厅中央一动不动,一点点仔细打量这肩宽背厚、额头有灰烬刺青的大汉。她透过尘雾看到他身上斜挎着双铳猎枪,手里拎着一串兔子。 "慈悲的上帝啊,"她低声惊叹道,"这不公平,现在又让我想起这些!" "我想租房。"奥雷里亚诺·特里斯特说。 那女人举起手枪,稳稳瞄准他额间的灰烬十字,毅然决然地扣紧扳机。 "请出去。"她下令道。

师：从第119页中看，丽贝卡可以有这样的能力——"她一枪命中，当场击毙一个企图撬门入室的小偷"；第193—194页，奥雷里亚诺上校的私生子到丽贝卡这边来的时候，丽贝卡"用一把老旧的军用手枪指着他"。之前我介绍马尔克斯是构思了多年后写的《百年孤独》，他所有的文字都是精打细算的，他不会随意写一些细节，他一定在暗示我们什么。从这些语段中，我们可以看出丽贝卡是具有超强的手枪使用能力的，并且她有"毅然决然地扣紧扳机"的决断力，那一瞬间的狠心，必须提出来引起同学们思考。我曾经在马尔克斯唯一的自传《活着为了讲述》中也看到一个类似的场景，讲一个独居的寡妇射杀一个小偷的事件。我们来看一下马尔克斯在传记当中怎么写射杀现场，他把子弹运行的轨迹非常清晰地亮出来——"那一枪穿过大门，正中目标""子弹穿过鼻子，从耳朵里出来"，而到了小说里，他却果断舍弃了射杀的细节。作家不是不能写，他是故意不写，你们觉得马尔克斯为什么要这么做？

（出示PPT14）

《百年孤独》（小说）何塞遇难	《活着为了讲述》（自传）击毙小偷
遇难前： 何塞·阿尔卡蒂奥继续享受掠夺来的土地收益，他的所有权已得到保守党政府的承认。每天下午都可以看见他骑马归来，扛着双铳猎枪，带着猎狗，一串兔子挂在马鞍上。九月的一天下午，眼看暴风雨迫近，他比平时提前回了家。他到饭厅和丽贝卡打过招呼，把狗拴在院中，又将兔子挂在厨房准备晚些时候腌起来，随后去卧室换衣服。 **遇难后：** （乌尔苏拉）来到广场，走进一户从未登过门的人家，推开卧室的门，险些被火药燃烧的气味呛死，发现何塞·阿尔卡蒂奥趴在地上，身下压着刚脱下来的靴子，这就看到了血流的源头，而血已不再从他右耳流出。没发现他身上有任何伤口，也没找到凶器何在。	凌晨三点，大门外有动静，有人想撬锁，玛利亚·孔苏埃格拉醒了。她摸黑起床，在衣橱里摸到一把"千日战争"后就再没人用过的老式左轮手枪。黑暗中，她找到大门，双手握枪，估准高度，对准锁眼，闭上眼，扣动扳机。她以前从没开过枪，但那一枪穿过大门，正中目标。 那是我见过的第一个死人。早上七点，我去上学时，尸体还在人行道上，地上的血迹全干了。死者的脸被打得稀巴烂，子弹穿过鼻子，从耳朵里出来。他穿着法兰绒彩条水手服、普通裤子，裤带是根龙舌兰绳，光着脚。他身旁的地上是一整套撬锁工具。

生（张琦玥）：在书中第194页和第195页有一句，奥雷里亚诺第二决定接丽贝卡回家好生照料，但他的好意遭到丽卡的断然拒绝，"她辛苦多年忍受折磨好不容易赢得的孤独特权，绝不肯用来换取一个被虚假迷人的怜悯打扰的晚年"，我觉得这句话是埋在很后面的一个细节。如果前面直接描写告诉我们丽贝卡就是枪杀何塞·阿尔卡蒂奥的人的话，这句话就显得没有什么必要了。我觉得这么做是为了让我们思考何塞·阿尔卡蒂奥被杀真正的凶手是谁，以及凶手真正的目的是什么。我们可以看出来丽贝卡在寻求一种孤独的特权。另外，我觉得马尔克斯这本《百年孤

独》全书的内核也就是传达了一种非常宏大的孤独感,如果直接点明,就没有这样写高明。

师:你刚刚找到的这句话正是我们开启这个秘密的一把钥匙。大家注意到没有?丽贝卡对孤独的态度是要想方设法、吃尽各种苦头去赢得孤独,大家注意到"赢得"这个词了吗?什么样的情况之下才能够说是"赢得"?我曾经跟你打了个赌,我赢了;或者说我曾经跟你对抗,然后我力量比你大,我赢了。总之是一个努力得到的结果,对吧?有可能在这个过程当中,丽贝卡下了一个很重的赌注,最后她夺得了胜利。那么,我们倒推回去讲,丽贝卡曾经下的重注是什么?

生:(纷纷)杀了何塞·阿尔卡蒂奥。

师:好,有同学说就是杀了何塞·阿尔卡蒂奥。但这只是我们的一种解读,我想作家之所以不明确写射杀现场,最大的可能是要调动我们的阅读热情。作家或者说叙述者本人故意装作无知,因此使整个作品本身具有了多义性和丰富性,具有了一种不可思议的张力。我们可以沉潜其中反复进行阅读。好,那么如果说是丽贝卡射杀了何塞·阿尔卡蒂奥,我们是否能够理解刚刚这位同学找到的这句话——"她辛苦多年忍受折磨好不容易赢得的孤独特权,绝不肯用来换取一个被虚假迷人的怜悯打扰的晚年"?这是否会有助于我们理解丽贝卡孤独的深度和广度?

(出示PPT15)

> 如果是丽贝卡射杀了何塞·阿尔卡蒂奥
>
> 是否能够理解"她辛苦多年忍受折磨好不容易**赢得**的孤独特权,绝不肯用来换取一个被虚假迷人的怜悯打扰的晚年"?
>
> 这将有助于我们理解丽贝卡孤独的深度和广度。

师:好,第三个谜,我之前已经说了,教材节选部分作者为什么要让丽贝卡带来失眠症?我先请一个同学给我们介绍一下失眠症。行,你来。

生(姚永沂):简单来说,失眠症一开始让人毫无倦意,所以你无法入睡,然后你会一直保持精力充沛的状态,久而久之你会开始遗忘,慢慢地遗忘一切,最后一切都忘记了,包括你自己,最后人人都一样,都是一个没有记忆、没有过往的白痴。

师：人人都一样，失眠症的严重后果是带来遗忘。在教材节选部分，作者非常清晰地给我们介绍了失眠症的始末（当然马尔克斯《百年孤独》原著第43页"梅尔基亚德斯治疗失眠症"的情节，教材并没有选进去），失眠症让人遗忘，失去记忆，不复为人。那么作者为什么让丽贝卡带来失眠症，而不是其他的外来者？好，请这位女同学说说。

（出示PPT16）

> **（三）丽贝卡和失眠症之谜**
> **（为何让丽贝卡带来失眠症？）**
>
> **失眠症始末：**
> P38 比西塔西翁心中充满恐惧和难逃宿命的凄苦，她在那双眼睛里认出了威胁他们的疾病，正是这种疾病逼得她和兄弟背井离乡，永远抛下了他们古老的王国，抛下了公主与王子的尊贵身份。这就是失眠症。
> P38 失眠症最可怕之处不在于让人毫无倦意不能入睡，而是会不可逆转地恶化到更严重的境地：遗忘。
> P39 他们果然染上了失眠症。
> P39 整天醒着做梦。
> P40 于是到了星期一凌晨整个镇子都醒着。
> P40 整夜整夜重复这一恶性循环。
> P40 所有食品饮料都已沾染失眠症。
> P43 他（梅尔基亚德斯）给何塞•阿尔卡迪奥•布恩迪亚喝下一种淡色液体，重新燃起了他的记忆之光。
> P43 马孔多欢庆重获记忆。

生（傅芷祎）：这个问题我有两个想法。第一个就是刚刚说的丽贝卡对孤独的选择，首先是因为失眠症。大家知道到后面人们需要在物体上面贴标签，才能记起它们是什么，所以说失眠症最可怕的地方在于遗忘。我认为一方面你会遗忘自己，比如说为什么要在这个世上活着；另一方面你会遗忘与别人的人际关系，人是社会关系的总和，你会忘记这一群人到底为什么生活在这里。我觉得丽贝卡在这本书中跟上校一样，是自己要选择孤独的。她杀死何塞，其实加重了这种孤独在她身上的宿命感。所以她作为一个最孤独的人，作者让她带来会让所有人都孤独的失眠症。其次，我在想，失眠症可能有一些历史意义，因为失眠症的可怕之处在于遗忘，我想到书中后面有一个情节是香蕉公司在火车站杀掉了三千多人，但是最后没有人知道这个消息，大家也确实遗忘了。我认为拉美历史中的这种孤独和苦难好像种在丽贝卡这个人物形象里面，作者要她来警醒读者，让我们永远不要遗忘这段历史。

师：讲得太好了，不仅仅讲了为什么让丽贝卡带来失眠症，而且讲到为什么马尔克斯要写这部作品，这个问题有很大的交流和讨论的空间。失眠症的严重后果是遗忘,丽贝卡的最后命运是被遗忘,前者如果说是一个自然的、客观的结果的话,后者更像是一个主观的、人为的选择。我在同学们的预习中看到这么一句话,王佑安同学说"于是她成了自己的轮回",但是丽贝卡只是《百年孤独》中"孤独"的一个代言人而已,马尔克斯要讲的不仅仅是丽贝卡的"被遗忘",他更多的是要讲拉美这片土地的"被遗忘"。

(出示PPT17)

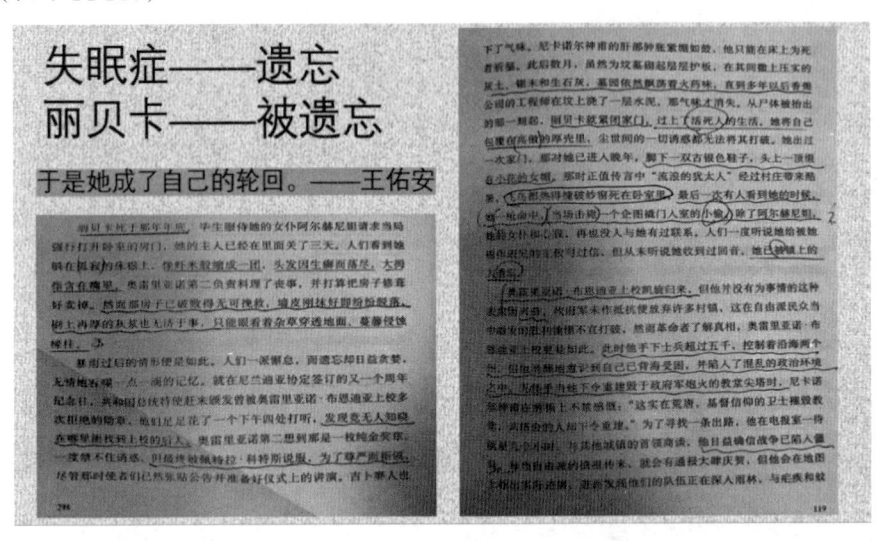

师:在《番石榴飘香》这部作品当中,马尔克斯曾经接受记者门多萨的采访。门多萨问他:"你不是也说过,布恩迪亚家族的历史可以说是拉丁美洲历史的翻版吗?"加西亚·马尔克斯说:"是的,我是这么看的,拉丁美洲的历史也是一系列代价高昂而徒劳的奋斗的集合,是一幕幕事先注定要被人遗忘的戏剧的集合。至今,在我们中间,健忘症仍然存在。只要事过境迁,谁也不会清楚地记得香蕉工人横遭屠杀的惨案,谁也不会再想起奥雷里亚诺·布恩迪亚上校。"这位女同学非常厉害,能够洞穿作家的创作内心。

(出示PPT18)

师：接下来，我想给大家5分钟的时间，基于我们之前的交流，来为"丽贝卡·布恩迪亚"撰写一则词条。

（出示PPT19）

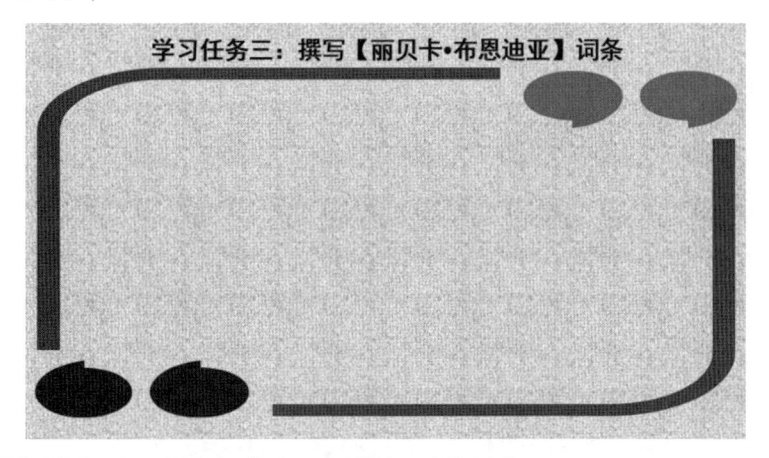

师：哪位同学可以跟我们分享一下你撰写的词条？

生（胡舒妤）：那我就读一下我的词条：丽贝卡·布恩迪亚是乌尔苏拉的养女，与何塞·阿尔卡蒂奥结婚，最终孤独死去。她同奥雷里亚诺上校一样，都是自主选择孤独的人，因此也是《百年孤独》中最为孤独的人之一。丽贝卡的孤独甚至能够影响马孔多上的其他居民，"失眠症"正是此的体现。她的印第安人身份与"遗忘"这一关键词，加之拉美沧桑的历史进程，引发人对于历史以及人性的深思。

（胡舒妤同学当场撰写的词条）

师:好！谢谢。当然,同学们词条的撰写必须字斟句酌。下课后,大家在小组内互相交流,再打磨自己的词条。我想经过今天的这节课,我们应该会对丽贝卡·布恩迪亚留下一个比较深刻的印象,多年以后,当我们再读到《百年孤独》的时候,或许会想起今天——2022年9月26日在杭外的这个上午。

（出示PPT20）

> 一名合格的阅读者,首先应该是一名真实的阅读者,真切地付出精力,自己读,自己思考,不囫囵吞枣,不粗枝大叶,不把名著变得如同胶囊般一口吞下还"假装阅读"过。细品文学的肌理与质感,才可领略文本中人性之复杂、社会之百态,从而提升审美鉴赏力,丰富精神世界。
>
> 《百年孤独》,"百年"不孤独！
>
> 2022年1月18日 杭州外国语学校 《百年孤独》整本书阅读 师生留影

师:这张照片是2022年1月18日,我和你们高三的学长学姐共读《百年孤独》的合影。我最后想和大家说的是,一名合格的阅读者,首先应该是一名真实的阅读者,真切地付出精力,自己读,自己思考,不囫囵吞枣,不粗枝大叶,不把名著变得如同胶囊般一口吞下还"假装阅读"过。细品文学的肌理与质感,才可领略文本中人性之复杂、社会之百态,从而提升审美鉴赏力,丰富精神世界。就让我们真实阅读,让《百年孤独》,"百年"不孤独！下课！

"体物写志:《阿房宫赋》与赋体文章联读"教学设计

一、专题解释

该专题精读《阿房宫赋》,参读《秋声赋》(欧阳修)和《后赤壁赋》(苏轼),认识文赋体察物象、抒写情志的传统,了解文赋在铺排、用韵、句式等方面较之于俳赋和律赋不同的特点。

二、预习任务

1. 精读《阿房宫赋》,以金圣叹点评为例,尝试点评《阿房宫赋》的三处语句。

序号	语句	金圣叹点评①	语句	我的点评
1	六王毕,四海一,蜀山兀,阿房出。	起笔四句,每句三字,共只四三一十二字耳,早写尽秦始混一以后,纵心肆志,至于如此。真乃突兀大笔。		
2	燕赵之收藏,韩魏之经营,齐楚之精英。	横写六国珍奇。		
3	几世几年,剽掠其人,倚叠如山。	竖写六国珍奇。		

2. 阅读《秋声赋》和《后赤壁赋》,各找出一处行文中的铺排,思考其作用。

例:盖夫秋之为状也:其色惨淡,烟霏云敛;其容清明,天高日晶;其气栗冽,砭人肌骨;其意萧条,山川寂寥。(《秋声赋》)

三、学习任务设计

学习任务一:画写促读,认识"体物"

晋代陆机言"赋体物而浏亮"(《文赋》),意为"赋具体地描述事物而明朗"。赋是具体描述事物的文体,所以要清楚明白。司马迁《史记·项羽本纪》记载,"居数日,项羽引兵西屠咸阳,杀秦降王子婴,烧秦宫室,火三月不灭,收其货宝妇女而东",可知阿房宫早在秦朝末年就被项羽一把火烧毁,近千年后的杜牧依靠丰富的想象,写下《阿房宫赋》。请细读《史记·秦始皇本纪》(节选)和《阿房宫赋》第1段,根据司马迁和杜牧的描写,勾画出阿房宫的基本模样。

文章	语段	简笔勾画
《史记·秦始皇本纪》	始皇以为咸阳人多,先王之宫廷小……乃营作朝宫渭南上林苑中。先作前殿阿房,东西五百步,南北五十丈,上可以坐万人,下可以建五丈旗。周驰为阁道,自殿下直抵南山,表南山之颠以为阙。为复道,自阿房渡渭,属之咸阳,以象天极,阁道绝汉抵营室也。阿房宫未成;成,欲更择令名名之。	
《阿房宫赋》	第一段:覆压三百余里……而气候不齐。	

点拨:第1段细写了阿房宫宏大的规模、密集的楼阁、精妙的构建等。"既不作自然主义的铺陈,又不流于空疏,笔墨不多,却把阿房宫的形象、规模、气魄通过具体描写表现了出来,给读者一个鲜明突出的印象。"(臧克家《诗人之赋——读杜牧的〈阿房宫赋〉》)学生勾画是否精美不是关键,重要的是一句句细读文本,逐渐建立起阿房宫的清晰形象。

细读《阿房宫赋》第2段,描写宫女心理变化的过程,对比诗句深入体会其内心世界。

句序	文句	概括	心理	诗句
第1句	妃嫔媵嫱,王子皇孙,辞楼下殿,辇来于秦。	宫女来历		
第2句	朝歌夜弦,为秦宫人。			十二楼中尽晓妆,望仙楼上望君王。 ——薛逢《宫词》
第3句	明星荧荧,开妆镜也;绿云扰扰,梳晓鬟也;渭流涨腻,弃脂水也;烟斜雾横,焚椒兰也。	宫女梳洗		
第4句	雷霆乍惊,宫车过也;辘辘远听,杳不知其所之也。	宫女等待		寂寂花时闭院门,美人相并立琼轩。含情欲说宫中事,鹦鹉前头不敢言。 ——朱庆馀《宫词》
第5句	一肌一容,尽态极妍,缦立远视,而望幸焉。			
第6句	有不见者,三十六年。	宫女结局		尽是离宫院中女,苑墙城外家累累。少年入内教歌舞,不识君王到老时。 ——杜牧《宫人冢》

点拨:第2段写宫女,"述其来历,状其梳洗,言其美貌,诉其哀怨",描写出她们从无奈接受现实来到秦国,满心期望得到帝王宠幸,盼望、失望、希望、苦望纠缠终至绝望的心理发展过程。《阿房宫赋》铺叙宫女梳妆打扮较之"尽晓妆"更加具体详尽,情感也如"望仙楼上望君王"般热烈急切。宫女看着宫车"杳不知其所之"不发一言,和"鹦鹉前头不敢言"的美人一样,哀怨满腹却畏忌倾吐;而"有不见者,三十六年"几乎可映出"苑墙城外冢累累",真是触目惊心,一言写尽宫女悲惨的一生。

学习任务二:诵读议论,理解"写志"

"不歌而诵谓之赋",有节奏地诵读赋,最能感受赋的文辞美、音乐美、情感美,感受其蕴蓄在文内的充沛气势。请聆听李默然、陈铎朗诵的《阿房宫赋》,理解他们朗诵时的不同处理,以小组为单位,为《阿房宫赋》第3、4段设计朗诵方案。

示例:第3段朗诵方案设计

句序	文句	朗诵处理	说明
第1句	嗟乎!		
第2句	一人之心,千万人之心也。		
第3句	秦爱纷奢,人亦念其家。		
第4句	奈何取之尽锱铢,用之如泥沙?		
第5句	使负栋之柱,多于南亩之农夫;架梁之椽,多于机上之工女;钉头磷磷,多于在庾之粟粒;瓦缝参差,多于周身之帛缕;直栏横槛,多于九土之城郭;管弦呕哑,多于市人之言语。		
第6句	使天下之人,不敢言而敢怒。		
第7句	独夫之心,日益骄固。		
第8句	戍卒叫,函谷举;楚人一炬,可怜焦土!		

点拨:通过反复诵读,感受铺陈、排比形成的整饬之美,逐步领会文赋的语言特点,理解语言所蕴蓄的充沛情感。认识到封建统治者骄奢淫逸、横征暴敛、残暴无道的罪恶。

杜牧为何写《阿房宫赋》?请同学查阅相关资料,联系历史,展开议论,充分交流。

点拨:唐敬宗宝历年间广建宫室,追求声色之乐。十六岁的马球皇帝唐敬宗大兴土木,二十三岁的诗人忧虑满怀。"杜牧想起尚未落成便被项羽付之一炬的阿房宫,于是展开想象铺排纸笔,以极其华美的语言,全力渲染其雄伟精致与壮丽。"[1]豪华宫殿,美女如云,珍宝万千,这是帝王家的盛况,背后却是万千百姓的惨状。水能载舟,亦能覆舟,唐不以"秦不爱民乃至覆亡"为鉴,必将江河日下,"后人哀之而不鉴之,亦使后人而复哀后人也"更值得历代统治者反思。

任务三:联读佳作,分辨文赋

赋,作为一种文体的名称,早在战国后期便已出现。在其发展演变过程中,往往受到同时代的诗歌或散文的影响。文赋是赋的一种,它是在主张"文以明道""反对骈文,提倡古文"的唐宋古文运动影响下产生的,与俳赋、律赋有很大不同。

联读《秋声赋》和《后赤壁赋》,并根据《诗词曲赋知识手册》中"俳赋"和"律赋"的特点在下表"文赋"一栏横线处填入合适的信息。

俳赋	律赋	文赋
开始于魏、晋,盛行于南北朝时期。俳,是俳偶;骈,是骈俪,都是指字句对仗的意思。俳赋的主要特点,就是追求字句上的工整对仗,音节上的轻重协调。	主要是适应唐、宋科举考试用赋而产生的一种既讲究对偶,又限制音韵的新赋体。它是在六朝俳赋基础上变化而来的。律赋的体制讲求俳偶,以限韵为基本特点。律赋比骈赋更注意对仗工整,平仄和谐。特别是押韵,有严格的限制。	一反俳赋、律赋在骈偶、用韵方面的限制,趋于_____而近于_____。文赋并不完全排斥_____,但也只是用来增强气势,不像俳赋那样一味追求声色的华丽。文赋也用韵,但比较_____。虽然也有铺陈的特点,但基本摒除了僻字和_____的毛病。

点拨:文赋趋于散文化而近于古文。文赋并不完全排斥对偶。文赋也用韵,但比较自由。虽然也有铺陈的特点,但基本摒除了僻字和堆砌辞藻的毛病。

《秋声赋》和《后赤壁赋》分别是欧阳修于宋仁宗嘉祐四年(1059)和苏轼于元丰五年(1082)创作的文赋,堪称文赋中传颂不衰的经典。请阅读两赋,根据文赋体物写志的特点,完成下表,并结合金圣叹的点评说说自己的理解。

课文	物象	情志	金圣叹点评	你的理解
《阿房宫赋》	阿房宫	借阿房宫修建与毁灭的历史事实,对天下兴亡作了深刻的反思。	"后人哀之而不鉴之,亦使后人而复哀后人也。"言尽而意无穷。	
《秋声赋》			"奈何以非金石之质,欲与草木而争荣?念谁为之戕贼,亦何恨乎秋声!"讥世不必忧而故自忧人。	

---

[1] 张锐强.诗剑风流:杜牧传[M].作家出版社,2015:64.

续表

课文	物象	情志	金圣叹点评	你的理解
《后赤壁赋》			"道士顾笑,予亦惊寤。开户视之,不见其处。"然则道士化鹤耶？鹤化道士耶？鹤与道士,则必有分矣,此之谓"无尽藏"也。岂惟无鹤无道士,并无鱼,并无酒,并无客,并无赤壁,只有一片光明空阔。	

点拨:《秋声赋》的物象为"秋声秋景",表达的情志是"人事忧劳更甚于秋的肃杀"。《后赤壁赋》的物象为"初冬江上之景",表达的情志是"超脱的情怀"。"鹤是实体,梦中的道士为鹤的化现,是作者的积想所致的幻觉。这个幻觉透露出作者精神升腾入大自然的旷达之思,将自己升华而与大自然合为一体了。"①

四、课外练习

2007年春,《光明日报》开辟"百城赋"专栏,并公开发表了"开栏的话",其中一段如下:

从江南到漠北,从东海到西疆,灿若星河的中华名城叙述着泱泱华夏的辉煌。在中华民族复兴的伟大时代,传统在创新中传承,文明在进步中光大。幸福安康、勤劳勇敢的人民和他们绚丽多彩、日新月异的城市,科学发展,共建和谐,一同推动着中国历史巨轮滚滚向前。今天的城市,是欣欣向荣的中国缩影。盛世方写华章……本报将刊登100个城市的辞赋,诚邀您欣赏评点。

《光明日报》这一创举获得了社会强烈的反响,好评如潮。请你根据这一资料分析赋作(尤其是文赋)在当代复兴的意义。

---

① 上海辞书出版社文学鉴赏辞典编纂中心编.苏轼诗文鉴赏辞典[M].上海:上海辞书出版社,2012:543.

"体物写志:《阿房宫赋》与赋体文章联读"课堂教学实录

授课时间:2023.2.27

授课地点:杭州外国语学校一号楼1325微格教室

授课班级:杭州外国语学校高一(5)班(借班上课)

【课堂教学实录】

师:同学们好!今天我们一起来学习杜牧的《阿房宫赋》。赋是怎样一种文体?晋代陆机在《文赋》中说"赋体物而浏亮",意思是"赋具体地描述事物而明朗"。我们要把握"具体"和"明朗"这两个关键词。阿房宫是怎么样一座建筑?阿房宫内有哪些人?有哪些物品?杜牧会如何具体描述且获得明朗的效果呢?

(PPT出示学习任务一:画写促读,认识"体物")

师:早在《史记·秦始皇本纪》中就有描写阿房宫的语段,请一位同学来读一下。

(PPT出示 "先作前殿阿房,东西五百步,南北五十丈,上可以坐万人,下可以建五丈旗。周驰为阁道,自殿下直抵南山,表南山之颠以为阙。为复道,自阿房渡渭,属之咸阳,以象天极,阁道绝汉抵营室也。")

师:朗读铿锵有力,但有一个字音更正一下。"属之咸阳"的"属"字,这里应该读什么?是什么意思?

生:zhǔ,意思是"连接"。

师:很好。修造天桥,从阿房跨过渭水,与咸阳连接起来。课前请同学们用简笔勾勒阿房宫,现在我请王励凝同学结合画作介绍一下《史记》中的"阿房宫"。

(PPT出示画作1)

(出示学生画作,请生介绍)

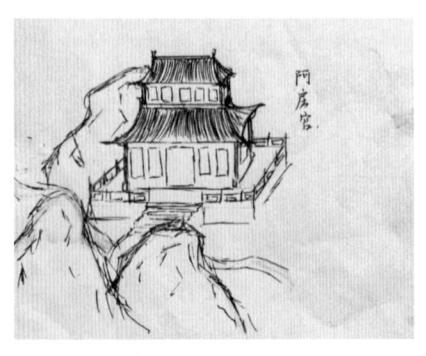

生：据我了解，阿房宫直到秦朝灭亡还没有完全建成。我先画前殿，东西长五百步，南北宽五十丈，很宽大的一个景象，占地面积很辽阔，南边有山，但我不知道"阙"是什么意思，就画了个类似"缺口"的东西，不知对不对？然后我又画了渭水。

师：谢谢。"阙"是指门阙，就是在南山的顶峰修建门阙作为标志。同学们想用什么词来形容阿房宫？

生：很宏伟，自然环境好，依山傍水。

生：神秘朦胧，结构错综复杂。

生：壮阔或者说壮观。

师：好的。其实这么壮观的阿房宫早在秦末就被项羽烧毁了，"项羽引兵西屠咸阳，杀秦降王子婴，烧秦宫室，火三月不灭"（《史记·项羽本纪》），而唐代作家杜牧正是在《史记》记载的基础上通过想象描写"阿房宫"的。我们一起来看看同学们根据《阿房宫赋》第1段创作的画，请他们分别结合画作说说杜牧笔下的阿房宫，先请沈亦琦同学。

（PPT出示画作2）

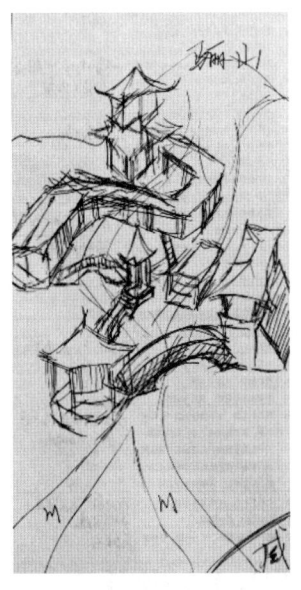

生：我主要抓住的是"廊腰缦回，檐牙高啄；各抱地势，钩心斗角。盘盘焉，囷囷焉，蜂房水涡，矗不知其几千万落"，我想体现是走廊和各个连廊那种像人的腰一样婀娜的感觉，此外还有歌台。

师：歌台在哪里？

生：右边这里（用手指）。"一日之内，一宫之间，而气候不齐"，我想表现阿房宫上下的延伸感，就是一种山上和山下的感觉，为它的"气候不齐"作出解释。

师：很难想象"气候不齐"，我们听说过东边日出西边雨，但这种情况非常少见，何况阿房宫只是一处建筑而已,为何气候不一样呢?你的解释是阿房宫依山而建,有高下之分,所以气候不齐。其他同学有不同的理解吗?

生:我的看法不一样,"气候不齐"不是指真正的气候不一样,应指人的感受不一样,"歌台暖响"给人以"春光融融"的感受,"舞殿冷袖"则给人以"风雨凄凄"的感受。

师:很好,你把语言放到环境中去理解。还有不同的理解吗?

生:我认为"气候不齐"的基础就是阿房宫规模非常大,在这样一个庞大的宫殿里,好像外面世界的气候都不能影响宫内了,它自己已经成为一个庞大的世界,独立于世。在这个世界里它有自己的"气候不齐"。同时我还读出一种暗讽,阿房宫内歌舞升平,而百姓却异常辛苦。

师:你认为阿房宫的确庞大,而且你还联系了社会背景来解读,歌舞升平的背后却是百姓"凄风苦雨"般的生活。这让我联想到爱伦·坡的小说《红死病的假面具》,放弃拯救百姓之责,顾自享乐的亲王最终也被病毒所杀,课后大家可以读一读这篇经典小说。接下来,我们请徐子玥同学来联系画作介绍阿房宫。

(PPT 出示画作 3)

生:我主要想表现阿房宫的楼阁连绵、长桥卧波、钩心斗角等(以手指相应位置)。

师:好的。"长桥卧波,未云何龙?复道行空,不霁何虹?"我们学校有"复道"吗?

生:有,一号楼分别和二号楼、三号楼的三楼四楼相连的通道。

师:对。再请朱一丹同学。

（PPT出示画作4）

生：我侧重表现建筑和山的关系，因为我觉得光画建筑的话，并不能体现它的绵延感，我想用山来衬托阿房宫的庞大，画出绵延几百里的感觉，远的地方用阴影来表现，意思是房屋一直延伸到远处。我还画了烟雾，是根据第2段的"烟斜雾横"而画。

师：这也就有了人的活动，画面更加生动了。朱一丹同学用山来衬托阿房宫，你们觉得是正衬还是反衬？

生：正衬。

师：山是大自然鬼斧神工之作，而阿房宫却由民众建造，究竟要付出多少人力物力才可以建造出堪比山体的阿房宫？（稍停）到现在为止，我们通过几位同学的画作，形象地了解了杜牧笔下的阿房宫。那么，大家思考并概括一下，杜牧是从哪些角度来描写阿房宫的？

生：从占地面积、自然环境、结构特点、活动氛围等角度来写的。

师：你是从内容上来概括的。

生：从宏观和微观的角度来写，宏观比如"覆压三百余里"，微观比如"钩心斗角"。

生：从正面和侧面结合来写，正面比如"五步一楼，十步一阁"，侧面比如"蜀山兀"，把整个蜀地山上的树木全部砍伐光了，才能建成阿房宫。

师：你们是从写法的角度来概括的。大家都有自己的理解，角度不一样，回答很丰富。从内容上来讲，杜牧主要写了代价之巨大（蜀山兀）、规模之宏大（三百余里）、楼阁之密集（几千万落）、构建之精妙（长桥复道）、歌舞之极盛（气候不齐）等。作家、诗人臧克家在《诗人之赋——读杜牧〈阿房宫赋〉》中评价此段"既不作自然主义的铺陈，又不流于空疏，笔墨不多，却把阿房宫的形象、规模、气魄通过具体描写表现了出来，给读者一个鲜明突出的印象"，你觉得评得怎样？

生：很恰当！正好抓住了赋"具体"和"明朗"的特点。

师：杜牧在描写阿房宫的外部建筑后，紧接着聚焦阿房宫内部的人和珍宝。我们先一起读第2段，通过文字，走进阿房宫内宫女们的内心世界。

（学生朗读）

师：哪个同学来说说宫女们心理的变化过程？

生：最初她们从六国来到秦国的阿房宫，有从"宫殿的主人"到"宫殿的宫人"的身份变化，然后梳妆打扮，想得到皇上的宠幸，"缦立远视"呈现了宫女的静态，好像看到一座雕塑，我感受到她们流露出来的忧伤，最终"有不见者，三十六年"，这是一个悲剧。

师：你能用几个词语来概括这一变化过程吗？

生：茫然若失、有所希冀、忧伤、彻底失意。

师：很清晰。还有同学要补充吗？

生：这些宫女刚来到秦国的时候，是悲伤、凄凉、为己不平的，她们有亡国之恨，有沦为宫人的巨大落差，她们来到秦宫后，为秦宫的奢华而倾倒，被秦国鼎盛的实力征服，震惊、崇拜且心生喜悦，开始精细地打扮自己，想获得君王的青睐，但是在期盼中不断失望，喜悦与伤感交替，最后彻底心灰意冷。

师：分析得很细致。梳妆打扮的行动中或许也有很多的无奈、挣扎和不得已。

生：我想说说等待，"有不见者，三十六年"，这是无意义的等待，这是无意义的消耗！

师：我感觉你很激动，很为这些宫女不值。"尽是离宫院中女，苑墙城外冢累累。少年入内教歌舞，不识君王到老时。"（杜牧《宫人冢》）什么是"冢"？

生：坟墓。

师：她们或许曾经都是活色生香的少女，到最后变成一个个死寂的坟包里埋着的几根枯骨，令人唏嘘。作者描写出她们从无奈接受现实来到秦国，满心期望得到帝王宠幸，盼望、失望、希望、苦望纠缠终至绝望的心理发展过程。我们读到了"美"，更读到了"惨"。活人尚且被如此对待，更何况珍宝，"鼎铛玉石，金块珠砾，弃掷逦迤"，汤容伊同学说"宫中珍宝，皆只当是寻常"。面对如此种种，杜牧开始抒发情志。

（出示PPT学习任务二：诵读议论，理解"写志"）

师："不歌而诵谓之赋"，有节奏地诵读赋，最能感受赋的文辞美、音乐美、情感美，感受其蕴蓄在文内的充沛气势。我请大家以小组为单位为《阿房宫赋》第3段设计一个简单的朗诵方案，下面谁来说说你们的方案？

生：（呈现小组的朗诵方案）

（备注：字下加"·"表重读；"｜"表停顿，不换气；"‖"表停顿，换气；"↑"表升调；

"↓"表降调;"※"表语速快;"⊙"表语速慢)

句序	文句(朗诵处理)	说明
第1句	嗟乎！║	表达作者之悲叹。
第2句	一人之心，千万人之心也。║	憎恶昏君，怜惜千万百姓。
第3句	秦│爱纷奢，人亦念其家。║	读出对比，前句责怪，后句悲悯。
第4句	奈何取之尽锱铢※，用之│如泥沙？⊙	用质问语气，先快后慢，强调对比，突出抢夺之疯狂，挥霍之随意。
第5句	使负栋之柱，多于南亩之农夫；│架梁之椽，多于机上之工女；│钉头磷磷，多于在庾之粟粒；│瓦缝参差，多于周身之帛缕；│直栏横槛，多于九土之城郭；│管弦呕哑，多于市人之言语。※↑║	六句排比，语速逐渐加快，语调逐渐上升，读出愤激之情。
第6句	使天下之人，不敢言│而敢怒。║	读出百姓普遍的、广泛的不满和愤怒之情，"敢怒"要铿锵有力，掷地有声。
第7句	独夫之心，日益│骄固。║	读出痛恨、讽刺之感。
第8句	戍卒叫，函谷举；楚人│一炬，可怜│焦土！⊙↓	语调逐渐下降，于严峻中读出惋惜和深叹。

师：从朗诵方案可以看出，这组同学认真研读文本，甚至切入字缝，较为准确地把握了作者的情感，设计贴合情感表达的需要，是很有价值的设计。根据这个设计，我们一起来读一读。

（学生朗读）

师：听了同学们的朗读，我充分感受到了《阿房宫赋》优美的文辞、丰沛的情感，内心震动。同学们，我们知道公元前207年秦朝灭亡了，那一千多年后，杜牧为何要写这篇《阿房宫赋》呢？我们先读一读第4段，再根据课前查阅的资料，联系历史，说说作者的写作目的。

（学生朗读）

生：我在《上知己文章启》中看到杜牧自言"宝历大起宫室，广声色，故作《阿房宫赋》"，可见杜牧是借古讽今，劝唐朝统治者以史为鉴、以人为本，必须实行仁政。

师：是的，"水能载舟，亦能覆舟"，如果统治者眼中没有百姓，心中没有百姓，这个国家必然会灭亡。

生：我在《历代辞赋鉴赏词典》（商务印书馆2011年版）中看到"杜牧生活在晚唐，正是唐代社会走向衰败的时期，阶级矛盾和社会各种矛盾都很尖锐"，"通过对阿房宫的具体描写,揭示出秦始皇穷奢极欲的罪行和秦王朝灭亡的原因",“文章的主旨,在当时的历史条件下无疑是有进步意义的"。

师:是的,"唐敬宗宝历年间广建宫室,追求声色之乐"(《长安吟咏》,李浩、王军著,中华书局2016年版),十六岁的马球皇帝唐敬宗大兴土木,二十三岁的诗人忧虑满怀。"杜牧想起尚未落成便被项羽付之一炬的阿房宫,于是展开想象铺排纸笔,以极其华美的语言,全力渲染其雄伟精致与壮丽。"(《诗剑风流:杜牧传》,张锐强著,作家出版社2015年版)豪华宫殿,美女如云,珍宝万千,这是帝王家的盛况,背后却是万千百姓的惨状。如若唐不以"秦不爱民乃至覆亡"为鉴,必将江河日下,"后人哀之而不鉴之,亦使后人而复哀后人也"更值得历代统治者反思。

师:同学们,赋,作为一种文体的名称,早在战国后期便已出现。在其发展演变过程中,往往受到同时代的诗歌或散文的影响。文赋是赋的一种,它是在主张"文以明道""反对骈文,提倡古文"的唐宋古文运动影响下产生的,与俳赋、律赋有很大不同。我们再来读一读欧阳修的《秋声赋》和苏轼的《后赤壁赋》,并根据"俳赋"和"律赋"的特点在下表"文赋"一栏横线处填入合适的信息。

(出示PPT学习任务三:联读佳作,分辨文赋)

俳赋	律赋	文赋
开始于魏、晋,盛行于南北朝时期。俳,是俳偶;骈,是骈俪,都是指字句对仗的意思。俳赋的主要特点,就是追求字句上的工整对仗,音节上的轻重协调。	主要是适应唐、宋科举考试用赋而产生的一种既讲究对偶,又限制音韵的新赋体。它是在六朝俳赋基础上变化而来的。律赋的体制,讲求俳偶,以限韵为基本特点。律赋比骈赋更注意对仗工整,平仄和谐。特别是押韵,有严格的限制。	一反俳赋、律赋在骈偶、用韵方面的限制,趋于_____而近于_____。文赋并不完全排斥_____,但也只是用来增强气势,不像俳赋那样一味追求声色的华丽。文赋也用韵,但比较_____。虽然也有铺陈的特点,但基本摒除了僻字和_____的毛病。

生:文赋趋于散文化而近于古文,不完全要对仗,像《阿房宫赋》中"覆压三百余里""蠹不知其几千万落""后人哀之而不鉴之,亦使后人而复哀后人也"等使用散句,使表达更加贴合需要,议论更加畅快淋漓。

师:很好,骈散结合,既使文章节奏明快、音韵和谐,又有一种错落有致的美。

生:文赋并不完全排斥对偶,像《秋声赋》中的"百忧感其心,万事劳其形"。

师:是的,比如《阿房宫赋》起头的四句"六王毕,四海一,蜀山兀,阿房出",也使用了对偶。

生:我觉得文赋也用韵,但是比较自由,不像律赋那样要限韵,我在《阿房宫赋》中找到很多韵脚。

师:有兴趣的同学可以在课外逐一梳理一下。

生：文赋虽然也有铺陈的特点，但基本摒除了僻字和堆砌辞藻的毛病，这三篇文章中的绝大部分字我都认识，没有特别生僻的字。

师：很好！通过这样的辨析，我们对文赋的认识就更加清楚了。那么《秋声赋》和《后赤壁赋》这两篇文赋的物象和情志分别是什么呢？

生：《秋声赋》的物象是"有声之秋"和"无声之秋"。

师：能具体说一说吗？

生："有声之秋"就是"自然之秋"，"无声之秋"比喻"人生之秋"。

师：好的，我理解了。那么作者要抒写的情志是什么呢？

生：作者抒写的是"人生不易，忧劳伤身"。

师：的确，"有动于中，必摇其精"，人生中有许多事情让身体劳累，只要内心被外物触动，就一定会耗损人的精气。人到中年的欧阳修要表达的情志正是"人事忧劳更甚于秋的肃杀"。

生：《后赤壁赋》的物象是"江上的冬景"，有"江流""断岸""巉岩""栖鹘"等，要表达的情志应该是"月夜登临的情趣与内心怅然若失的苦闷"。

生：我认为《后赤壁赋》抒写的情志应该是"内心的豁达"，从"开户视之，不见其处"可以看出作者把一切都收束在光明空阔的感觉中，和《赤壁赋》"不知东方之既白"有异曲同工之妙。

师：对《后赤壁赋》情志的理解确实存在诸多分歧，有人理解为"超脱的情怀"，有人则认为"苦闷和矛盾"，同学们可以在课余进行更加细致深入的思考。

师：同学们，经过今天的学习，我们认识了赋"体物而浏亮"的特征，了解了文赋与俳赋、律赋的不同，在对三篇文赋的欣赏中，我们感受到了赋体文章的魅力。

（出示PPT　2007年春，《光明日报》开辟"百城赋"专栏，并公开发表了"开栏的话"，其中一段如下：从江南到漠北，从东海到西疆，灿若星河的中华名城叙述着泱泱华夏的辉煌。在中华民族复兴的伟大时代，传统在创新中传承，文明在进步中光大。幸福安康、勤劳勇敢的人民和他们绚丽多彩、日新月异的城市，科学发展，共建和谐，一同推动着中国历史巨轮滚滚向前。今天的城市，是欣欣向荣的中国缩影。盛世方写华章……本报将刊登100个城市的辞赋，诚邀您欣赏评点。）

师：《光明日报》这一创举获得了社会强烈的反响，好评如潮。请大家根据这一资料谈谈赋作（尤其是文赋）在当代复兴的意义。

生：当今语言干渴，复兴赋作有助于丰富语言，提升文学素养。

师：为什么你说"语言干渴"？

生：在网络上有很多没有营养的废话，意思空洞，比如"尬""打脸""666""栓Q""上一次听到这种事还是在上一次"等，不能引发我的联想和想象。

生：在中华民族复兴的伟大时代，赋作（尤其是文赋）复兴可以歌颂盛世伟业和民族精神，可以使文学殿堂更加光辉灿烂，也可以为新闻业的发展注入活力，吸引受众。

师：你的理由很充分，所以你坚定地认为要复兴文赋。

生：赋，既古又新。说古，因盛于楚汉；说新，因百年失声。骤然复出，重登主流媒体之上，让人耳目一新，有重回汉唐之感。这种古韵新声，使对索然无味的快餐式媒体失去阅读兴趣的读者，获得"咀嚼文字"的美感和"享受阅读"的快乐。

师：好的，同学们都充分表达了自己的想法。辞赋的衰落已有百年，我们今天再读到情文并茂、意味隽永的《阿房宫赋》，不免欣赏赞叹！我们对前人创造的精华，是应该继承和发展的，这是我们学习的目的，也是我们作为读者的一份责任。下课。

【教学反思】

《阿房宫赋》是高中语文统编教材必修下册第八单元中的课文，该单元对应学习任务群6——"思辨性阅读与表达"。作为古代经典文赋，此作在具体描写阿房宫建筑、美女、珍宝的基础上，抒发感慨，发表议论，揭示出秦统治者骄奢淫逸的罪行和秦王朝灭亡的原因，劝诫当今统治者以史为鉴，施仁爱民。让学生准确理解"赋"这种文体"体物而浏亮"的特点，把握作者观点、态度和语言特点，并能在区分文赋、俳赋、律赋的过程中认识到文赋的特质，进一步加深对文赋的文学价值和艺术价值的认识，这是我设计本课教学点和教学内容的主要落脚点。我认为，学习文言文既要得体，又要有趣。"得体"是指恰如其分地把握文言文的特质，深挖其精华；"有趣"是指贴合学生兴趣爱好，有时代感。在追求得体方面，我让学生以金圣叹点评为例点评《阿房宫赋》，使学生的阅读更加专注深入，努力去发现文赋的魅力，为正式教学打下扎实的基础；而《秋声赋》《后赤壁赋》等两篇文赋的联读，使学生对文赋的认识由单篇到多篇，多篇成类，从而发现这一类文体的特征，这是比较有说服力的。在追求有趣方面，我让学生结合《史记·秦始皇本纪》和《阿房宫赋》简笔勾勒阿房宫，这不仅让擅长绘画的学生有了用武之地，更使他们主动地阅读理解文言，也使教学有了生动的抓手，使教学现场文画相衬，学生津津有味；而最后设计"谈赋作（尤其是文赋）在当代复兴的意义"这一环节，旨在建立"文赋"与"当下"的关系，强化"为我所用""为时代所用"的意识。在实际教学过程中，两节联课80分钟，学生始终专注，在认识阿房宫的特点、宫女的心理发展变化过程、秦统治者穷奢极欲的本质及杜牧的写作用意这些关键点上，都表现出了浓厚的兴趣和探索的热情，他们的思辨能力也得到了发展。若要完善此设计，我认为，可课外给学生提供一两篇俳赋和律赋的文章，让学生切实感受"骈俪""限韵"的特质，从而对文赋的"自由"和"适当的华丽"有更清晰认识。

欣赏经典剧本　创造舞台生命
——高中语文统编教材必修下册第二单元学习任务设计

李　芳　黄　琼　林存富

一、设计说明

高中语文统编教材必修下册第二单元属于"文学阅读与写作"学习任务群。该任务群旨在引导学生学习阅读古今中外诗歌、散文、小说、剧本等不同体裁的优秀文学作品，使学生在感受形象、品味语言、体验情感的过程中提升文学欣赏能力，并尝试文学写作，撰写文学评论，借以提高审美鉴赏和表达交流能力。本单元的人文主题是"良知与悲悯"，意在引导学生理解作品中蕴含的对社会现实的认识和对人生的深切关怀，把握作品的悲剧意蕴，激发同情他人、追求正义、坚守良知的情怀。

围绕"文学阅读与写作"，必修教材共编排了五个单元。本单元"良知与悲悯"上承必修上册第一单元"青春激扬"、第三单元"生命的诗意"、第七单元"自然情怀"，下启必修下册第六单元"观察与批判"，篇目均为剧本，计有《窦娥冤（节选）》、《雷雨（节选）》、《哈姆莱特（节选）》等三篇文章。

根据"单元导语""学习提示"和"单元学习任务"，本单元的学习侧重点是：通过阅读鉴赏、编排演出等活动了解戏剧作品，欣赏戏剧冲突，体会戏剧语言的动作性和个性化；初步认识传统戏曲和现代戏剧，理解悲剧作品的特征；通过撰写排演手记、观后感，总结对作品的感悟和对戏剧表演艺术的认识；以小组评价等方式交流学习心得与感受。

基于此，本设计以"良知与悲悯"为核心，以单元为活动设计单位，由"阅读鉴赏"（3课时）、"台本设计"（2课时）、"排演演出"（3课时）、"阅读拓展"（1课时）四个学习任务组成，旨在通过阅读鉴赏、研讨探究、写作设计、排练表演、拓展交流等学习活动，帮助学生提高鉴赏和创造美的能力，培养健康的审美情趣，提升综合素养。

二、学习目标

1. 通读课文，梳理剧情，找出主要冲突，理解冲突背后的深层原因，抓住个性化、动作性来推敲品味戏剧语言，理解悲剧的特征。

2. 创作台本,揣摩最合适的语气、语调,补充细节,设计适宜的表演方式,尝试舞台布置、服装设计、灯光安排等。

3. 扮演角色,体验表演,互动合作,获得对戏剧表演的直接体验,理解戏剧的舞台性,在评议总结中加深认识。

4. 阅读拓展,阅读《窦娥冤》《雷雨》《哈姆莱特》全剧和不同时代戏曲的经典选段,观看经典演出片段,进一步体会戏曲的独特魅力,提升欣赏水平。

三、学习评价

1. 能准确赏析剧本:①用简明的语言概括剧情,找准戏剧冲突;②通过品味个性化、动作性的戏剧语言,恰当分析人物性格;③理解悲剧的特征。

2. 能尝试创作台本:①恰当揣摩潜台词,补充表演细节;②根据演出需要,恰当安排服装道具,设计简单的舞台灯光。

3. 能积极体验表演:①根据兴趣和特长选择角色;②在表演中不断感受戏剧的舞台性,在合作中获得共同成长的喜悦。

4. 能拓宽阅读视野:①阅读《窦娥冤》《雷雨》《哈姆莱特》全剧;②阅读观看一些传统戏曲和演出精彩片段,谈谈认识。

四、课前预习

1. 通读三篇课文。
2. 自主完成预习任务单。

预习任务单			
	《窦娥冤(节选)》	《雷雨(节选)》	《哈姆莱特(节选)》	我的疑问
主要人物				
次要人物				
主要剧情				
主要冲突				

五、学习任务设计

学习任务一:阅读剧本,理解悲剧

(一) 制作CLOSAT卡片,初步梳理剧情

"CLOSAT"是由构成戏剧的六个主要元素的首字母组成的:

C=character，人物；

L=locale，地点；

O=object，对剧情起一定作用的物件；

S=situation，充满矛盾的情境；

A=action，具有意义的行动；

T=theme，主题。

以小组为单位为三篇课文分别设计一套CLOSAT小卡片，根据卡片"推销"这个故事，全班同学对所推销的故事进行讨论。

故事推销
故事推销指的是做一个3到5分钟的口头阐述，让听众了解故事的人物、情节以及意图。 ——迈克尔·拉毕格《开发故事创意》，胡晓钰，毕侃明译，北京联合出版公司，2016年

（二）使用"戏剧家工具"，深度解读文本

请你尝试用"戏剧家工具"对课文进行深入挖掘，体验悲剧的情感力量。

悲剧
悲剧是对于一个严肃、完整、有一定长度的行动的摹仿；它的媒介是语言，具有某种悦耳之音，分别在剧的各部分使用；摹仿方式是借人物的动作来表达，而不是采用叙述法；借引起怜悯与恐惧来使这种情感得到陶冶。 ——亚里士多德《诗学》，罗念生译，人民文学出版社，1982年

【工具一】调查问卷——积累人物的重要信息

你要像侦探一样来审视主要人物并完成下表。

课文	《窦娥冤(节选)》	《雷雨(节选)》	《哈姆莱特(节选)》
主要人物			
意志力(人物的目标)			
外表(年龄、容貌、体型、身体状况、穿着)			
出身(籍贯、家庭组成、阶层、信仰、在家人眼中的形象、影响其人生方向的早年经历、对自己出身的态度)			
人际关系(最重要的人际关系、自我认知)			

【工具二】时间秒表——把握悲剧的情节特征

弗赖塔格金字塔是一种描述戏剧情节的图表，它表现了在一场戏内，戏剧强度随时间推进逐渐增强并最终释放的过程。

```
戏剧强度 ↑
            冲突、高潮
         上升动作  下降动作
              逆转、结局
         复杂化
                冲突的解决
    激发性时刻
                              → 时间
```

注：弗莱塔格金字塔展示了上升的动作会带来戏剧性冲突，随着冲突的解决，动作下降。

冲突
冲突，两个相反方向力量的斗争，决定戏剧中的动作。外部冲突是人物之间的斗争，或者人物与自然、法律或者命运的斗争。内部冲突是一个角色内心的挣扎。 ——迈克尔·拉毕格《开发故事创意》，胡晓钰，毕侃明译，北京联合出版公司，2016年

请画出三篇课文的弗莱塔格金字塔图，并就以下问题展开讨论：

1. 三篇课文的情节"冲突"分别是什么？

2. 悲剧主要表现人物在"冲突"面前的行动，请你想一想主要人物分别在"冲突"面前做出了怎样的行动？是否具有共性？

3. 亚里士多德《诗学》里说"悲剧则倾向于表现比今天的人好的人"，译者陈中梅注释说"好的人"指其"高贵、显赫和更具英雄气概（包括敢做和能做'可怕之事'的'好'人）"。联系"意志力"一栏，结合主要人物在"冲突"面前的行动，谈一谈你对悲剧人物的理解。

怜悯和恐惧之情
怜悯是由一个人遭受不应遭受的厄运而引起的，恐惧是由这个这样遭受厄运的人与我们相似而引起的。 ——亚里士多德《诗学》，罗念生译，人民文学出版社，1982年

【工具三】潜水镜——看清台词的深层意义

利用这个工具要看清的，是隐藏在台词中的深层意义，这个深层意义就是潜台词。揣摩画线句的潜台词，并在《雷雨》和《哈姆莱特》中各找三处潜台词与同桌交流。

周朴园　（忽然严厉地）<u>你来干什么？</u>

鲁侍萍　不是我要来的。

周朴园　<u>谁指使你来的？</u>

鲁侍萍　（悲愤）命！不公平的命运指使我来的。

周朴园　（冷冷地）<u>三十年的工夫你还是找到这儿来了。</u>

波洛涅斯　奥菲利亚,你在这儿走走。陛下,我们就去躲起来吧。(向奥菲利亚)你拿这本书去读,他看见你这样用功,就不会疑心你为什么一个人在这儿了。人们往往用至诚的外表和虔敬的行动,掩饰一颗魔鬼般的心,这样的例子是太多了。

国　王　(旁白)啊,这句话是太真实了!它在我的良心上抽了多么重的一鞭!涂脂抹粉的娼妇的脸,还不及掩藏在虚伪的言辞后面的我的行为更丑恶。难堪的重负啊!

学习任务二:台本写作,准备演出

台本指专供演出使用的剧本。在舞台演出过程中,必须使用台本而不是剧本,台本规定并明晰了演员上下场顺序、时间、灯光变化、音效设计、道具迁换等要素。

以下是一个台本范例节选,请你归纳台本写作的基本结构、要素,并从课文中自选一个片段进行台本写作。(见下页)

悲惨世界(韵剧·第一折)

总编剧:孙惠柱
导　演:常佩婷
笔　记:秦子然

故事简介:

经历了19年苦役,刚出狱得到米大人款待的冉阿让,却又因一无所有而偷了对方家银器深夜出逃,想"从零开始"新生活。巡逻的老、小警察抓住他,送回米大人手里。米大人不仅没有责怪他,反倒替他圆谎,还以教他用银器吃饭的"培训"打消警察的疑虑。内心饱受煎熬的冉阿让在路上无意中扣下小男孩的硬币,被骂"强盗"。他下决心彻底重新做人,洗清以前的罪孽。

人物介绍(按出场序):

小警察　爱喝酒,爱逞能,看不起老警察年龄大,但关键时又只能听他的。
老警察　有经验有算计,喜欢按部就班做事,对米大人很尊敬。
冉阿让　刚刑满释放,途中被米大人收留后偷了银器溜走。
女　仆　傻大姐,听米大人的话,喜欢帅气的小警察,瞧不起冉阿让。
米大人　儒雅的绅士,好心收留了刑满释放的冉阿让。

时间　某日深夜
地点　米大人家门口;街上
布景　空舞台;在"左后"处有一大张白纸幕,指代米大人屋子的墙、门和窗;"左中"有一矩形积木。

[A][1]黑暗中
小警察　[2]唉[B],深更半夜还得满街跑!
老警察　最近上头盯得牢,
　　　　不能偷懒别取巧。
小警察　唉,这话谁能受得了!
老警察　好啦,熬过一朝算一朝,
　　　　总好过饿着[3]肚子去乞讨。
(突然闪过一个人影)[B][4]
小警察　[5]哎!那啥玩意儿?是人是妖?
老警察　见着光就撒腿跑,
　　　　不是小偷就是强盗!
小警察　给我站住!不许逃![6]

A. "打击音效示意图":《基本节奏》(详见附录)。灯光起
*1. "右后":老警察上(手拿马灯,腰上挂一根麻绳)
"右后"→"左前"→"右前"→"中中":借马灯的光四处张望
"中中":右手举起试图拍小警察肩膀,拍空,到"右后"拉出小警察
"右后"→"中中"小(挂酒壶)被老拉出,到"中中"甩开老的手。老瞪小,小妥协,手搭老的肩膀
"中中"→"左前"→"右前"→"中中":老借马灯张望,小摇手示意没贼
*2. "中中":小伸懒腰
B. 钢琴《幽默曲》起(见附录)
*3. 老拍小肚子
B. 钢琴伴奏停
"打击音效":快速敲两下
*4. 老小警惕地从"右前"望向"右中"
*5. 小指"右中"
*6. 老小"右中"追下

(《教育示范剧》,孙惠柱、张冰喻、秦子然、麻歆韵编著,上海交通大学出版社,2018年)

学习任务三：排演戏剧，以演促思

（一）明确戏核，设计人物的连贯动作

1. 戏核

"戏核"是戏剧最核心的部分，指主角陷入绕不开的困境，但又必须采取行动。例如《窦娥冤》的戏核是：守节尽孝的青年寡妇窦娥面对泼皮无赖张驴儿的强娶采取了激烈的抗争。

组建剧组，概述戏核。

剧本	戏核
《雷雨（节选）》	
《哈姆莱特（节选）》	

2. 设计人物的动作链

人物的连贯动作是对困境的连锁反应。以剧组为单位，设计人物的动作链。

人物：		
	遇到的困境	行动
1		
2		
……		

（二）定格画面，构建人物关系图景

画面定格也称为定镜，学生通过对关键情节进行画面定格，厘清人物关系，进而明确人物行动的动机。

选取的画面	涉及的人物	人物动作设计	动作背后的动机	体现的人物关系

（三）导演思维，完成剧本的二度创作

1. 设计人物的起点、目标和路径

"一切表演指导都源于对剧本中角色行动的分析。通过三个问题来理解角色的内在逻辑：起点、目标和路径。"（《教育示范剧》）导演思维即帮角色厘清人物起点、人物目标和行动路径。

以剧组为单位,完成下表。

人物	起点	目标	路径

2. 表演评价

评价项目	评价指标	自评	他评	总分
角色塑造	运用动作、面部表情和声音,塑造可信的角色。(10分)			
	缺乏表现力。(7分)			
	无法使用身体动作和声音进行沟通。(5分)			
角色动机	对戏核的理解到位,角色动机明确,舞台动作恰当反映人物动机。(10分)			
	行动表现和角色动机有所不同,并且出现一些对角色立场和目标不同的理解。(7分)			
	角色行动和目标无法辨识,只是在机械地背台词。(5分)			
专注与投入	在整场表演中保持专注和投入。(10分)			
	在某些主要冲突中保持专注和投入。(7分)			
	无法持续投入演出。(5分)			
舞台调度	演员走位经过精心设计,在和其他角色交互时能展现意义并传达感情。场景转换自然且有创意。(10分)			
	演员走位较随意,有时会出现背台和阻挡现象。场景切换较生硬,空台时间较长。(7分)			
	演员走位无序,无法和观众进行交流,场景繁多,影响观看效果。(5分)			
辅助设计	道具、服装、灯光和音效有助于人物性格刻画、情节展开及氛围创设。(10分)			
	道具、服装、灯光和音效大体符合人物特点,营造一定的剧场效果。(7分)			
	道具、服装、灯光和音效喧宾夺主,甚至扰乱正常表演。(5分)			

（四）演后反思，撰写观后感

1. 观众和演员的角度

作为观众，可从演员的角色塑造、人物动机、舞台语言、表演形式和风格等方面进行评论；作为演员，可从角色设计、动作设计、舞台空间运用、观众交流等方面进行评论。

2. 剧本和演出的角度

剧本是剧作家的首度创作，它偏向文学性；演出是导演和演员共同完成的二度创作，它偏向表演艺术性。剧本和演出带给读者和观众的审美感受是不同的。学生可从结构特点、表现形式、艺术效果等方面比较剧本和演出的异同。

以上任选其一，写一篇不少于800字的作文。

学习任务四：走进梨园，含英咀华

中国传统戏曲历史悠久。从文学体式来说，戏曲和唐诗、宋词、明清小说并列；从表演角度来说，中国戏曲独成一派，有鲜明的写意性和程式化的特点。借助《赵氏孤儿》《西厢记》《牡丹亭》《长生殿》，了解、欣赏不同时期、不同地域的经典戏曲，体会其独特魅力。

（一）片段欣赏，找出对应角色

戏曲行当是戏曲扮演中的角色形象类型。元代杂剧称为脚色，主要有四大类：一是旦，扮演女性的角色；二是末，扮演男性的角色；三是净，扮演反面人物或滑稽人物的角色；四是杂，指除去上述三类之外的登场人物。正角之外再加一个角色称为"外"。到了京剧，主要划分为生、旦、净、丑四大类型。与元杂剧不同的是，生取代了末，成为戏曲中的男角，末只是中年以上的男性角色。

观看《赵氏孤儿》（国家京剧院演出）、《西厢记》（浙江小百花越剧团演出）、《牡丹亭》（江苏省演艺集团昆剧院演出）、《长生殿》（江苏昆剧院演出），找出对应角色。

剧目	生	旦	净	丑
《赵氏孤儿》				
《西厢记》				
《牡丹亭》				
《长生殿》				

（二）聚焦结尾，探讨故事结局

梳理四部戏曲的故事结局：

剧目	故事结局
《赵氏孤儿》	
《西厢记》	
《牡丹亭》	
《长生殿》	

对于中国戏曲"大团圆"的结尾,鲁迅认为这是不敢面对现实的表现,呈现出一种自欺欺人的心态;王国维则从民族美学精神的角度加以阐释,认为这是中国人乐天精神的体现。你赞同哪种说法?

第四章　爱·课程

耕耘自留地，构筑风景线
——"浙江作家·浙江文化"校本课程开发与实施综述

《普通高中语文课程标准（2017年版2020年修订）》中55次提及"资源"，强调"学习运用祖国语言文字的资源和实践机会无处不在"，又在"实施建议"部分明确"要注意利用本学校、本地区的特色资源""鼓励和引导教师充分利用地方和学校的资源，根据学生语文生活的实际实施课程"。这如同农夫耕耘自留地那样令人心驰神往，自留地的万紫千红，极大程度上丰富了语文课程和"中华儿女的精神家园"。

自留地里能种什么？当然要考虑所在地的气候、土壤、水源，也要了解种子的特性和需求，更应该考虑收成和风景。我的学校——杭州外国语学校，创建于1964年，是浙江省教育厅直属的省一级重点中学、浙江省第一批重点特色学校、教育部认定的享有20%保送生资格的全国17所著名外国语学校之一。每年的保送工作大多于高三上学期期末完成；高三下学期，学校对已经获得国内大学保送资格和国外大学录取通知书的同学单独编班，称为"大预班"。在这半年中，大预班的同学将接受语文、数学、英语、历史、地理等学科的继续教育。与正在进行高考第二轮复习的高考生相比，大预班同学没有高考复习的压力，更应遵循内心、发展兴趣、厚积薄发。一直以来，"大预班"语文课没有固定的教材，曾经负责教学的老师都是八仙过海，各显神通。

2016年初，学校委派我一边执教高考班，一边执教大预班。这正是我开发语文课程的一次良机。选择什么资源、选择什么形式来开展教学，这是两大问题。在一次与郑燕明老师的聊天中，我们一起回想起高二时曾开设的广受学生欢迎的丰子恺、林语堂、汪曾祺、史铁生等作家作品的阅读专题，以作家为教学单位，目标清晰，内容集中，于是我首先锁定了"作家"资源。那么，是在全世界还是中国范围内精选作家呢？在深思熟虑后，我打算聚焦浙江作家，原因有二：一、杭外地处浙江省省会杭州；二、现代汉语文学近百年历程，浙江作家灿若群星、光耀文坛，鲁迅、茅盾、郁达夫、徐志摩、丰子恺、夏衍、王鲁彦、柔石、艾青、金庸、木心……单以"现代文学三十年"计，浙籍作家的卓越成就便有"三分天下有其一"甚至"半壁江山"的美誉，如此光彩夺目的本地区特色资源为何不好好开发利用？从学情角度分析，杭外学生活动能力较强，写作能力较突出，个性单纯阳光、充满热情，且半年后，除了留在杭州读大学的同学之外,其他一百余位同学都要走向全国乃至世界各地,那么,为何不让即将远行的孩子深入了解这些熟悉(或许还陌生)的作家？为何不让他们带着故土荣耀、文化自信奔赴前方？因此,我快速地在键盘上敲下了八个字"浙江作家·浙江文化"。

接下来,用什么形式开展教学？讲授、研讨、交流、演讲等诸多经典形式,同学们并不陌生,但实地考察、人物访谈等形式对他们来说还很新鲜。不是说一定要用全新的样式才可以开展教学,而是说后面两种形式对学生更具有挑战性。第一,学习场域变化,学生将真正走出课堂,走出校园,走向社会,用新的目光去观察、发现、沟通、思考、创作,这将对学生的语文素养提出极高的要求;第二,表达内涵扩大,《普通高中语文课程标准(2017年版2020年修订)》中提到"表达"96次,提到"写作"31次。孙绍振教授在分析2020年全国高考语文卷作文题时,曾表示发言稿、演讲稿、书信等写作形式的命题意图是把书面交流和口头交流结合起来,而相比起来,各省市的命题似乎不约而同地忽视了语文课程标准中文本、写作、口头交流的三位一体。相较于"写作","表达"的内涵更加丰富。有人吐槽中国人学的是哑巴外语,会做题却不会说的时候,我们也应该想到,中国学生学习语文,不仅仅要有书面表达的能力,也应该有口头表达的能力。笔头好,不能代表口头一定好,当学生走向社会,面对纷繁复杂的未知世界,如何得体、准确、生动、有逻辑地表达自己的认识,在一定程度上比笔头写作更难、更需要锻炼,"访谈"虽然可以拟订采访提纲,但采访现场的情况却可能千变万化。照本宣科不可取,灵活调整至关重要。因此,访谈将切实"提高学生口头交流、现场记录、文稿整理、理论论证的能力和水平"。而新闻稿的撰写也将对学生提出新的要求,它不同于反映自我的随心写作,更需要学生"学习运用简明生动的语言,介绍比较复杂的事物,说明比较复杂的事理"。

综上,我要设计的"浙江作家·浙江文化"课程既包括丰富的阅读,又有新鲜的活动,最后呈现出闪光的文字。通过这一课程,我要鼓励学生既能沉静阅读,又能智慧沟通;既能自主学习,又能合作探究。让他们努力通过考察、访谈等形式走向社会,去更广阔的语文世界中主动获得知识、开阔视野、提升能力。

下面,我从课程目标、学习预案、课程计划、课程实施、课程收获、课程反思六方面进行介绍。

一、课程目标

1. 通过阅读、访谈、创作、反思深入了解浙江作家,探究浙江文化。
2. 认识浙江文化的丰厚博大,吸收浙江文化的智慧和营养,提高文化品位。
3. 培养创新、合作精神,提升对接社会、智慧沟通的能力,加深家乡情、故土情,为新的成长蓄积力量。

二、学习预案

学习方案制订者	
小组成员	
研究对象及所属地区	
研究方式	1. 阅读(请列出作品名)
	2. 观影(请列出作品名)
	3. 听讲座(请列出时间、地点、主讲人及主题)
	4. 实地走访(请列出具体地点)
	5. 访谈(请列出时间、地点、对象)
	其他形式
成果展示	1. 班级汇报交流 2. 新闻报道 3. 创作"浙江味道"的作品 4. _____ 5. _____

三、课程计划

A. 简版

研究小组	研究对象	地区	小组成员
1	王鲁彦(小说、散文)	宁波	全班
2	柔石(小说)	宁波	全班
3	茅盾(小说)	嘉兴	周怡等3人
4	艾青(诗歌、诗论)	金华	邵烨等7人
5	金庸(小说、散文)	嘉兴	沈佳楠等9人
6	艾伟(小说)	绍兴	朱琳等9人
7	屠国平(诗歌)	湖州	陈朱晋等8人
8	麦家(小说、散文)	杭州	张葛思涵等8人

续表

研究小组	研究对象	地区	小组成员
9	徐迅雷(杂文)	丽水	金曜杰等10人
10	夏衍(小说、剧本) 刘以鬯(小说)	杭州 宁波	孔乐成等5人
11	南派三叔(小说) 流潋紫(小说) 夏烈(杂论)	嘉兴 湖州 杭州	陈治明等9人
12	林斤澜(散文、小说)	温州	孟昕仪等1人

B. 详细版

研究小组	研究对象	地区	小组成员	阅读作品	课堂教学	采访安排
1	王鲁彦	宁波	全班	短篇小说:《黄金》《菊英的出嫁》《河边》 散文:《旅人的心》 诗歌:《喝苦酒,悼鲁彦》(文怀沙) 研究资料:《王鲁彦研究资料》(曾华鹏,蒋明玳编)		无
2	柔石	宁波	全班	小说:《为奴隶的母亲》《二月》 传记:《柔石小传》(鲁迅) 电影:《为奴隶的母亲》(阎建钢执导)		无
3	茅盾	嘉兴	周怡等3人	小说:《腐蚀》《霜叶红似二月花》《虹》《子夜》	小说:农村三部曲《春蚕》《秋收》《残冬》 文集:《茅盾读书》 评论:《茅盾评传》(钟桂松)	无
4	艾青	金华	邵烨等7人	诗歌:《他死在第二次》《我的父亲》《北方》《大堰河——我的保姆》 传记:《时代的吹号者——艾青传》(骆寒超、骆蔓) 诗歌理论:《诗论》		3月21日,金华艾青纪念馆,采访馆长周国良先生

续表

研究小组	研究对象	地区	小组成员	阅读作品	课堂教学	采访安排
5	金庸	嘉兴	沈佳楠等9人	小说:《射雕英雄传》《神雕侠侣》《倚天屠龙记》《天龙八部》《笑傲江湖》《鹿鼎记》《雪山飞狐》	散文:《月云》 传记:《金庸传》(傅国涌著) 访谈录:《杨澜访金庸》《迷人的"金大侠"》(白岩松) 视频:2007年国际大学群英辩论会辩论赛,辩题"金庸小说该不该进中学语文课本"	无
6	艾伟	绍兴	朱琳等9人	小说:《爱人同志》《盛夏》《南方》	小说:《风和日丽》最后一章 文章:《〈风和日丽〉写作札记》《时光的面容渐渐清晰——关于〈南方〉的写作》《真理是如此直白可见》 访谈录:《谁不被历史作弄?——艾伟访谈》(王春林)	3月23日,杭州市作家协会会议室,采访艾伟先生
7	屠国平	湖州	陈朱晋等8人	诗歌:《七岁》《星星》《儿时割稻》《五月的雨》《村庄亮着,桃花开着》《几里外的村庄》《等待白云飘过》《在太湖边醒来》《上了年纪的爷爷》《晒太阳的爷爷》《爷爷不会写诗》《门微微开着》		4月13日,湖州,采访屠国平先生
8	麦家	杭州富阳	张葛思涵等8人	小说:《解密》《暗算》《风声》《风语》《刀尖》	散文:《母爱有灵》《无法潇洒》《家有"书鬼"》《与黄长怡对话》《博尔赫斯和我》《杭城的一片锦绣》《〈暗算〉序言》 视频:中央电视台《开讲啦》"我要重新出发,坐船去伦敦" 电影:《风声》	5月2日,西溪湿地理想谷,采访麦家先生

续表

研究小组	研究对象	地区	小组成员	阅读作品	课堂教学	采访安排
9	徐迅雷	丽水	金曜杰等10人	文集:《这个世界的魂》《只为苍生说人话》《让思想醒着》	新闻:《杂文家徐迅雷是怎样炼成的》(戴维) 新闻评论:《春天里的文化杭州》《教育认知提高后的"对不起"》《"超前竞争"的"逼人为优"》《树长得再高也不会戳破天》《写得从容一点》《做人要向外交界学点什么》	4月7日,浙江大学,听课并采访徐迅雷先生
10	夏衍 刘以鬯	杭州 宁波	孔乐成等5人	报告文学:《包身工》(夏衍) 散文:《〈包身工〉余话》(夏衍) 传记:《世纪行吟——夏衍传》(陈坚、张艳梅) 小说:《酒徒》《对倒》(刘以鬯) 电影:《花样年华》(王家卫执导)		无
11	南派三叔 流潋紫 夏烈	嘉兴 湖州 杭州	陈治明等9人	小说:《盗墓笔记》(南派三叔)《后宫·甄嬛传》(流潋紫) 新闻:《夏烈:网络写手的"招安"者》《夏烈:网络文学的最终使命是消灭概念》		无
12	林斤澜	温州	孟昕仪等1人		散文:《纪终年》《我们叫他端木》《雨天》《随笔四篇——衣食住行》 散文:《林斤澜的本色》(孙郁)	无
13	朱锦绣	杭州	张葛思涵等8人	文集:《纯真年代文学迎新记录2014》《纯真年代文学迎新记录2015》《纯真年代的回望》		4月27日,西湖"纯真年代"书吧,采访朱锦绣女士

四、课程实施

课程计划确定以后,我的课代表沈佳楠同学就建立了一个微信群,命名为"花花和她的护花使者们"。这个群里有每个研究小组的负责人,我们会及时将课程信息发布在群里,比如进程预告、作家作品、访谈照片、新闻撰写、被采访者信息反馈等,有了这个群,我和同学们的联系十分便捷、有效,这给同样忙碌于高考第二轮复习的我赢得了大量宝贵时间。

每一位作家的研究,我们基本上遵循以下五个步骤:一、教师主讲、引导;二、作品阅读、欣赏;三、小组访谈、汇报;四、问题发现、探究;五、新闻沟通、写作。考虑到同学们阅读和访谈等都需要至少几周的时间准备,因此,我先带大家探究了宁波籍作家王鲁彦和柔石,把两位作家最经典的作品《黄金》《菊英的出嫁》《河边》《为奴隶的母亲》《二月》等推荐给大家并进行深入探究。

一个月内,全班同学都积极行动起来,他们走向图书馆,借阅研究对象的书籍,他们通过网络、书信、亲友等多种渠道邀约研究对象或跟研究对象有密切关系的人。比如,艾青研究小组致电艾青纪念馆,联系到了馆长的助手朱先生,并顺利邀约周国良馆长;比如,麦家研究小组组长张葛思涵同学给麦家写去了一封情真意切的书信,请求获得采访麦家的机会;比如,徐迅雷研究小组的组员沈笑言通过在浙江大学工作的爸爸联系上了徐迅雷老师;比如,艾伟研究小组的组长朱琳同学通过艾伟的母校春晖中学联系上了艾伟。

从不知道行不行的担心,到有可能、有希望的小激动,再到约定见面时间的大欢喜,或者虽有邀约但最终无果的黯然,我看到了同学们种种真实的心情。这些心情是那么打动我,它们让我看到这些年轻孩子勤学的姿态、积极沟通的务实作风。即便没有结果也没有关系,重要的是过程,重要的是态度。

在随后的十余项研究中,每组同学都根据课程计划向全班同学汇报研究成果,现场互动交流,不断深入学习。

五、课程收获

经过两个半月的努力,我们一共深入研读了浙江籍作家15人,地区涉及杭州市(3人)、宁波市(3人)、嘉兴市(3人)、湖州市(2人)、绍兴市(1人)、金华市(1人)、丽水市(1人)、温州市(1人),作家创作领域遍及小说、诗歌、散文、杂文、剧本、报告文学等。我们阅读的书籍粗略统计达50余种。在研究活动中,我们回望自己生长的这一片肥沃而美丽的土壤,内心无比自豪且感动——因为它的滋养,浙江作家层出不穷,浙江文化丰富精彩。

各组完成的新闻稿件《当我们谈论"艾青"时我们在谈论什么——记大预班"浙江作家·浙江文化"之诗人艾青研究活动》《走近大地上奔走的越客——记大预班"浙江作家·浙江文化"之作家艾伟研究活动》《看清这个世界,然后爱它——记大预班"浙江作家·浙江文化"之杂文家徐迅雷研究活动》《沐浴那一道理想谷的阳光——记大预班"浙江作家·浙江文化"之作家麦家研究活动》《不忘故土,跟随自然

——记大预班"浙江作家·浙江文化"之诗人屠国平研究活动》《献给我们的"纯真年代"——大预班"浙江作家·浙江文化"研究活动特稿》先后通过杭外校园网面向全社会公开发表。

这些稿件,的确是我们反复推敲、反复斟酌的。以第一稿为例,倪梓璇小组同学修改三稿,我修改两稿。所有稿件,在认为孩子们完全可以写好的情况之下,我绝不会越俎代庖,只是最终进行修改定稿。每次稿件放到校园网之前,我们大都会征求研究对象的意见和建议。而在沟通过程中,有许多故事值得说,因为我们看到了一个个丰富的、有味道的人。他们有的让你肃然起敬,有的让你感动莫名。比如在采访艾伟老师后,我们本来想把访谈文字稿全部附在新闻稿后,但是因为同学们采访时没有录音,而是根据笔记和回忆完成整理的,因此不免会有些偏差。前去征求意见时,艾伟老师认为文学是很专业的事,不能有偏差。于是,我们就把访谈过程调整为简讯的形式。更让我们感动的是,4月27日下午我们才将新闻稿件发给艾伟老师审核,4月28日一早我们就收到了艾伟老师回复的邮件,里面有他亲自审核通过的稿件。再比如采访南浔诗人屠国平先生的稿件是5月17日下午4点左右发布到校园网的,当时我也没有细看,下班时就转发给了屠先生。直到第二天早上,我才发现所有引用诗句的分隔号都不见了,也就是说,引用的诗句成了一长串没有句读的文字。我很吃惊,马上跟时任校办副主任的李甫贵老师取得了联系,他调查后发现是网站后台不能识别"\",所以所有分隔号都自动消失了。李老师迅速手动将分隔号调整成"/",这样后台就能识别了。其实,这件事情暴露了我们一个习惯性的错误,分隔号的方向本来就应该是"/",是我们犯错了。我们对屠先生深感抱歉。我急忙在上课前给他发语音微信,告诉他实情并表示歉意,再把重新调整后的稿件发给他。在后来屠先生与我的交流中,我才知道,他其实当天就发现了异常,但是没好意思说。在我们真诚地说明情况后,他反过来安慰我别放在心上。在反复的沟通中,我们充满诚意,由此,也获得了谅解和支持。

正因如此,我们不仅收获了文字上的成果,更获得了一些社会影响。徐迅雷老师几乎在第一时间转发了我们的新闻稿件,并骄傲地说:"感谢这批英才中的英才采写我。"比如麦家老师再次向我们发出了邀请:"理想谷等你来。"比如艾青纪念馆的周国良馆长在仔细看完我们的稿件之后,认为新闻水平很高,既宣传了艾青,又体现了金华特色,他十分高兴,并说不用修改,非常感谢。再比如"纯真年代"书吧朱锦绣老师也转发新闻并且说:"李老师,你们的学生都很优秀,将来都会是社会的栋梁之材。"

更加重要的是,这些作家、这些优秀的人带给我们一辈子养护心灵的宝藏。

感谢艾青先生说"诗人和战士是以同一的姿态出现在世界上"。他让我们以自己最合适的身份服务社会。

感谢茅盾先生说"我将我的稿费二十五万元捐献给作协,作为设立一个长篇小说文艺奖金的基金"。他让我们知道自己努力长成一棵大树,才可以激励后代长成一片森林。

感谢艾伟先生说"文学是严肃的事情"。他让我们字斟句酌,为每一个字负责!

感谢麦家先生说"成功的人生是有纪律的人生"。他让我们张弛有度,可持续发展。

感谢徐迅雷先生说"好人是这个世界的魂"。他让我们始终拥有一个人的良知,有态度地生活。

感谢屠国平先生说"我要追忆乡村,丰富乡村"。他让我们珍惜脚下的每一寸土地,热爱这广袤无垠的大地。

感谢金庸先生说"要平等待人,对人要温柔亲善"。他让我们内心柔软,目光亲和,爱人、爱自然、爱天下。

是的,我们充满感恩。感恩我们生于斯,长于斯;感恩浙江这片热土,这方家园;感恩智慧无穷、有情有爱的浙江作家、浙江文化人。

六、课程反思

2016届大预班"浙江作家·浙江文化"语文课程获得了较大的成功,为我2019届大预班"浙江作家·浙江文化"语文课程的丰富和深入打下了扎实的基础,也为杭外2023届学子对话当代小说家、翻译家孔亚雷先生的项目化学习活动积累了经验。经过浙江省普通高中语文学科基地调研活动、"浙江高中语文"微信公众号《学跨中西·传承经典——杭外语文教研本色》等的推介,"浙江作家·浙江文化"校本课程也成为杭外语文教育的一个亮点、一张名片。

当新一轮课改的春风吹拂,我欣喜地发现,多年来的语文教学行动,正是走在《普通高中语文课程标准(2017年版2020年修订)》宽阔的大道之上的。第一,"教师要具有专业发展意识,努力建构教学共同体"。这一共同体,不仅仅是与教育工作者组建的共同体,也应该是与学生组建的共同体。真正从学生的需要和兴趣出发开发课程,"关注学生个性化、多样化的学习和发展需求",定制个性化学习方案,顺势引导,才能真正激发学生持久的学习动力,使之在"愿意"的心理基础上主动地、生动活泼地发展。第二,把本地区的特色资源充分挖掘出来,引导学生真正认识家乡的富饶在青山绿水,更在文化积淀。文化积淀的核心在人,这些优秀的作家,把情感、志向、思考和期望浓缩在字里行间,成为后代可以反复挖掘、时时探索的宝藏。第三,"从现实生活中发现问题,提出活动主题",让学生真正成为学习的主人,主动阅读、主动思考、主动写作,懂得尊重、学会倾听,敏捷应对、恰当表达,发展自己的文化理解与探究能力,从而多方面地提高语文素养。

  我相信,每位语文教师的心中都有一方自留地,它期待着有心的"农人"去发现、去播种、去耕耘、去收获,唯有如此,每一个地区、每一所学校,才能构建独有风景,不被代替、不被模糊,生生不息、姹紫嫣红。

当我们谈论艾青时我们在谈论什么
——记大预班"浙江作家·浙江文化"之诗人艾青研究活动

"半年后,同学们将离开母校,前往全国乃至世界各地,作为杭外留和路309号的第一届大预班学生,你将带走什么?你又将留下什么?"在李芳老师的深沉叩问下,即将远游的我们带着一颗"了解浙江作家,探究浙江文化"的虔诚的心开启了一场又一场的寻根之旅。王鲁彦、柔石、茅盾、金庸、夏衍、林斤澜等浙籍文化名人开始频繁走进我们的生活,而我们小组则锁定了金华籍诗人艾青作为研究对象,在阅读艾青作品、寻访艾青故里等活动中,收获颇丰。

当我们谈论艾青时我们在谈论什么?是岁月留下的深褶中盈着笑意的慈目老人,还是一个与聂鲁达齐名的人民诗人,抑或是那两句对故土最真挚的表白?在这充满民族与诗歌香气的名字背后,有太多属于上一个时代的故事。我们或许听闻,但终无缘回溯时光,去经历这位充满抱负的诗人身上所有的欣喜、苦难与悲哀。只有从他散着太阳热度的呼喊中,从他提顿分明的墨迹中,依稀窥见那个"不平凡的世界"和那段"不平凡的人生"。大预班"浙江作家·浙江文化"艾青研究小组于3月19日至3月21日走进浙中名郡——金华,参观艾青纪念馆,采访纪念馆馆长,走近诗人艾青。

《玉台新咏序》曰:"金星与婺女争华,故曰金华。"这是一个古韵与现代之美交融的地方。一百多年前,艾青出生在金华城边的畈田蒋村。今天的我们则是在婺江边的艾青纪念馆了解他的坎坷之路。纪念馆与金华少年儿童图书馆、金华市文化馆并立于极富现代感的建筑群中。馆内艾青的生平介绍恰到好处地搭配了他不同时期的作品,尽可能真实地还原了诗人的所思所感。再满心躁动的青年,也会被历史的厚重抚平心绪,为艾老的志向和胸襟折服。

仔细阅读展馆中的素材,我们逐渐认识到艾青是一位拥有很高美学造诣、钻研了绘画等艺术形式、兼容中西艺术风格的诗人。在了解了他的人生经历后,我们才能够更真切地读他的诗。他写在骨子里的正直和希望使他成为一个离家而行的游子,一个用笔呐喊的斗士,一个拥抱和平的使者,一个在轮椅上竖起大拇指并最终"在时间的深沟里升腾起来"的发光体。

为了看到展板之外的艾青,我们在探访前一个明媚的午后致电艾青纪念馆,预约采访,两天后惊喜地收到肯定的答复。3月21日,在周国良馆长的茶香中,我们与他座谈良久,艾青的形象也越发鲜活起来。我们由艾青的绘画与诗歌创作谈到了他"难以忘怀的交往",从艾青与他的父母谈到了乡愁,从艾青的时代性谈到了文化的力量。话题由艾青出发,向着更广的方向延伸,周馆长说:"艾青永远不说假话!"艾青作为一个"大写的人"拥有的魅力值得被看到与铭记,然后我们才能说:"更幸运的是,我们读到了他的诗。"

周馆长用自己的学识悉心解答我们对艾青诗作存有的疑虑。令人敬佩的是,周馆长作为现代文艺工作者,不断继承前辈的文化成果,并产生自己对当代社会"人与诗歌""人与家乡"的理解。这种文化迁移恰恰是对先辈最好的致敬。有人说,一个人崇拜什么样的人,自己也会努力成为他那样。当一袭中山装、戴着圆片镜的周馆长坐在我们面前或深沉或激昂地谈论时,我们隐约看见当年怀着理想主义只身赴法的年轻艾青的影子。这大概是一对前辈与后辈的模范,一种精神气质跨越两代人的典型。

和畅的春风遇上"世界诗歌日"的馨香,久违的晴日遇上艾老106周年诞辰。一次次巧合勾连起现在和过去的一段峥嵘岁月,令人感到恍然却又尤其幸运。艾青定不会说这是命运的安排,而会说是后人循着那"歪歪扭扭的脚印"走来。

艾青先生曾写道:"我想要写出一种精神,一种白手起家与天奋斗的精神!"二十余年中断作品发表,他没有停止与天的奋斗。他白手起家筑成属于自己、属于金华、属于浙江、属于中国的诗歌之塔。在最艰难的日子里,他也如同他笔下的礁石一样"含着微笑,看着海洋"。

"这是一位谈吐诙谐、乐观豁达的老人。这是一位忠实于人民、忠实于时代的歌手。这是一位因说真话而吃苦头,但总不能吸取教训的真正的诗人。"纪念馆用这样三句话结束参观者的游览,却开启了我们无限的思索。我们大概可以感受到在狱中的艾青心中奔涌的灵感和燃烧的情怀,瞭望到那个时代文化人的精神境界。更为可贵的是,我们感到内心缓缓注入了一种气质——对理想事业的执着和对家乡故土的柔情。

诗性乡情婺水续,不枉金华访艾行。

附:小组成员随感

我没有想到过,因左联"春地画展"入狱是艾青弃画写诗的契机,他开始"借诗思考、回忆、控诉、抗争";我没有想到过,他迁去北大荒,因无法得到及时有效的治疗而右眼失明,却依然"下定决心,排除万难",重复说"这里的水真甜,是世界上最甜的水"。这样坚忍不拔的艾青让我愈发敬佩。艾青的诗永不流于庸俗、口号式的呼喊。写阵亡的士兵，不是简单地赞扬、歌颂与扼腕，而是像《他死在第二次》那样，灌注了他对于战争的思考。

一切的光荣/一切的赞歌/又有什么用呢？/如我们不曾想起/我们是死在自己圣洁的志愿里？/——而这，竟也是如此不可违反的/民族的伟大的意志呢？

一个兵士/不晓得更多的东西/他只晓得/他应该为这解放的战争而死/当他倒下了/他也只晓得/他所躺的是祖国的土地

那些土堆上/人们是从来不标出死者的名字的/——即使标出了/又有什么用呢？

这样的诗句，不由得让人脊背发凉，不由得让人与诗人一起陷入了思索。

（高扬然）

艾青曾言："在极度的悲悯世界之后，以热情去催促人类向美善的未来跃进，不论他是用溅血的声音呼吁，还是以闪光的剑去劈出那横在道上的荆棘，诗人和战士是以同一的姿态出现在世界上。"从中可见艾青的审美理想。当我们细细品味他的叙事长诗《他死在第二次》时，被诗中这个普通兵士的心理活动和感情变化以及对战争和生命意义的感悟所深深打动。

多少年代了/人类用自己的生命/肥沃了土地/又用土地养育了/自己的生命

这死就为了/那无数的未来者/能比自己生活得幸福么？

悲悯情怀使得艾青的诗句震动人心，他在用艺术进行人性的探索，他所拥有的理性辩证使他的文字进入更深邃更高远的层次。这些诗句令我眼睛发光，艾青先生足以装下世界的胸怀真正令我折服。

（倪梓璇）

这次学习令我对浙江金华籍诗人艾青的认知不断饱满、充实起来。由最初课本中的"我爱这土地"，到充斥着红色标签的"人民诗人"，最终到极为真实的、倔强坚强的金华人艾青……在这种有意思的人物形象"进化"中，同样丰富起来的还有我对于艾青诗歌及理论的理解、感悟。艾青在《诗论》一书中阐发道："诗，永远是生活的牧歌。""诗的旋律，就是生活的旋律；诗的音节，就是生活的拍节。"的确，诗歌创作贯穿着艾青的一生：留学时期略带迷茫却充满激情的《巴黎》《芦笛》，抗战时向苦难和敌人抗争的《向太阳》《雪落在中国的土地上》，以及多年后再回首的《时代》……多产的作品真切地书写了诗人的人生传记，流露出纯真的生活情愁。"我们创造着，生活着；生活着，创造着；生活与创造是我们生命的两个轮子。"诗歌，和其他文艺作品一样，在真实自然的生活里，通过善于体察的个人主体，将现世存在引申为精神产品，连接着两道被阻隔的时空，驱动着生活真善美的迭代——这便是它们就个体境界所承载的价值与使命吧。

（王晨跃）

我算是半个金华人，生于这金星与婺女争华之处，能够带着同学不看地图在当地玩耍，却又道不明此地此景的历史文化。行走两天，去了双龙洞、燕尾洲、金华博物馆、古子城侍王府、中国婺剧院，三四遍漫步婺江边。站在游客视角重新领略此地风土，看街头的永康、兰溪、义乌小吃店，看地摊上的破旧古字画书籍；在婺江边听小段婺剧，交谈尾音带个"wa"。到了第三天进行采访时，脑中已经脱离了文学技巧，印象最深、最好奇的便是关于故乡、乡愁与艾青的问题了。

　　一是乡愁，周国良馆长提到，陪一位老先生游诸葛八卦村时，老先生坐在巷口石子路上，说："如果能让我躺在这石子路上，从高处俯拍一张照片，我就睡在乡愁里回家了。"乡愁是碰触到旧砖旧瓦便触碰到了记忆回了家。对于每一位作家来说，故乡的风土人情是他的创作起点。艾青童年时黑暗的小村庄使他的诗作带有忧郁色彩，但这也是不可割离的情感的一部分。艾青在《每个人都要从自己开始》写道：想起遥远的家乡/在那黑暗的岁月/邻居家的孩子病了/母亲提着灯笼到村边/向荒野发出呼唤/孩子啊/快回来/妈在这儿等你……在黑暗中发现人情人景的爱与关切，于此展露拳拳赤子心。二是对家乡的贡献。周馆长说"对家乡的贡献有千万种方法，关键是心里有没有家乡"，"成就与身份地位和家乡情，是考虑对家乡贡献时的综合因素。对家乡的贡献不在于捐了多少钱。能成为家乡的骄傲，多年以后说一句我是这里人，这同样是对家乡的贡献"。除了我们熟知的"为什么我的眼里常含着泪水，因为我对这土地爱得深沉"，艾青先生还写作了《双尖山》《献给乡村的诗》《透明的夜》《少年行》等饱含对家乡深情的诗歌，用周作人在《地方与文艺》中的说法，这是"跳到地面上来，把土气息泥滋味透过了他的脉搏"的真正的思想与文艺。

（周可文）

　　这一次金华之旅，我想我不仅仅认识了艾青，更认识了一位很"艾青"的纪念馆馆长周国良先生。我们的采访注定不会墨守成规——喝着不一样的茶，谈着不一样的关于艾青的问题。这一个下午的时光令人难忘，但让我印象尤为深刻的是馆长谈到的传承以及故乡。他告诉我，文化的力量，在于一代一代的精神带来的影响；他让我明白，我常苦思冥想的对家乡作贡献的方式，只在于那一句"我是故乡人"，乡愁也只在那仰躺在故乡土地上时的欣喜中，在那一砖一瓦间。我更记住了馆长对艾青的传承：先生谈及诗、抒发情感是振臂一挥，语气激昂，那是怒发冲冠的爱国青年艾青；先生讲到乡愁，目光悠远，那是在牢狱中思念故乡的艾青……先生的真诚、执着、激情、愤怒，都是艾青。

　　在现代社会，遇到周馆长这样的人真的难得，我在十八岁的年纪能遇到一位已是幸事。也许艾青的现代价值，如同馆长所言，在于他的时代性，也在于他的影响力,由此及彼,此起彼伏从不停歇,那是传承的力量。我想我该感谢艾青,也该感谢这一百年间的人物,代代影响,代代传承。很多东西在这些年月里流逝了,而这些精神让我觉得更加难能可贵。所以,也许我也该努力吧。不枉此行。

(陈可馨)

(李芳、倪梓璇、高扬然、周可文、陈可馨、王晨跃)

走近大地上奔走的越客
——记大预班"浙江作家·浙江文化"之作家艾伟研究活动

在浙江这片充满灵气的大地上,涌现出了一大批出类拔萃的作家,呈现出一派缤纷多姿的景象,这是中国文坛不可多得的宝贵财富。为了能够对这些浙江作家和浙江文化有更深更全面的认识和理解,在大预班学习期间,大家积极参与由李芳老师发起的"了解浙江作家,探究浙江文化"的寻根活动。一时间,对茅盾、柔石、金庸、夏衍、刘以鬯、麦家、徐迅雷等著名浙江作家的研究充盈着我们的生活。这确确实实增进了同学们对于浙江作家和浙江文化的了解,而我们小组则决定去深入了解一位来自浙江绍兴的著名作家——艾伟。

艾伟老师的作品主要将"生命本质中的幽暗和卑微"作为叙事聚焦的对象。作为"存在的勘探者",他在作品中倾注了关于信仰的追寻,关于灵魂的思考,关于人性的探究。他曾言:"长篇小说最基本的价值元素:复杂的人物、丰富的情感和令人嗟叹的命运感。"正是因为对这些重要元素的坚守,当我们阅读他的长篇小说时,无论是关于一个女孩隐秘身世的《风和日丽》、关于精神和肉体疼痛的《爱人同志》、关于生活中残酷真相的《盛夏》,还是把写作的寓言性建立在人物深度之上的神秘莫测的《南方》,总是会令人感到时间恒久的力量,感到命运的深不可测,感到生命的生生不息。更重要的是,感到只有阅读能带来的淋漓尽致的舒畅感。艾伟老师还说过:"我更愿意成为能持续写作的作家。"这样的坚持让他的文字总是带着冷静、审慎、坚韧的力量,也更加触动人心。

为了能对艾伟老师有更加全面的了解,大预班"浙江作家·浙江文化"之艾伟研究小组成员于3月23日走进杭州市作家协会,与艾伟老师围绕文学创作、浙派文学以及信仰价值等话题进行了面对面的交流。在采访中,艾伟老师倾心交谈他的成长经历和创作感受,也真诚地诉说了浙江这片充满灵气的南方大地对他创作的帮助。他生长于浙江上虞,就读于春晖中学,他说故乡的水土是充满灵性的,上虞上浦是当年谢安东山再起的地方,也是兰亭诗会集聚的临近地。古时候的文学家一支笔一双脚,在吴越的广阔大地上不停地奔走,驻足山水进行创作,这种创作的力量与性情带给艾伟老师许多启发,也渐渐形成其创作理想。同时他提到,人性的力量对于作品塑造是十分重要的,它产生矛盾,交融情感,推动情节跌宕起伏地发展。

在交谈中,我们了解了艾伟老师丰富的创作经验,真切地感受到了文学的独特魅力,对这片脚下的水土也有了全新的热情。

本次"寻根之旅"是我们在高中语文学习中浓墨重彩的一笔,是我们思想上的一次小憩。未来的日子里,我们将各自奔向全国乃至世界各地,"寻根之旅"令我们更加体会到家乡文化之丰富和人情之温暖。我们也将带着这份温暖和艾伟老师给予我们的思想启蒙更好地启程,走向人生的下一个阶段。

附:小组成员随感

《盛夏》是艾伟的一部发生在当下、与其他作品不尽相同的小说。在准备这次语文作家探访的过程中,我在同学的热情推荐下阅读了这部小说,并建立了对作者艾伟的初步印象。小说讲述了丁家父子、律师柯译予、女孩小晖之间的故事,其戏剧性的情节和悲剧性的结尾如同标题中的盛夏一般,充斥着炎热、浮夸和躁动。匆匆读罢,连环相扣、紧密相连的情节使我感到有些虚幻,然而作者正是希望通过这样一种浓缩的世间巧合,表现命运与时代反映在社会个体上的离奇、失控,更借此反思个人主体在这种作用之下的种种心态与举止。

既充满着期待,又充满着忐忑,我们就这样与这位作家同坐在会议室的长桌前。于我而言,此前对于作家的了解仅限于作品和简单的介绍、照片,因而这次访谈无疑是我对作家立体形象的补充。艾伟老师的《风和日丽》曾被改编成热播的同名电视剧,那么作为文学作品的拥有者和创造者,作家本人又如何看待这样的经历呢?艾伟老师颇为幽默、豪爽地回答总结道:"荣幸、不看。"荣幸是指对于自己作品被肯定、认可的接受和感激,而真正合格的作品,无论是其逻辑还是情节、主题,都要能承受千百次的检验。在这种检验或者说创作的过程中,原作又被赋予新的内涵并不断进化,这种作品的递进升华是值得原作者感激、荣幸的缘由。但在另一方面,当文学作品以电视剧的形式呈现于银幕之上时,一层属于文字的多义的朦胧又被粗暴地刺穿,在观众(而不是读者)心中呈现出一份刻板固化的形象。这便是原作者不愿意看到的景象。因而,艾伟老师的"不看",更是一种对于自己作品甚至是严肃文学的真挚爱护。

(王晨跃)

在《南方》这部作品中,作家艾伟运用了你我他三种人称,循环往复,一个个人物形象在这一轮轮叙述中全方位地建立起来,而错综复杂的人物关系就像一张巨大的网,在情节的不断推进中被编织起来,网线首尾相连,跨越了空间,跨越了时代。艾伟老师在访谈中说,命运作用在不同人身上的结果的显现,这就是文学。《南方》中各色人物的串联以及情感的不同挣扎正是这句话的真实写照。在阅读中,我们发现了许许多多的小世界,而各个小世界所呈现的生活状态往往是我们真实生活的写照,令人震撼。

(沈哲晓)

读完几部艾伟老师的作品,我的脑海里出现两种主要印象。第一,淋漓尽致。艾伟老师的作品总是建立在磅礴的时代背景下,时间跨度久远,涉及人物繁多,每部作品内部都蕴含着一张精致而细密的网,包含着各种各样错综复杂的关系。经过长时间的阅读,想象大片文字在眼前组成了一幅恢宏的画面,看着书中各种各样的人物经历了多种我作为读者没机会体会到的人生,然后抬起头,从情节中抽离出来,真能体会到一种不真实感,仿佛穿越一般,从之前的生活突然回到了现代的生活。这真的是一种爽快的、淋漓尽致的阅读体验,我十分珍惜。第二,冷静审慎。艾伟老师的作品通常都需要长时间的构思,加上对周遭社会及平常人生的细致观察,配以谨慎的遣词用句才最终完成。这让他的作品带上了一种理性的魅力,也更耐得住仔细的研读和分析。这让我在激情澎湃地阅读其小说的同时,也能对情节多一些理智的思考,多一些辩证的思维。淋漓尽致又冷静审慎,艾伟老师作品的这两个特质使我拥有了很棒的阅读体验。我也十分敬佩他。

(羊靖乐)

阅读艾伟老师的作品,我总能感到许多强烈的冲突:小人物与大人物的冲突,小人物与小人物的冲突,各类人与自我内心的冲突,人和时代的冲突。在访谈中,艾伟老师也提到,对人性的探究是我们始终要不停挖掘的课题。这带给我很多启发,从前我写文章总会直接或者间接地去刻意营造一种情感氛围,渐渐地,文章创作总是多出许多重叠或生硬的部分。但在看艾伟老师的作品时,人物的各类情感纷争和语言挣扎都会随着情节的发展而自然生成,文字所把握的压抑、苦痛、愤怒、欣喜等都会让人有强烈的渴望,想要踏入那个被创造但又莫名真实的世界里。

我也是一个土生土长的上虞人,在起初阅读艾伟老师的作品时,我倍感亲切,好像故事中的各个村落、城市与我距离很近。然而读着读着,我又感受到了陌生,这是一种很奇妙的感觉。为什么我明明生长在这片土地,却发现自己并不熟悉它?作品中并没有提到明确的地域,但我却重新开始思考,我们这一代缺失了什么?又是因为什么而缺失的?

(朱琳)

"写作是写作人的宿命,一旦空下来,人的整个生命就犹如一辆车在半途抛了锚。"艾伟老师在写完长篇小说《风和日丽》后如是感慨。我想,若不是在创作中全身心地沉浸其间,怎会有这样的感受?这让我骤然对艾伟先生产生了敬意和好奇。在阅读中,我时常感受到作品呈现出这种全身心沉浸的热情,这种忘我的热情更是他笔下人物的深刻写照：鲜活、有血有肉、真实而触动人心。就好像当他们被创造出来后，他们就变成了整个世界。我只能说，是小说家的血肉铸造了他们的灵魂，让他们像一棵树，在这世界野蛮生长。

（张睿清）

（李芳、朱琳、石书欣、王晨跃、羊靖乐、沈哲骁、张睿清、童华琳）

看清这个世界，然后爱它
——记大预班"浙江作家·浙江文化"之杂文家徐迅雷研究活动

浙江这片四季分明的大地，孕育了很多各领风骚的文人墨客。忧国忧民如鲁迅，炽热深沉如艾青，童心不泯如木心……他们在各自的时代中摆脱时间的束缚，握紧手中的笔，抒发情怀，承载历史。曾经，鲁迅视笔为投枪和匕首，当今有人对此作出回应："杂文变成了银针和手术刀，更多是为了社会的共同进步，把肌体的毒瘤割除掉。"这是徐迅雷老师对我们小组同学说的一句话。笔的作用变了，意义是不变的，那就是唤醒这片我们深爱着的土地。

徐迅雷，浙江丽水籍著名评论家和杂文家，身兼《都市快报》首席评论员、浙江大学新闻与传播学院客座教授、浙江省杂文学会副会长、杭州市政协委员等职务，已有《只为苍生说人话》《让思想醒着》《这个世界的魂》等著作出版。

在研究活动初期，我们首先选择了徐迅雷老师的书籍进行阅读，其中《这个世界的魂》给了我们最深刻的印象。该书共分情怀、境界、史记、精神、人文、现实六部分，书里写了许多人物，每一篇杂文都像是一篇简短而有力的传记。他写到左拉，写到伏尔泰——他们都为他人的利益奋斗，为自己所不认识的小人物申冤，因呐喊而牺牲了自己的利益。的确，"为素不相识的人打抱不平，这就是一个人的良知"。

对徐老师有了初步的认识后，我们有幸联系到了他。4月7日上午，我们前往浙江大学聆听了他开设的新闻评论课，并在课后采访了他。

课堂上，徐老师多次提到，写新闻评论有三大板块，也称三部曲：认知、情怀、表达。认知，就是多了解身边的事物，认识这个社会。"所见所感，皆是来源。"此外，更重要的是阅读，"阅历不够，阅读来凑"。徐迅雷老师开玩笑道，他家到处堆满了书，所以小偷来了肯定很失望。他甚至还租了一个仓库，打造了30个书柜，才把地上的书全部"请"到了柜子里。他还提到，一个对写作有用的办法，就是建立素材库，把所见所闻所感及时地记录下来，建一个文档，在每一条素材中提取关键字写在最前面。想寻找某一类信息时，只用搜索关键字就可以了。徐老师也向我们推荐了诸如《周有光文集》《沉思录》《甲骨文》《江城》《把生命浪费在美好的事物上》等经典书籍。

徐老师认为，一名新闻工作者最本质的素养就是要独立观察，独立思考。有了积累与基本素养后,剩下要做的便是让别人准确理解你想表达的意思。他说,换个角度写新闻,把"警察抓小偷"写成"小偷被警察抓","大院新闻"变成"后院篱笆墙新闻",用贴近老百姓的角度,以他们感兴趣的方式来叙述事件,才是一篇好的新闻稿。徐老师还提到,现在有过多的新闻使用"强调体""指出体",不仅语句单调,还疏远了读者。其实仅仅一个"说"字,就能表达出准确的意思。说,就是说人话,这也是徐老师对新闻本质的理解与朴素的坚持。

课后,我们对徐老师进行了采访。采访的问题主要关于他对职业的选择及理解、在创作过程中对他有影响的人与事,以及他对一些社会热点的看法。他耐心详尽地回答了我们的问题,让我们对他有了更深的了解。

我们的第一个问题是他选择成为新闻评论员的原因。他说:"我最早十七八岁的时候写诗歌,后来写小散文还有小说。"对新闻评论并非一开始就喜欢并感兴趣。2000年,新闻评论在中国兴起,以南方报业为首的《南方周末》《南方都市报》等媒体带头进行新闻评论,大环境非常重视新闻评论。于是,徐老师便开始陆续写,并在2001年达到井喷式写作。"几乎每天写一个新闻评论,全中国到处都发。结果全中国所有发新闻评论的报纸都发表过我的评论。"徐老师认为正是在时代的发展中摸索,才幸运地找到了最适合自己的新闻评论方向。

接下来,我们请徐迅雷老师谈了谈对他有影响的人。他讲起自己的写作启蒙老师:"这个老师我读小学的时候没有教过我,我们在农村,他是十里路外的一个非常优秀的语文老师。他非常认真地批改,更多的是表扬、肯定、欣赏。"正是因为童年时遇到这么好的文学启蒙老师,徐老师的写作兴趣才被早早激发了。他还提到,对他思想水平、认知水平影响最大的是鲁迅和胡适。"我写过一篇文章,后来收进《这个世界的魂》这本书里面。鲁迅和胡适,他们是并行不悖的,你不能把这两个人对立起来,说鲁迅只知道破坏,胡适才是建设。对他们两个,我有一个形象的比喻:鲁迅像我们左手握着的黑板擦,黑板擦要把黑板上该擦掉的擦掉;胡适像我们右手拿着的粉笔,该新写上去的要写上去。你只看鲁迅一定不够,仅肯定胡适也不符合中国历史发展的现实。所以他们两个,破坏和建设,对我的思想影响是很大的。"随后,徐老师又提到了伏尔泰、左拉、杜拉斯等人:"这些好人便是这个世界的魂。"

此外,徐老师与我们分享了许多他生活中发生的趣事。他的女儿与我们年龄相仿,所以很多他女儿的故事,让我们觉得非常亲切。

能够在看过一个作家的作品后与他交流,是一件幸运的事。我们也从中更加了解徐迅雷作为一位作家、新闻评论员、老师和父亲所拥有的,对社会、生活的态度。他握着犀利的笔,勇敢地发声,但讲起他碰的壁却轻描淡写,像讲小笑话一般。正如他所说,新闻的本质是维护公共利益,他不因为看到了更纷繁复杂的世界而悲观,而是看到了大爱,并竭尽己力去保护它、发扬它。他的奋斗让我们想起了一句话:看清这个世界,然后爱它。

(李芳、范凌与、朱妙、沈笑言、黄怡璇、章震尧、陈逸鲲、金曜杰、徐婉珏、戴卓欣)

不忘故土，跟随自然
——记大预班"浙江作家·浙江文化"之诗人屠国平研究活动

"像太阳一样，早上升起来，晚上落下去。人年轻的时候向外奔波，寻找一些东西，老了之后就回去找。"坐在湖州"夜航船"书吧的沙发上，对我们研究小组同学娓娓道来的诗人，就是本次我们的研究对象，湖州南浔籍诗人屠国平。

屠先生是浙江省作家协会会员，自1998年开始写诗，已经出版诗集《清晨的第一声鸟鸣》《几里外的村庄》等。4月19日下午，我们小组一行三人，揣着屠先生的诗作来到南浔并采访了他。采访主要围绕他的近作《几里外的村庄》展开，在回答创作这本诗集的初衷时，屠先生说，农村有一种非常可贵的东西——自然安静而原生态的生活；忍耐宽容、亲切友好的情感，即便吵架时有些粗鲁，吵完大多也好了。如今，一个村庄没多久就要被拆掉或变成一个陌生的企业，而且农村里很多人往外跑，似乎住在乡村就代表着一种失败。事实上，人们渐渐才发现，凋零的乡村会让人们失去安静、记忆和归属感。因此，他想写一些作品来追忆农村、丰富农村。这本以南浔小镇为背景的诗集，题材并不多么宏大，语言也绝不华丽，读来却朴实亲切、平实有味。曾有采访他的记者以"看丰子恺的漫画"来形容读屠国平先生诗作的感受：简洁却不简单，清新自然却最能引起共鸣。跟他的作品一样，屠国平先生本人也有着平和的气质。在书吧里，他不疾不徐地说着，说童年，说故乡，说亲人，说未来，说城市的不断变迁，说城市新居民们在寻找的归属感。作为一名与图纸和量尺打交道的测绘师，屠先生谈起这些时却更愿意放下精准的数据，以一个诗人的眼光，去表达朦胧的美。

带着一份不可——言说的心情，我们回到了杭州。4月25日的语文课上，李芳老师为我们精心选择了屠先生的二十首诗作进行朗读和品析。课堂里是如此安静，即便朗读也大多声音轻柔，甚至带有些淡淡的忧愁——"父亲/坐在屋檐下/搓着草绳/草绳长长的/一头连着雨水/一头续着心事"；"一条小路伸进去/一缸清水一个家/村庄亮着，桃花开着"；"在太湖边醒来/水里的远山、钟声/隐约的浪/像我们割过的草地/现在又墨绿墨绿/长了上来"；"也许，爷爷真的太累了/他在太阳底下/睡得很安然/阳光，渐渐把他的影子/牵向更远的地方/我突然心生一种恐惧/仿佛这西去的太阳/正偷偷抽走他/一根根酥酥的/老骨头"……

"如果可以，真想亲临真实的、纯朴的、原始的乡村，感受麻雀带回的更深的暮色。"羊靖乐同学如是感慨。"一缸清水一个家。这诗里有画，有气味，我好喜欢。"范凌与同学这样评价。"《儿时割稻》让我想起妈妈给我讲的故事。早些年间，外公和外婆出去撑船养家，台风来临的时候，家里只有妈妈和舅舅。那种无助与思念是无法用语言描述的。年轻懂事的孩子总是听话得令人心疼，出门在外为了微薄收入打拼的父母辛苦得令人心疼。心疼往往是最无奈、无用的话语，就像一面向你倒来的墙，扑面时生活的残忍令我们无处可逃。"朱琳同学完全踏上了回家的路。更有的同学，被屠先生的诗作激发了创作的热情，提笔写下一首首小诗，比如徐天怪同学写下《树》："路旁的树抖去身上的尘埃/向对面的伙伴招手/透过阳光与灰的薄幕，他看到她皱起的眉头/与微撇的嘴角/她用来照镜的水洼/被行人踩得支离破碎。"胡雪雯写下《蜻蜓》："天气闷得很/是要下雨/它飞得那么低/透明而单薄的翼/却隔开我/与整个童年的曾经。"李芳老师说："诗是最霸道的体裁，它用最少的文字'掠走'你最丰富的想象和情感。"她还说："好的作品能让人不由自主地踏上'回家'的路，屠先生的诗，让我们回去了一次又一次……"

散文家、诗人庞培在《在太湖边醒来》一文中这样评价屠先生的诗歌："这里从不出现历史和终极，没有哲学，没有时髦创新，没有宏大词语，只有无人理会的旧茶馆门前的雨滴、几只麻雀和诗人少年时代的农事经验：遥远的湖面，一场大雨，星空和屋檐，亲人的唠叨和嗜好。所有当代诗歌里常用、常见的修辞，在此一律被省略缩减，形成统一的朴实的愁容。空气，似乎是生老病死、春去秋来的乡土悲悯。"的确，屠先生的诗是朴实无华却又充满疼痛的温情，他的心中住着家园，用诚实的记忆努力唤醒迷失在现代化桎梏里的人们。

没有故土，人何以有温情？跟随自然，才能找到回家的路。

附：小组成员随感

在屠国平先生的诗中，故乡是一个非常重要的元素。"恍惚中/只有老宅的灰瓦片/等来了一阵意外的清凉"；"走在雪地上/挂念起故乡的村庄/村庄也像一片雪花/飘在你异乡者的梦中"……故乡永远都是你最温暖的家，只要你想起了故乡，故乡的样子便浮现在你面前。村外的一条小溪，两边嬉戏的孩子，村口的一棵大树，你仍然能看清刻在那树上的你的名字。然而，那个村子几年前就已经被拆掉了，溪流被填平，盖起了房子，大树被推倒，铺起了马路，那刻着你的名字的小树皮不知在哪个车间里被慢慢磨去。就如你对故乡的记忆，在现实的苦难中被不断摧残，那个正在消失的故乡，还残存多少？然而，故乡不仅仅是用来怀念的。

（贾杰恺）

童年，提起这两个字的时候，似乎有很多话想说但又不知道从何说起。也许有人会唱起罗大佑的那首歌，想想叫着知了的夏天，也许有人会拿起泛黄的相片，看看多年前的稚嫩模样。童年，是一段洋溢着天真与烂漫的时光，它可以被歌唱，更可以用文字去记载。在屠国平先生的诗作之中，便不乏对童年的怀念。

我坐在矮矮的木凳上／歪歪斜斜地练习着／方方正正的汉字。（《七岁》）

我用装满水的木盆数星星／星星一闪一闪很是安静。（《星星》）

简简单单的诗句却能勾起许多回忆。小时候按捺不住的好奇心，东瞅西瞧。小时候停不下来的双手双脚，创造稀奇古怪的游戏自娱自乐。小时候被怀疑是不是多动儿童，被拎回家"钉"在椅子上写作业。也有突然安静的时候，光是抬头数数星星也会笑出声来的小时候，多美。

窗外的小鸟／叽叽喳喳评说了一阵／从树上飞远了／记忆的房间里／找到的珍贵的相片／是天空留给我童年／最美的合影。（《童年的门开着》）

或许每个人的童年都会有各自的美，相片留下合影，而文字留下一颗真心。屠先生用诗歌承载记忆，其实你我都可以同屠先生一起，珍藏过往美好时光，带着份诗意的浪漫，回忆童年的甜，继续成长。

（斯宇西）

也许诗人较大众更善于找寻自身内心的宁静，也更善于在日常生活中寻找诗意。

在屠国平先生的诗中，我们可以很容易地找到他对于生活的一些思考，并且从中获得一些很有新意的启发，充满哲思趣味。比如在他的《几里外的村庄》中，我印象很深也很喜欢的一个主题是"对一只蚂蚁说过我的故事"。在这个主题里，诗的数量不多，但是细细品味，这些诗句通过一些很小的切面折射出生活的深度和质感。

蚂蚁一生都沉默着／如果你不去注意它／不会觉得这世上／会少些什么／我们从生到死的时光／对于它们却是千年／我们无意义的交谈／它们偷听为神的谈话／我们在某个角落哭泣／它们视为一朵长久的乌云／哎，这细细的，比风还轻的蚂蚁哪里知道／它们仰慕为神的人类／在这个世上／也是那么痛苦／那么失败。

顾城说过，看到好的诗会让人有读出来的欲望，这样的诗就是了。

（羊靖乐）

这是一个将身体紧贴着土地的诗人。他的体温、呼吸、心跳，都紧紧系着他对故地的怀念与热爱。他诗中写到的麻雀、湖面、铺满星辰的天空都令我向往，却也让我感到了一丝遗憾。对于并未经历过乡村生活的我而言，并没有办法直接感受它们，但从屠先生的字里行间，我能感受到，那些事物，必然是令人无法割舍的。

而这些事物，却在城市的发展中逐渐消失，逐渐被遗忘，这又是何等的可悲呢？如果我早生十年，是否能一窥屠先生诗中的乡村美景？在这快速发展的环境下，我们得到了许多，却也失去了许多。

不过，在这喧嚣的城市中，屠先生的诗让我感到一丝平静。这种用最为直接的语言来传达自己情感的方式让看惯华丽辞藻的我感到敬佩。

多年以后，身在外地的我，或许也会这般感慨吧！

我看着村庄/朦朦胧胧的心/融进了苍茫的暮色。

我看着阔别多年的杭州/断断续续的愁思/融进了苏堤烟雨。

如今的我们，正站在人生的转折点上，大部分人都要远离故乡，到外面的城市去学习，去奋斗。但是，心怀故乡的我们，仍会在命运的十字路口低吟：故乡，请允许我暂时远离你，去远方寻找我要的答案，不管路途有多遥远，你都在我心间。不论我的目光有多高远，你都在我的眼中。总有一天，我会回到你身旁。

（周毅航）

（李芳、陈朱晋、周毅航、贾杰恺、羊靖乐、斯宇西、陈灼、徐伟钦、沈德瑶）

献给我们的"纯真年代"
——记大预班"浙江作家·浙江文化"研究活动

从三月初到五月中旬,大预班"浙江作家·浙江文化"研究活动持续了两个半月,如今已临近尾声。我们一共深入研究了浙江籍作家15人,地区涉及杭州市(3人)、宁波市(3人)、嘉兴市(3人)、湖州市(2人)、绍兴市(1人)、金华市(1人)、丽水市(1人)、温州市(1人),作家创作领域遍及小说、诗歌、散文、杂文、剧本、报告文学等。我们阅读的书籍粗略统计达50余种。在研究活动中,我们回望生长和养育我们的这一片肥沃而美丽的土壤,内心无比自豪且感动——因为它的滋养,浙江作家层出不穷,浙江文化丰富精彩。

今天这份稿件,我们专门要写的,不是某一位作家,不是某一种文化,而是与作家和文化密切相关的一类人,他们用自己的智慧和热情建设起一座座文化交流的平台,我们姑且称他们为文化的传播者和供养者。他们之中有一位出色的代表,她,就是杭州"纯真年代"书吧的吧主——朱锦绣老师。

麦家先生将"纯真年代"书吧视为可以让"脚步慢下来,心思静起来"的地方,并直言要去第三次、第四次、第N次……4月27日这一天,多云,有风,空气清新,我们如约来到西子湖畔的"纯真年代"书吧,很荣幸地与朱锦绣老师畅谈文学和人生。

走进这座"西子湖畔的文化客厅",便惊叹于江南的精致与格调——正可谓"螺蛳壳里做道场,梅花桩上比武艺"。两层楼的阅读室,枕着保俶山、倚靠着西子湖,优哉游哉。

朱老师从最近刮起的"郑愁予江南风"讲起,谈到整个活动一手策划的过程;之后是自己的丈夫、儿子、女儿("纯真年代"书吧)的故事;接着是办"纯真年代"书吧的初衷和杭州的阅读现状……三个多小时满满当当的采访,还时不时穿插着一些"英语小讲堂",让我们倍感亲切。

余华说:"锦绣生病,生出一个书吧来。"健康曾经背叛了朱老师。在疼痛与绝望之际,她决定为这个世界留下一点东西。书吧就这样诞生了。开书吧表面看起来容易,实际上,背后的辛酸苦楚有谁能够体会?"纯真年代"经历过太多风风雨雨:艰难的起步、盛子潮老师的大病和书吧的"灭顶之灾"……然而,朱锦绣老师用她的坚韧、坚持,外加一点固执挺了过来,赢来了千千万万的爱书人。

"'纯真年代'书吧让我想起了莎士比亚书店。"张葛思涵说。

"哦,真的吗?这是我最想听到的话!"朱老师不无激动地说道。

莎士比亚书店对文人来说,意味着永远的天堂。它已化为一个文学符号,成为爱与文学的象征。回头一想,这两家书店竟如此相似:都不以营利为目的,都摆脱了利益的桎梏,都吸引了名人名家与无名小辈的光临……

"爱读书的人都是善良的。"朱老师如是说。确实,对知识的渴求映射出的是人类的渺小与伟大——爱书就是爱知识,就是爱人性,就是向初心的回归。这种当代国人少有的特质让朱老师收获了无数客人——远方的、本地的,孩童、青年、长者……他们有一个共同的特质:永远深爱着人类文化的结晶——书。朱老师始终用她那温软的笑容迎接八方来客,这是善良的人对善良的人的热情馈赠!

我想起了凯鲁亚特的话:"永远年轻,永远热泪盈眶。"这句话用在"纯真年代"书吧上是如此恰当。多年后,当我们回到家乡,想起杭城还有这样一家书吧,还有这样一位女主人,一定会感动得泪流满面。

以此,献给杭城的"纯真年代",献给我们的纯真年代!

附:小组成员随感

从见到书吧的第一眼起,我就知道,我会喜欢这里的。仰起头,是"纯真年代"的天空;从书吧望出去,西湖就在眼底,保俶塔就在身旁。屋外一角站满了盆栽,围了一圈小小的篱笆,就像自家的小院一般;屋内充满柔软的气息,让人迫不及待地想要泡一杯茶,坐下来,捧上一本书。这是一种在家的惬意感。

和朱锦绣老师交流的时候,她问的一个问题令我印象很深:你们能把"事情"翻译一下吗?"thing""staff"……一个个都不尽如人意。这些单词似乎都只翻译出了"事",而没有"情"的意味在。不管是书吧的设计布置,还是书吧的各种活动(文学迎新晚会、深夜读书会……),都饱含着朱锦绣老师的情怀。正是这份情怀成就了"纯真年代"书吧。朱锦绣老师绝不是在开书吧,而是在养育她的女儿。她对书吧的忘情投入与不计功利是书吧能够顺利成长的保证,虽然也有过十分艰难的日子,但是朱老师的那份坚守成为书吧继续前进的动力。麦家在《杭城的一片锦绣》中写道:"这是另一番锦绣,是锦绣女士用不倦的笑容和时间针织出来的。"

那么,如果静下心来,我们也能织出自己的锦绣吗?

(邵嘉琪)

"医学意义上的死亡就像一块橡皮擦,它会擦去作为活生生的人在世上所留下的任何不具象的痕迹。我要做些什么有意义的事才能证明我曾在这个世上活过,活着,并且让人们记住?"朱锦绣老师在她患病期间写下了《好想开书吧》,这是文中最先打动我的一段。眼看着现实的一切一一远去,一个人究竟做什么能为自己的存在留下烙印?朱老师选择了在保俶塔下的一片安宁之中开一家书吧。

朱锦绣老师很健谈,讲故事时总是带着温和的笑容。她说:"人最怕的就是失去生活的重心。"是的,她也确实是这么一步步带着理想向前走的。经历了开始时的资金困难,再到SARS时期的门庭冷落,还有之后的种种剧变,朱老师和她的家人花费无数心血和时间才将今天的"纯真年代"展示给世人。这样的努力本身就是对"纯真"这个词最好的诠释。

采访过程中,我问朱老师:"开这个书吧究竟想影响哪些人?"朱老师通过一个个故事,说明这个书吧绝不是只为少数人提供服务的场所,它的门槛并不高,所有爱好文学的人都可以来到书吧,它就像《兰亭集序》中描写的流觞曲水的雅集一样。像这样一个有情怀、有内涵的书吧,它的影响力能辐射全杭州、全省、全国乃至全世界。236级石阶,通往的不只是一个书吧,更是华丽的当下少见的平静和安定。"纯真年代"与其说是文学爱好者的沃土,不如说是心灵的港湾。

它正如郑愁予的诗——黄昏里挂起一盏灯。

(童欣)

苔痕上阶绿,草色入帘青。久仰大名,这是我初次拜访"纯真年代"。朱锦绣老师倚在窗边。从窗里望出去,就是西湖的黄金地段。朱老师戏称晚上在这里开派对是再合适不过的了——以保俶塔为邻,保俶塔不言不语,什么都愿意听。北山路上寸土寸金的地方,236级台阶之上,闹中取静之席,不得不说"得之我幸"。

"我要开书吧,我想开书吧,我会开好一个书吧。"她说,"就好像自己年轻的时候特别想要一个女儿。"病后,书吧就是她新出生的亲爱的女儿。这个女儿和她的名字一样,善良、带一点点固执。善良地以万卷书温柔怀抱着白丁鸿儒,固执地在宝石山的树阴里耕耘着一方净土。

"纯真年代",还是一个"陪你走下去"的心愿。生怕自己哪天不在了,不能再握住手相看两不厌地凝视,朱老师希望书吧能代她来陪伴自己的爱人,陪伴她满心牵挂的家庭。"书吧是我生命的延续,所以我要以最本真的态度来对待它。"

我们的时代需要商业,因为商业推动经济发展,给国民带来更好的生活条件。但人类的生活,不能只有商业。忘了从何而来、将去哪里,昏昏碌碌的不是一个人,而是一具尸。宝石山上的书吧如何存活?如何做大做响?书吧的主人如何划分本心和商业之间的界限?落脚在汪洋世事中,处处都得留一个心眼。朱老师说,这世上有一样东西难以摧毁,叫中国文人精神。大隐隐于市,出世和入世的临界点不在乎外界,而关乎心境。一点执念,一点天真,就足以让他们守着初心,忘情地生活下去。

离开"纯真年代"时,天气很舒爽,有风有云却没有雨。一时阴一时晴,远处孤山上晕着橘黄的夕阳。小舟驶在微波粼粼的湖面上,暂时还听不见断桥的鼎沸人声。风呼呼吹着蓬松稀薄的云,云的变化极快。那时那景,万物皆灵,心中纵有万感,也如水汽融化在空气中,化而为一。

(杨明宇)

从西湖边最热闹的地方下车,放眼望去都是慕名而来向断桥涌去的游客,虽得一派湖光山色,却也熙熙攘攘。喜欢独辟蹊径的人,自然会寻到靠山一边的石阶,拾级而上。刚爬到开始喘粗气的地方,抬头就会看到一座与周遭融为一体的小屋,上书"纯真年代"四字,风铃微响,叫人忍不住轻轻跨过门槛,才发现这是杭州有名的书吧,文学在静谧中与茶香交融。

这里,满墙满架满桌的书挤挤挨挨地阻止你过快的脚步,昨夜诗歌朗诵的回声让你自顾自捧一杯茶陷进那些微旧而舒适的沙发里。哪里都是读书人留下的痕迹,哪里都是文人们挥洒的墨水——照片墙上的色彩从泛黄渐变到崭新,靠里的架子上的书扉页上签着有力的名字,莫言赠书的对联就挂在二楼靠窗的位置,推窗即是西子湖畔,有凉风来,仰头即是保俶塔,有鸿雁过。

"看山揽锦绣,望湖问子潮":是怎样美丽而有诗意的人,才会造出这样纯真的年代,才会把一切美好分享给每一个愿意在书里遇见更宽阔世界的旅人?

(张珏敏)

(李芳、张葛思涵、支天阳、童欣、张珏敏、卢绮萱、邵嘉琪、朱俊涛、杨明宇)

沐浴那一道理想谷的阳光
——记大预班"浙江作家·浙江文化"之作家麦家研究活动

"当世界天天新、日日变的时候,我要敢于独自后退,安于一个孤独的角落,寂寞地写作。"在央视《开讲啦》栏目中说出这番话的人,就是我们小组本次语文研究活动的对象——茅盾文学奖获得者麦家老师。

"谍战小说之父",这个称号对麦家老师来说"实至名归"——《解密》《暗算》《风声》《风语》《刀尖》等新智力小说汇成的谍战海洋总是让读者深深沉迷,无法自拔。然而,作为一位享誉全国的大作家,其作品必定是多而全的。语文课上,我们不仅欣赏了"谍战风云",还赏析了他的诸多散文作品,比如《母爱有灵》《无法潇洒》《家有"书鬼"》《与黄长怡对话》《博尔赫斯和我》《杭城的一片锦绣》等。一篇篇真挚而震撼人心的散文,让我们看到了一个接地气的麦家,一个没有密码、电波、子弹、间谍的麦家。

联系上麦家老师是不容易的:他几乎不用手机、电脑或网络,因为他想"重新出发,坐船去伦敦"。组长张葛思涵同学先向《钱江晚报》记者要来了麦家助理的电话,然后发了多条短信,表明了我组的采访意愿;之后我们被告知麦家老师在欧洲,因此张葛思涵决定写一封信,并千辛万苦请人把它交到麦家老师的手中;4月下旬,我们收到了麦家老师的爱人闫颜老师发来的微信,采访获准了;4月30日中午,当我们最终收到麦家老师的短信时,大家的内心久久无法平静。

5月2日的杭城阵雨不断,扰乱人心。但当我们走进理想谷时,一种温暖与宁静之感从脚底爬了上来。从几天前的"纯真年代"书吧到脚下的理想谷,这是一场图书的盛宴。再一次,我们产生了走进莎士比亚书店的错觉。

8000多本书汇成的书海淹没了300平方米的理想谷——看过的、没看过的、听过的、没听过的……风也罢,雨也罢,泥也罢,总之我们跨入了一个新世界:一个有萨特、乔伊斯和普鲁斯特陪伴的世界。

下午2时整,我们一行七人走进麦家老师的家中。六年前的那个遥远的下午,刚刚小学毕业、懵懵懂懂的组长第一次走进麦家老师家中;光阴如梭,当他再次踏进麦家老师的家门,也禁不住喟叹时光的飞驰。然而,当麦家老师起身热情地迎接我们时,一切"小心思"都化作西溪湿地的云烟,消散了。

聊自己、聊未来、聊喜好，侃杭外、侃理想谷、侃老师的欧洲之行，谈虚拟、谈文学商业化、谈小说结构的重要性……

两个小时，麦家老师侃侃而谈，尽己所能地回答我们的问题。他用悠长婉转的富阳普通话雕琢着每一句话，雕琢着每一刻时光。一次又一次，麦家老师无意中说出的话，乍一听像调侃，仔细一听竟成了耐人寻味的金句：

小说家写小说的过程就如同木匠做工的过程。

内心柔软的人比内心僵硬的人更可爱。

所有成功的人都是有纪律的人。

读"无用"的书，做有用的人。

好的小说是一个容器，不仅可以盛下水，还可以盛下阳光！

这时，雨停了。西溪湿地的阳光透过朦胧烟云，穿过宽大的落地玻璃窗射进客厅，三两只白鹭从沼泽上空低低掠过，给我们一种身处仙境的感觉。

理想谷建立的初衷，不仅仅是"向巴黎莎士比亚书店致敬"所映射出的公益性（表面目的），而且还有老师自身对书籍的尊重（根本目的）。看过《家有"书鬼"》的人肯定都清楚麦家老师对书的痴迷程度——每天为藏书除尘，不惜花百万元巨资为理想谷买书，8000册图书每一本都经过了麦家老师的精心挑选……

"读书就是回家。"——理想谷门口的话。

"每一个作家首先都是一个读者。"——麦家。

麦家老师是一个钟爱游戏的人。采访临近结束，他决定玩一个小游戏，来决定七人中的哪三个能获得他的签名赠书。就这样，小小的知识竞赛开始了。

所谓"游戏人生"，即将人生戏剧化、虚拟化、象征化。在我们看来，"人生如戏"，此"戏"非彼"戏"，而是"游戏"之意。人生何尝不能像游戏一样充满戏剧的色彩？谁输谁赢已不重要，青春般的激情才是人生。

从散文赏析到电影欣赏，从语文演讲到实地采访，两个月的麦家文学研究最终迎来了一个大团圆式的结局。欣慰、喜悦、感动与自豪交融在一起，织出一幅彩色的文学图景。理想谷是种下理想的地方，我们的文学之帆又将远航！

附1：小组成员随感

找准文学与商业的拉格朗日点：论文学商业化

麦家的书里有许多传奇角色，而在书外，他的人生平稳却又不平淡。与麦家的专访约在杭州西溪的理想谷，毗邻绝美湿地，如其名，理想的、乌托邦的世界。他穿着黑色上装，配卡其色阔腿长裤，简约不失沉稳。前一项行程刚刚结束，我们紧接而上，麦家没有给自己留出休息时间。

早在2002年,麦家就在成都发表了他的第一部长篇小说《暗算》。从这篇小说的诞生、问世、被改编到风靡,总共不过两年。有了这次经验,前"情报人员"麦家在作家这条道路上便走得更加有胆有识。此次是他不知第几次接受专访,他也坦言对编剧与写作已经游刃有余。回忆起前几次的合作和出版作品,他自信地表示,自己的文学在成长。

在《风声》的创作中,麦家大量运用密室风格和谍战小说技巧,将小说设计得紧密有形。之后的几项创作中,他铺设的情节越来越利落,手法更加成熟。

"我与制片之间的合作有连续性,但也不乏演变与不满。"对于电影情节的删改,无可厚非,因为一部商业片总是要迎合市场与观众。但是最核心的手法与情节却不应该删除和改动——精心布下的局与埋下的线索不应被篡改成不合实际的画面。当然,如果不改变,你就不会成长。麦家表示,如果不从商业角度来评价的话,有些影视作品远远不如小说更加真实有趣。

(支天阳)

理想的家:我们眼中的理想谷

读书就是回家——这是来到隐于西溪一角的图书乌托邦后,我们所见的第一句话。实在得不得了,温暖得不得了,正如理想谷本身。

换上拖鞋,踩上软软的地毯,不由屏息,这里连每级台阶上都放着一摞书,看得见所有想得到的文学书,中无杂树。歪在沙发里的姑娘,敲无线键盘创作的小伙,靠在台阶上翻书饮茶的阿姨,席地而坐不出一声的孩子,静谧塞满了每一条缝隙,没有谁会忍心扰乱"书托邦"的秩序。萦绕我们的不只是麦家亲自甄选的8000多册最佳版本的文学书籍,还有满墙的留言,以及"理想的来稿"书架上满满当当的青年作家的书稿。

谷主麦家说,理想谷最大的特点就是免费。确实,这里只读书,不卖书,一切茶水咖啡自制自取。此外,麦家每年都会邀请一些有潜力的作家客居创作。只要来稿获得理想谷的认可,你就可以成为这里的入驻作家,免费居住创作三个月。这是向法国塞纳河畔的莎士比亚书店最真挚的致敬,更是一项令人感动不已的公益行为。

读书就是回家,在杭城有家可回,多好。

(张珏敏)

我想重新出发,坐船去伦敦:论文学的公益本质

"一个人如果急功近利,欲望的重量会把他压垮。"

文学作品越来越不痛不痒,难以在人心上留下思想的涟漪;它越来越脱离其本身,逐渐沦为商业的阶下囚。在这样一个时代,"想要重新出发,坐船去伦敦"的麦

家先生如是说。

当他坐在船上,一点一点驶向他的理想国,"杭城的一片锦绣"已经在她的乌托邦中品西湖水了。

朱锦绣女士在接受采访时提到,"读书的人不会是坏人"。如此坚定却又让人心暖的话语背后,是对文学的信任,也是对文学的尊重。正是因为坚持文学作品的纯粹,她才会相信,它可以永远成为那盏生命的明灯。

她坐在深红色的木窗边,说:"书吧从不是迎合,而是引导。"亮闪闪的眼中映着一汪西湖水。

其实,文学亦是如此。

文学作品影响着我们的感情,影响着我们的认知。在任何一个时代,它都应是人心的良药,都应守护着心中那一汪清泉。所以,它不应沾染太多成人世界的铜臭味,却应充满儿童时代的纯真。

麦家先生也希望,自己可以处于一种更加孤独的状态,如此进行创作,才能保持清醒。

西溪畔,湿地旁,他让我明白,文学是精神不可或缺的阳光。

西湖边,半山腰,她让我相信,生活中仍旧有完全纯净的心灵与感情。

弥足珍贵的两次采访让我感到安心,因为我明白,只要有他们在,我们心灵的小船会在摇荡中驶向正确的方向。

(卢绮萱)

附2:给麦家的一封信

麦家老师:

您好!

若此封信能寄到您手中,我们将非常荣幸!

我是杭州外国语学校的张葛思涵。可能您已没有多少印象,2010年8月我们曾见过一面——那时我还是一个刚刚小学毕业的男孩,信心满满地来到了您的家中,而您也尽己所能地接受了我们的采访;后来我考上了杭外,而您在2011年来到杭外做了"文学与现实的关系"的讲座,赢得满堂喝彩;如今,我已是一名高三的学生了。我和我的同伴提前被大学录取,因而换来了一个格外特殊而有意义的高三下学期,这也为我写这封信创造了条件。

大预班的语文课别具一格,独具匠心。我们组成了多个小组,每个小组选择一名著名的浙派作家进行深度挖掘。任务一出,我便自然想到了您,这也是我写这封信的初衷。

您曾在许多文章中提到自己对博尔赫斯的欣赏与爱慕,对此我深表认同。我们曾在外国小说欣赏课中屡次提到这位阿根廷巨匠的虚拟笔法。事实上,在我看来,"沙之书"这个意象给人带来的,是一种亘古的真实之感。

然而在文学作品中,真实和虚幻的界线往往是相当模糊的,就如同江户川乱步的笔法一样!不知您是否认同,我私心认为您的文字,虚拟与真实之间的界线也不甚明了——有时,我甚至无法分辨出文章中的"麦家"或"我"是否是您本尊(比如您的小说《黑记》)!

《手工艺品》是您相当欣赏的博尔赫斯的一本小说集,对此我也颇有同感!村上春树说:"写小说是一个从无到有的过程,小说家从荒原中催生出一座又一座高大的建筑物。"这个过程本身就受到人们的尊敬。

从《解密》到《暗算》,从《风声》到《风语》,我总能感受到这种比喻的恰当之处,这可能也是"新智力小说"的真实写作状态吧!

我仍记得去年暑假看《风语》时一发不可收的情景(当时我还试着分析陈家鹄的复杂性格)。我私心在想,如果我们小组能够采访到您,并一起深入探讨您笔下人物的特点或您的文句风格,我们必将受益匪浅!

"茅盾文学奖"自设立以来,一直颁给优秀的现实主义长篇小说。纵观其发展历程,其获奖作品往往带有鲜明的时代性和示范性。"时代性"即所谓"顺应时代潮流","示范性"即"起到模范带头作用。"这样看来,《暗算》的获奖实至名归。如果能一起聊聊茅盾文学奖或您的获奖经历,这将对我们的文学阅读之路起到引导作用!

为了将来这次可能的采访,我们组可谓做足了准备:将图书馆里所有您的书都借了个遍——有一段时间,我组同学几乎人手一本您的书,场面甚是壮观!我想说的是,为了采访获得最大限度的成功,我们不断阅读着您的文字,并将其转化为自己的力量!

我们诚挚地希望您能接受这个请求,像六年前那次难忘的采访一样,铺平杭外人的文学之路!

祝

拥有愉快的一天!

张葛思涵

2016年3月14日

附3:麦家访谈录

文学世界暗藏着人性

张葛思涵:麦家老师,能聊聊您的文学嗜好吗?我们都知道您喜欢博尔赫斯和马尔克斯,还有其他一些文学上的偏好吗?

麦家:要说文学嗜好是什么,还真是一言难尽,因为我在你们这个年纪,甚至比你们还小的时候就开始涉猎文学,至今将近四十年的时间了。应该说每个时期,我都会痴迷一两位作家。不同的时期,我喜欢的作家有时是截然相反的。比如我早期喜欢的作家,现在却很反感;我早期不喜欢的一些作品,现在看得津津有味。文学世界暗藏着人性,我们生活里有什么,文学的世界里就有什么。这个世界有不同的发声者,也就有不同的作家,他们的风格是完全不同的。有些风格你可能在年轻的时候喜欢,但随着年龄的增长、阅历的增长,你的文学嗜好会发生变化。

福利——推荐一本好书《斯通纳》

张葛思涵:麦家老师,您最近有特别痴迷的一本书或一个作家吗?

麦家:我最近特别痴迷一本书,美国作家约翰·威廉姆斯写的《斯通纳》。我也在"麦家理想谷"微信公众号上推送过,可以说是让我最近收获比较大的一本书。感兴趣的话,可以在"麦家理想谷"微信公众号上看到这本五十一年前的奇书的介绍。

理想谷:免费、免费还是免费

杨明宇:我看到理想谷有不少读者,他们随意地坐着或是趴着。其实从市中心赶过来大都要一个小时左右,麦家老师,我想问下他们为什么会放弃家中舒适的环境,大老远到理想谷来看书呢?

麦家:不知你们是否了解理想谷呢?要不请太太来介绍下我们的理想谷。

闫颜(麦家爱人):理想谷就是我与麦老师一起养的一只宠物。其实麦老师一直都有一个心愿,就是做一个书店,通过以书会友的方式来让更多的文学爱好者汇聚起来,特别是杭州这么一个城市,很适合让我们来做理想谷。

麦家:理想谷最大的特点,就是免费看书、免费喝茶、免费喝咖啡。理想谷还有一个写作营,也是免费的,提供给热爱写作的年轻人。其实所有的作家首先是一个读者,我希望我的阅读能传播得更远,我想让我读过的书被更多的人来读,这就是我做这件事情朴素的想法。

有些读者家里很舒适,为什么要大老远跑到理想谷来看书?人其实做一些事情,表面上有一个实际的目的,同时经常会隐藏一个虚拟的目的,就是人天生有一种愿望——交际。我想,到理想谷来看书,为读者提供了一个联络的通道,慢慢结成朋友。所以我觉得每个人做一件事情都有双重性,表面上达成一个实际目的,还有一个隐性的需求。这种隐性的需求,有时可能更珍贵,因为它来自你的本能,来自你的愿望,来自你的内心。当然也不排除一种名人效应,这个书吧是我开的,又蛮有意思的,或者是出于对我的好奇,又或者是出于对这种新型经营模式的好奇,大家可能也想体验一下。

我的心与年轻人联通

杨明宇：麦家老师，您创办理想谷的初心是什么？

麦家：首先是出于对书和读书人的敬意，我希望我的藏书能被更多的人看到，我觉得拿出来与大家一起分享更有意义；还有一点小心思，通过这个平台我可以与年轻人交流。有时在与他们的聊天当中，可以采集到年轻的气息，采集到时代、生活的变化。我觉得一个作家需要与这个时代联通，否则他就是闭门造车，写出来的东西年轻人不爱看。虽然我现在年纪大了，但是心是与年轻人联通的，这一点我觉得对一个作家是很重要的。

理想谷是对莎士比亚书店的一种景仰

张葛思涵：老师，我看到理想谷就会想到另外两家蛮有特色的"阅读综合体"，一家是巴黎的莎士比亚书店，还有一家是杭州的"纯真年代"书吧。我们前几天也去拜访过朱锦绣老师，觉得"纯真年代"非常精致，还有一种幽静的感觉，而您这里让人感觉有欧洲书房的风格，给人一种温馨的感觉。

麦家：其实理想谷是对莎士比亚书店的一种景仰。还有一个小秘密，我们的光线是专门设计的，所以感觉特别温暖。

细节设计：小说原著胜过电影版本

支天阳：老师，我注意到，您有很多的书，都被改编成了影视作品，比如《风声》，口碑非常不错，但是改动非常大。有人觉得改编后可能会成为一部更好的作品，您从作者、从原著的角度考虑，有什么看法？

麦家：坦率地说电影《风声》本身是优秀的，但对我的小说改编是不成功的。其实《风声》在中国电影史上写下了浓重的一笔，这是一部商业运作非常成功的电影，肯定会被写入中国电影史。但是如果拿我的原著与电影比较，我的小说丰富得多，而电影很野蛮地改了一些我最珍贵的东西。为什么取名《风声》？本意并不是风吹来的声音，指的是虚实不定的消息。在电影版本中没有表现出对人性的怀疑，但这应是可以原谅的，电影毕竟容量有限。我原谅这个缺点，但是不能原谅另一个缺点——电影对小说的简单化处理，所以在细节上是失败的，经不起推敲。小说已有完美的情报传递方式，却要重新设计一个住院唱歌传递情报的情节，不但简单化，而且不可行，电影远远不如小说。导演总是认为自己最聪明，其实在讲故事上，作家肯定是超过导演的，具体到《风声》，我的细节设计是非常完美的。

作家如木匠

张珏敏：每个人的记忆中都有一些人与事，写作时怎样才能调用出来呢？

麦家：这是怎么使用生活素材的问题。我相信世界上只有极少数作家是通过书写自己的经历而成为作家的,因为他要有奇特的经历来写成小说。像苏联作家奥斯特洛夫斯基写的《钢铁是怎样炼成的》,我们国家还有一个作家叫高玉宝,也写了一本自传体长篇小说《高玉宝》。但大多数作家从自己平常的生活中,提炼出特别的生活,提炼出人性的美与丑。作家从生活当中采集素材,就像一个木匠从森林中采伐树木,然后通过自己的技艺来做成桌子、椅子,一个高明的木匠可以把一块木头做成各种家具,而一个优秀的作家同样可以通过自己的技巧写出优秀的作品。

挖沟、引水论

张葛思涵:关于小说中的虚拟这个话题,我们在上文学赏析课时,也会被一些拉美文学作家的虚拟笔法震撼到。比如博尔赫斯,我第一次看他的作品是《沙之书》,一下就被他的文笔吸引住了,后来还看了马尔克斯的魔幻现实主义、莫言的乡村魔幻现实主义。我的问题是:您的很多作品也存在这种虚拟的写法,虚拟为什么会有如此大的冲击力与震撼力?

麦家:人的经历,现实当中的故事总是零零碎碎的,只有通过虚拟、虚构才能让不同的人与故事集中到一个人身上,其实就是一个博采众长的过程。什么是小说家?比如下雨,没有沟渠,水最终会消失掉,小说家就是挖沟,将到处蔓延的水引到一个地方,最终汇流成一条大河。我们的小说家要做的就是挖沟、引水,汇聚生活点点滴滴,成就一部优秀的作品。

慢,慢慢地想,慢慢地琢磨

支天阳:读您的作品,很多都有画面感,您对小说构思的要求非常高,您是怎么做到这一点的?

麦家:慢,慢慢地想,慢慢地琢磨。小说必须要有逻辑性。有些小说你会发现将这段话移到前面去,你仍旧可以看,某段话不看,也能接着看这部小说。但是我的小说,要字字通读,才能看得下去。这就是一种技术,其实就是反复推敲,所以我的小说写得很慢。

多元的麦家

邵嘉琪:我想问一下老师,您写了这么多谍战小说,如《风声》《解密》《暗算》,您有没有考虑换个写作风格?

麦家:其实我写了很多风格的小说,不过你看的只是《暗算》《风声》《解密》,你不可能读了我的全部作品。你为什么会知道这些小说?因为这些作品改编的电影、电视剧很火,然后大家都在传,包括你们老师可能也都知道,慢慢给你们这些信息,然后你们可能就去看了。其实我写过很多小说,包括农村的、军营的,各种各样的小说,有的甚至是在《解密》《风声》《暗算》之前,那些小说由于传播度比较小,你也不知道。

回归沉静

卢绮萱：前段时间，我们在语文课上看了您在央视《开讲啦》中的演讲——"我想重新出发，坐船去伦敦"。您认为追求功利会影响您的文学创作，但其实您的许多作品都被改编成了影视剧，我们知道，影视其实是与商业紧密联系的，请问您是怎么处理好与商业化的关系的？

麦家：我为什么会在《开讲啦》有这种感慨？就是因为我被影视推到了社会公众面前，我的生活当中充满了诱惑。因此，我的写作、我的生活脱离了原来沉静的特质，所以我想回头。事实证明这种相对浮躁的生活，不是一个作家应有的生活，当你被喧嚣裹挟时，《刀尖》这部作品就没有《暗算》《解密》精彩。从某种意义上说，我被社会上的喧嚣，被名与利蛊惑着，走了一段弯路，我现在想回到从前，回到一个作家应该有的沉静与孤独的生活方式。

近期《解密》已与好莱坞签约

卢绮萱：今后作品出来，您还愿意将它改编成电影吗？

麦家：这不是我愿不愿意，是别人愿不愿意。但我还是会愿意的，小说有更多的读者，这是作家都愿意看到的，只不过你不要被自己的名与利困扰。前几天《解密》已与好莱坞签约。

先驱与领跑人

童欣：您被称为"新智力小说的先驱"，"先驱"这个概念您是怎么看待的？

麦家：别人对我的评价，我觉得是比较客观的。我觉得在这类小说方面，我是实至名归的。比如写一个破译者，中国作家以前就没人写过。

童欣：作为先驱，您会不会有压力？

麦家：会有压力，就像班上前三名会有压力一个道理。落跑者无所谓，但是领跑人是最累的，要用尽全力向前跑。好多领跑的人都有这么一种压力，导致心态不自然而失败。

好的小说就是一个容器，可以盛下阳光

张葛思涵：曾经听到过一种说法，现在缺少讲故事的人，对于"段子手"您是怎么看待的？

麦家：段子不是故事，好的故事，必须照亮人心。看了一个好的文学故事，你会将自己的感情放在里面，将里面的人物放在自己的内心中。阅读一部好的小说，需要自己的耐心，慢慢地读，看完后，掩卷反思，你内心会有一种被照亮的感觉，会照亮记忆中某种珍贵的、难忘的片段，甚至你的未来都会被照亮；而段子看的时候让你哈哈大笑，但是笑完后，不知所以然。好的小说可以让你的内心成为一个容器，可以盛下水，还可以盛下阳光。

文学作品会让人的内心越来越柔软

张珏敏：请教老师，在现今这个碎片化时代，您对年轻人有什么阅读建议？

麦家：碎片化的阅读、浅阅读，不会让内心沉淀下来。大家要认认真真去啃一本书，文学名著代代相传，被成千上万的人检验过，在这些文学名著中总有适合你阅读的书，当与你相遇时就会让你受益，好的文学作品是与人的心灵相通的。文学作品会让你的感情越来越丰富，内心越来越柔软，内心柔软会更让人尊敬。年轻人不能太急功近利，欲望是有重量的，有时会压垮你。

成功的人生是有纪律的人生

张葛思涵：什么力量推动您不断创作？村上春树曾经说过"写长篇小说是一种体力活"，支撑他的是长跑，请问是什么推动您继续长篇小说的创作？

麦家：我不跑马拉松，但我每天锻炼身体。确实写作很累，不但是脑力劳动，更是体力劳动。保持自己的体力很重要。我一般上午写作，下午四点后锻炼身体。成功的人生是有纪律的人生。

张珏敏：那您还有什么喜好呢？

麦家：坦率地说，喜欢独处，与大自然交流，整理院子，拔拔草、浇浇花。

附4：麦家印象（李芳）

想写一点关于麦家老师的文字，迟迟不动笔，因为觉得自己储备不足，不够资格表达。而今天，在我驱车赶往学校的路上，脑中突然奔跑出四个大字——麦家印象。我知道，再不写会如欠账一般难受。

麦家老师的文名如雷贯耳，他的散文和小说都让我迷恋，在星罗棋布的作家图表中，麦家老师是那闪耀的光点。我真正走近麦家老师，始于2011年10月20日晚，麦家老师莅临杭外做讲座，讲的是"文学与现实的关系"。那一天，我坐在离他二十排左右的位置，却几乎是屏住了呼吸听讲，像大学听课时那样快速笔记，不愿漏下一个字。原先我认为擅长写"谍战"和"智力"小说的作家，一定是刚硬而不苟言笑的，那天麦家老师的确只有一两次浅浅的微笑，但绝无刚硬，他在接主持人的介绍时，说了一句"当面夸人是一种惩罚"，谦和儒雅，使人顿生好感。

那一晚的讲座温暖而明亮，他说"有人说麦家喜欢文学，其实何止喜欢，文学就是我的生命""文学作品就是心灵的容器，它让人类的内心变成花瓣并储存起来，这样的心灵之花，会陪伴我们，会和我们握手、微笑""我来杭外的原因，并不只因为杭外的名气比我还大。而是我认为杭外的学生是青春的。而青春就是文学，文学就是青春。和青春在一起，就是和文学在一起"……在不少瞬间，我几乎忘记了他是一位小说家，他更像是一位诗人或是散文家。透过这些文字，我似乎触摸到了他温柔跳动的脉搏。

麦家老师介绍了《暗算》中阿炳原型的改造过程:他原是村子里的一个傻子林海,母亲是大家闺秀,很有气质,在特殊年代中未婚生子,等待的人再没回来,在担惊受怕中受孕,在担惊受怕中孕育,林海能不傻吗?但林海有特异功能,有超常的记忆力,能对所有人有清晰的记忆。麦家老师想让这个人物和读者产生联系,但如何处理这个人物呢?把他的眼睛刺瞎了,让他眼睛的功能转化成耳朵的特异功能,赋予他被国家任用的特殊身份,设计结婚、妻子未孕、妻子借孕等情节,但最终孩子降生的哭声马上让阿炳辨别出孩子并非自己亲生。麦家老师借此表述现实生活和文学创作之间千丝万缕的关系,创作依靠现实,从现实中获得情感和灵感,是想象的出发点,但创作的目的又促使其精选、重组、改造现实要素。麦家老师语速平缓,溯流而上,又源流而下,生活和创作就是如此打通的。

讲座的最后,麦家老师稍稍迟疑,但还是坦陈:"大家可能感觉到我的精神状态不是很好,是的,因为我在不久前失去了我的父亲。我有理由不来,但是这是一次约定,我不想失约。"相隔甚远,但我仍见他眼中盈盈泪光。这是一位有着宽大的爱的作家,不能不令我肃然起敬。于是在互动环节,我也像我的学生一样,举高了手,希望能够获得提问的机会。机会抓到了,我忘乎所以地在提问之前讲了一堆感想,居然没有被麦家老师打断,我讲出了自己的困惑:"写作可以教吗?"麦家老师略有沉思,给了我丰富而掷地有声的回答:"阅读是最好的老师。"这一句话,成为我教学生涯的一盏领航灯。

而在之后的几年中,似乎没有机会再遇见麦家老师,但文字是牢固的纽带,也并无别离之感。

2016年,我执教杭外大预班,在课程建设过程中,我心怀美好愿望,想让即将远行的孩子再深情地回望一下脚下的这片土地,让他们去深入地了解这些熟悉(或许还陌生)的作家,从而带着沉甸甸的故土的荣耀自信地奔赴前方。因此,这门课程的主题就确定为"浙江作家·浙江文化"。它既包括丰富的阅读,又有新鲜的活动,最后落成闪光的文字。令我感到欣喜的是,大预班的一百多位同学积极响应我的提议,奔赴浙江省各地,在两个半月中一共深入研读了浙江籍作家15人,地区涉及杭州市、宁波市、嘉兴市、湖州市、绍兴市、金华市、丽水市、温州市,作家创作领域遍及小说、诗歌、散文、杂文、剧本、报告文学等,阅读的书籍粗略统计达50余种。在研究活动中,我们回望自己生长的这一片肥沃而美丽的土壤,内心无比自豪且感动——因为它的滋养,浙江作家层出不穷,浙江文化丰富精彩。而在这令人激动和感怀的过程中,有一次采访让我们刻骨铭心。

清晰地记得四月的一天,我的学生张葛思涵兴奋地找到我,对我说:"李老师,我们想去采访麦家老师!""真的吗？能采访到吗?""我给麦家老师写一封信,希望能够采访到他。""你怎么写的?""我想说的是,我们为了采访获得最大限度的成功,不断汲取着您的文字,并将其转化为自己的力量!"敦厚阳光的张葛思涵同学充满信心地说。"那太好了!"在热情鼓励中,我的确还不敢相信,麦家老师真的能有时间或心情来接受一群高中生的采访。

但事实却是,麦家老师欣然接受了邀请。在理想谷的家中,他穿着拖鞋,倚靠在沙发上,与同学们亲切温和地聊着,从"文学世界暗藏着人性"到"好的小说就是一个容器,可以盛下阳光""文学作品会让人的内心越来越柔软",从"理想谷是对莎士比亚书店的一种景仰"到"理想谷:免费、免费还是免费",从"作家如木匠"到"挖沟、引水论",从"慢,慢慢地想,慢慢地琢磨"到"回归沉静",从"我的心与年轻人联通"到"成功的人生是有纪律的人生",文学的价值、书店的深意、创作的经验、人生的感慨,大预班张葛思涵、支天阳、童欣、张珏敏、卢绮萱、杨明宇、邵嘉琪等同学,把积攒了多年的问题一条一条问出,问得实在是过瘾。这份酣畅,有麦家老师极大的耐心和出众的智慧保驾护航。我不在现场,但我看到了一张张传自现场的照片,麦家老师沉静的表情、温和的目光、自然的姿态,都让我感觉到他是亲切地俯下身去接引孩子们成长:允许孩子们在他身边逐一合影,各种组合;允许孩子们做各种表情,前仰后合。

我想,2016年5月2日那天,麦家老师一定在心里说:"嗯,来了一群孩子,青春就是文学,我愿意和文学在一起。"又或者,麦家老师和他所敬仰的博尔赫斯一样,对待一场对话,"与其说似乎是一种审问,倒不如说更像一种反省"(《博尔赫斯七席谈》原序)。

送走了2016届的孩子,我又重回高一,需要读的书还是源源不断。书摞得越来越高,但一本《解密》总要放在醒目的位置。教材中的《项脊轩志》,是被誉为"明文第一"的散文家归有光创作的,其表现大家庭分崩离析的情状用十三字刻画:"东犬西吠,客逾庖而宴,鸡栖于厅。"研究者贝京评价说:"由篱到墙,百年老屋被瓜分,家庭成员的心理隔膜也不断加深。鸡、狗东奔西跑,客人穿越厨房赴宴,家族呈现出它的无序与败落。作者没有就家族变化发表言论,只是用平静的笔墨将现状展现出来,但字里行间却透露出悲凉与无奈。"而我看麦家的《解密》是如此刻画容家一败再败的景象:"院子就显露得更大更深更空,鸟在树上做巢,蛛在门前张网,路在乱草中迷失,曲径通了幽,家禽上了天,假山变成了真山,花园变成了野地,后院变成了迷宫。"麦家老师抓细节的功力毫不逊色于归有光,善用排比,词语排比、句子排比,一组、两组、三组排比不断叠加,且第二、三组排比可开放理解为七分句的大排比,如此文势浩浩汤汤,一泻千里,读者的眼被带到现场,读者的情被牵起波澜,来来回回，反反复复，我在这些文字间徘徊，被每个镜头击中内心。麦家小说清晰严密的逻辑思维和几乎"碾压"所有读者智商的天才式构思自不待言，而这种极细腻动人的感性思维同样动人心魄。我不知道，麦家老师是怎样从众多素材中筛选出如此经典的场景，且如何保有洋溢的情绪来写作的。

2017年末，杭外文学社"西溪水"筹划半年的纪念刊即将付梓，文学社社长陈嘉禾同学邀请麦家老师为刊物题词。当嘉禾把麦家老师的题词发给我的时候，我看到了一张素白的纸上，七行整整齐齐的题词："西溪水文学社，文学对高考也许没有大用场，但对人生绝对是有大用场的。高考只是人生的一个开始，而人生很漫长，如果用文学去填满它，你就不会孤独、寂寞、庸俗、贪婪，你将会是真善美的！"麦家老师的字是方形的，运笔刚中带柔，粒粒饱满。当我向麦家老师表示感谢之意时，麦家老师居然还表示歉意，因为自己在奔波中只能用上便签条题词。永远想着要对别人更好，这就是麦家老师的品格。

3月中旬，校文化节筹委会第一次会议，就提出邀请重量级嘉宾来校做讲座，我们第一时间想到的就是麦家老师。当我联系麦家老师时，他坦率地告诉我4月中旬要前往美国哈佛大学和伯克利大学讲演，4月30日才能返回。可是4月初学校的情况又十分特殊，有春游、清明假期、学考等诸多安排，实在凑不齐一次全校师生听讲座的机会。于是我很抱歉地告诉麦家老师，只有两天时间让他选择，在发出这条短信之时，我已经觉得麦家老师来的可能性不大了。因为我们对他的约束太多了，不仅演讲主题是限定的"中国故事·国际表达"，而且准备的时间也很有限。像他这样蜚声海外的作家，创作和日常工作已经十分忙碌，完全有理由拒绝我们的。但是，麦家老师居然作出了来杭外的决定，我们实在喜出望外。

4月11日，在全校师生的翘首期盼中，麦家老师如约而至。庄重的黑色T恤，高贵的紫色西服，青春的蓝色牛仔裤，沉静如水的表情，温和中透出睿智的眼神。上次，我是在二十排外见他；今天，我是主持，是他的邻座。我说，我更愿意称呼其为麦家老师，而不是麦家先生，因为我觉得他像亲人，同学们由衷地鼓掌。在追溯麦家老师对杭外学子的关怀之意后，我把讲台完完全全留给了麦家老师。是的，我愿意回到学生的角色，在台下静静聆听老师的讲座，做好笔记。这位写出了诸多惊心动魄的"中国故事"的大作家，是如何思考"国际表达"的呢？他的故事在走向世界的路途中又发生了哪些故事呢？

毕竟《解密》已经被翻译成33种语言传播，这条路该是分外通畅吧。可是，麦家老师却如实叙述，这样的推广形式不是必然，而是一种偶然。如果不是因为英译者飞机晚点在候机厅看到《解密》这本书，如果不是因为这位英译者的爷爷也是一位破译员，如果不是因为……可能他的《解密》还没有走出国门。在这条走向国际的路上,实在有很多困难和艰险,不被了解、被轻视,有误会、有偏见,目前中国很多的作家都没有他幸运。那么,该如何将这种偶然性变成必然性呢?这之间的藩篱该如何跨越?

需要好的翻译,也要适当调整我们自己。要努力学习,要尊重他人并自重,要始终保持对文学的爱,去聆听人类的心跳声和脚步声,完善自己,内心明亮,借助书籍完成心灵的成长。麦家老师语重心长,殷切关照。有很多次,我都泪湿眼眶。从来没有见到一位讲座者,可以无所保留地把自己的遭遇一一讲述出来。偌大的体育馆,近千位学生,麦家老师心中大概都把他们当成自己的孩子了吧。"冲突、误解、隔阂,都不可避免,努力去学会表达,不退缩,不转移,获得理解、谅解,赢得尊重。"这一刻,我才深深地理解了央视《朗读者》节目中麦家老师写给儿子书信中的那些话——"儿子,请一定记住,爱是翻越任何关隘的通行证,爱他人是最大的爱自己。""爸爸有句格言:读书就是回家,书这一张纸比钞票更值钱!请容我最后饶舌一句,刚才我说的似乎都是战略性的东西,让书带你回家,让书安你的心,让书练你的翅膀,这也许就是战术吧。"是的,表达是一种能力,爱是能力之源,学会表达,也是学会爱。

一个半小时过去了,麦家老师居然始终没有打开他手中握着的讲稿,他也没有带电脑,没有让助手带任何资料,完全脱稿。我已经记不清有多久没有听到这样的演讲了,到底要有多强的记忆力才可以将这么多的经历、素材、数据、语言准确无误地表达出来的?他的大脑该多么发达和精密?难道他也有容金珍一般的超凡天赋?又或许,"天才就是热爱,热爱就是天赋"。出于对学子的爱,他在他的书桌前曾经一笔笔地写下今晚的讲稿——"安于一个孤独的角落,寂寞地写作"。所以,一切都刻入了他的大脑,令他如数家珍。

"爱他人是最大的爱自己。"对,这才是最关键的,这才是真正的理想谷的光源。

(麦家、闫颜、李芳、张葛思涵、支天阳、童欣、张珏敏、卢绮萱、杨明宇、邵嘉琪、朱俊涛)

三重境界　追寻不止
——记大预班"浙江作家·浙江文化"王国维研究活动

如果说三年前,李芳老师和2016届大预班的学长学姐们是"浙江作家·浙江文化"这一语文课程的开创者,那么2019届的我们愿成为开拓者,不断确定新的研究对象,拓展新的研究领域。本学期初,在李老师的倡议下,全体同学积极行动起来,组建了15个"浙江作家·浙江文化"研究小组,制订了15套研究方案,我们怀着对文学的爱和家乡的深情,深入了解浙江深厚的文学传统,亲近那些领风气之先的精彩华章。我们小组经过激烈的讨论,最终选定了近现代享有国际声誉的著名学者王国维先生作为我们的研究对象。

王国维,字静安,号观堂,谥忠悫,早年追求新学,把西方哲学、美学思想与中国古典哲学、美学相融合,研究哲学与美学,形成了独特的美学思想体系。在研究初始,我们搜集了大量有关王国维的作品及影像资料,包括书籍《人间词话》《宋元戏曲考》《哲学辨惑》《论教育之宗旨》《红楼梦评论》《王国维传》《王国维:一个人的书房》《王国维评传》《王国维年谱》《王国维遗书》,以及《王国维》系列纪录片等。我们决定精攻《人间词话》,泛读其余作品。小组成员细致分工:兰舒泓、陈怡婷两人对王国维的生平尤其是求学经历进行深入了解;毛嘉航同学探索王国维自杀之谜;叶欢、张一可、林闻瀚三人组成了《人间词话》研究分队;徐励恒精心制作了有关"王国维影响力"的调查问卷;庞佳雨则另辟蹊径,在大量阅读及参考他人研究文献的基础上尝试勾勒王国维的精神面貌。

为了更好地了解王国维先生,3月23日,我们全组动身前往位于浙江海宁盐官的王国维故居。静安先生的故居保存得很完整,原先的空间格局基本都被保留下来。木制的古朴家具,吱呀作响的窄楼梯,鲜活的生活气息让我们甚至不敢用力呼吸。故居里还展示了王国维的部分作品、生平回顾,以及王国维研究足迹等内容。参观的同时,我们也在盐官地区进行了问卷调查,路人对王国维基本都是只知其名却不知其人,这使我们颇有些感慨。

4月3日,我们将阅读钻研和走访分析获得的成果在大预班中进行了汇报。兰舒泓、陈怡婷二人图文并茂地介绍了王国维的生平及故居,呈现了根据王国维一生到过之地精心绘制的足迹地图。毛嘉航以他特有的浪漫主义情怀探讨了王国维自杀的四种原因。叶欢向大家展示了她所统计的《人间词话》中提及的词人姓名及次数,让大家大致了解王国维在评价词作方面的喜好,三人小分队分别选择了秦观、冯延巳、李白为切入点,细细评析了《人间词话》的一字一句,许多之前大家并未注意到的细节也得以被重新细细品味。庞佳雨以其缜密的逻辑架构、深厚的阅读功底和过人的思辨能力,将王国维的哲学美学观与西方大家进行比对,并向大家展示了王国维的精神世界。

我们在杭州与海宁的穿梭中满含着崇拜与敬仰,与王国维先生进行了跨时空的对话。望我们都能像先生那样探索到属于自己的三重境界:"古今之成大事业、大学问者,必经过三种之境界。'昨夜西风凋碧树,独上高楼,望尽天涯路',此第一境也。'衣带渐宽终不悔,为伊消得人憔悴',此第二境也。'众里寻他千百度,回头蓦见,那人却在灯火阑珊处',此第三境也……"

附:小组成员感想

对王国维先生的了解,始于《人间词话》。高一时第一次读《人间词话》,一是为了辅助高考古诗阅读,二是诗词情结使然。这次语文研究性学习也让我们对王国维先生有了更为深入的了解。作为一代大学者,王国维平生钻研学问而无穷尽,他出生于一个"亦商亦儒"的家庭,自幼便在父亲和塾师的教导下,细读四书五经、科举时文。这使他不仅具备了良好的国学基础,而且拥有超强的自学能力。从东京文学社到东京物理学校,王国维对知识的渴求从未间断。他通过大量的阅读、研究,不断地否定,不断地追寻,逐渐形成自己的学术思想,营造出学术上的大格局、大境界。回观王国维的一生,我深刻认识到,正是这良好的家庭氛围、笃实的学风和科学的治学方法,助其成为一代大师。

(兰舒泓)

在此次研究活动中,我们对王国维先生的故居进行了实地考察。王国维故居位于盐官最繁荣的文化景观聚集地,一条小径通往故居,一楼的前厅被改造成了王国维先生纪念馆。厅堂的正中央摆放着庄严的王国维半身铜像,他头戴瓜皮小帽,身穿中式长衫,架着一副圆框眼镜,极度贴合他严肃沉稳的学者形象。墙壁四周张贴着王国维先生的相关资料和配图,似乎那已尘封的历史又鲜活起来了。玻璃纪念柜中整齐地存放着一沓沓王国维先生的著作手稿,书页已有些泛黄。纪念馆中也存放着海内外学者研究王国维的论著。与一楼严谨而又恢宏的学术气氛不同,二楼是生活气息浓厚的起居室。从书房到卧室,从砚台到盥洗台,王国维先生少年时代在此学习生活的场景一幕幕浮现在眼前。二层的空间不大,但每一平方米都用得恰到好处,紧凑又不显得拥挤。

(陈怡婷)

我们没有把王国维生搬硬套进他所在的时代背景里,而是尝试走进他的眼睛里,任由王国维在"我"中重新生长,去重新感受、理解他人生结局中所包含的一种超越存在的、永恒的美学意义。根据很多历史大家的假设,王国维处在内外交困的时期,政治的变动让他觉得义节受辱。然而,与其把一个从未涉身政治的人放进政治的结构里,倒不如换一个角度,让王国维回到他所熟悉的文化层面。千百年前,屈原的投水,有政治的原因,但更深一层的回溯,总可以回到理想上来。王国维的离开和屈原有着同样的美学内涵。王国维的诸多著作,都对中国辉煌的古典文化有着极深的眷恋,某种程度上,古典文化构建起了王国维的乌托邦,那里存放着他的价值。死或生,本身没有多大价值可言,但在死和生上反映出的思考,是价值所在。王国维的肉体离开了,但他的理想留下了,他只是再次出发,探寻隐秘的故乡。

(毛嘉航)

《人间词话》一书前后大约读了快二十遍,翻多了便会发现这部作品中部分词人的名字总是被反复提及。忍不住统计了一下书里提到过的所有词人及次数。虽然说来简单,但实则工程量巨大。因为王国维先生在书里几乎不直呼词人名字,常常是字、号、名、姓随意代换,想要找出他所评述的词人究竟是谁,须得一字一字细扣。本是心血来潮的一点研学乐趣,不料竟还涉及统计学方面的应用。在我得出的数据中,秦观、冯延巳、姜夔、周邦彦、吴文英、温庭筠等人被频频提及。而这几人也恰好对应了王国维在书里直接体现出的喜恶。冯延巳是王国维极力推崇的,秦观的部分词句也极受王国维认可,可姜夔等一众词人却屡屡被王国维批评。这在一定程度上有助于我们将王国维的境界观具体化,使其更易被描述与理解。

(叶欢)

我负责研究《人间词话》中王国维先生对冯延巳的评价。《人间词话》中一共有10处提及冯延巳及其词句,常被世人淡忘低估的词人冯延巳在王国维的评价中是"词之最工者",足见王国维对其才华词风的欣赏。透过王国维对冯延巳的偏爱,我们可以窥见王国维的为人与情怀。从人生轨迹来说,二人同样处于朝代末尾,命途多舛,王国维对冯延巳的遭遇或许可以感同身受。从词作本身来说,王国维将温庭筠、韦庄与冯延巳作了比较。同样是婉约派词人,王国维不喜温庭筠的浮华、韦庄的直白,却对冯延巳不吝赞美之词,因为冯延巳的清新婉约与深远意境是与王国维本人的审美标准相契合的。

(张一可)

这次的王国维探究活动让我认认真真地全面了解了一位大咖级别的学者。我的研究任务是细读王国维《人间词话》中对于李白诗词的评析。这位大家是赏识李白的,他一针见血地把握住了《忆秦娥》整首诗的关键,以简约的语言点出了人生大道,他对李白敏锐洞察到时代表象下隐藏着危机与变革这件事是感同身受的,他仿佛看见了自己。这让我感觉到一位学者、一位文学大家的现代审美意趣和对时代的深刻反省。他对李白的诗评不仅让我重新认识了李白,也让我见识到了这位大家在诗歌上的造诣。我成不了圣贤,点不出人生大道,但再次读了此书,起码可以感受到大学者的睿智,感受到大学者之间的相互理解。

(林闻瀚)

在五十岁的黄金年龄彻底离开生活,是否遗憾呢?苏格拉底曾说:"我们只有离生命越远,离真理才越近。"王国维的离去对知识界来说是遗憾的。在研究中,我探寻了王国维对现代中国哲学学科架构、面貌塑造、精神建立作出的努力,为他不追求直接功用、不阿世媚俗的态度所打动,为他学贯中西的背景与化合中西的方法所震动,并透过他的哲学研究略微窥见了他为文学批评打底的诗人气质。可惜的是,我没能在研究中细究"悲剧"二字之于他的意义。尽管如此,我依旧能从他的文字中嗅到感伤的基因。王国维告诉我们,人可以和自己的基因抗争,但永远别想消除它们对人格的标记,我们要努力重塑它们,重塑自己,哪怕人生的转向弃大于扬也要坚持无畏,哪怕逆时代潮流也在所不惜。只有在时代的浪潮退去,山峰露出海面之际,我们才能知道,谁真正发明了知识。

(庞佳雨)

此次共有47人接受了我们的问卷调查,其中海宁本地居民8人、浙江旅客28人、外地旅客11人。受调查者中有41人成年,另外,64%的受访者学历在大学本科及以上。调查发现,大家对王国维有了解,但不充分。47位受访者中,超过40人知道王国维先生,更清楚地认为他是海宁乃至整个中国的骄傲。但有一半的受访者不曾读过王国维的作品,即使在读过的24人中,也有21人只读过最负盛名的《人间词话》,真正广泛阅读了王国维著作的只有3人。同时,大家对于王国维学术成就之外的了解也相当不足,即使此次调查是在海宁进行,去过王国维故居的受访者也只占到了38%。在对其生平事迹的了解程度这一选项上,70%的受访者选择了"知道但没有专门作了解",进一步询问后发现他们基本只知道王国维死于自杀。从中我们可以发现一些问题,虽然王国维被公认是一位国学大师,但人们对于这位大师似乎还没有足够的了解。我想,无论基于他在教育、哲学、文学、戏曲、美学等诸多方面的杰出成就,还是基于其在史学和古代文学上的创新,我们都应该对他进行较为深入的学习与了解。这不仅是致敬这位"不独为中国所有而为全世界之所有之学人"(梁启超语),也将极大地拓宽我们知识的广度,提升我们的综合素养。

(徐励恒)

(李芳、叶欢、兰舒泓、陈怡婷、毛嘉航、张一可、林闻瀚、庞佳雨、徐励恒)

四月芳菲　江南情怀
——记大预班"浙江作家·浙江文化"之作家钟求是研究活动

人间四月芳菲尽，山寺桃花始盛开。在这次大预班"浙江作家·浙江文化"研究活动中，我们小组通过浙江省作家协会主席艾伟老师的推荐，将研究对象锁定为浙江省作家协会副主席、《江南》杂志主编钟求是。值得一提的是，钟老师的儿子恰是我们2010届的学长钟觉辰，这份难得的缘分令我们尤为激动和感动。

钟求是，1964年出生，毕业于中央民族大学经济系和鲁迅文学院第三届作家高研班。在《收获》《人民文学》《当代》《十月》等刊物发表小说多篇，作品获《小说月报》百花奖、《中篇小说月报》双年奖、《中篇小说选刊》优秀中篇小说奖、《十月》文学奖、《当代》文学拉力赛冠军、浙江省优秀文学作品奖等。出版有小说集《零年代》《两个人的电影》《谢雨的大学》《给我一个借口》《昆城记》《街上的耳朵》等。现为《江南》杂志主编，浙江省作家协会副主席，一级作家。

研究初期，我们阅读了钟老师的《两个人的电影》《街上的耳朵》《给我一个借口》《昆城记》等四部中短篇小说集、部分《江南》杂志以及部分创作谈。钟老师的小说多描写日常生活中的点点滴滴，正如他的一篇创作谈的标题——在日常的边缘和受困。在我们的理解里，日常，即在生活的平淡里捕捉暗藏其中的悲欢离合；边缘，则是从生活的边边角角里窥得一丝缝隙，描绘社会中底层的边缘人物，挖掘平凡人物的内心边缘，在共性里发现人性的残酷和闪光点；受困，是当下人们普遍的内心困境，一种挣扎在金钱与欲望边缘的痛苦心态。《温州晚报》的编辑哲贵先生曾这样评价："他具备小说家先天的素质，能够编出丰盛的故事。但他的独门暗器不在这里。他的独门暗器还是在故事背后对人性的把握和挖掘，他能够从繁杂的故事中，清晰地凸现人性的高山跟河流，黑暗和温暖，残忍与善良，从而跌宕读者的心灵。"

4月16日午后，我们一行四人敲开了《江南》杂志社总编室的门。在两个多小时的访谈过程里，钟老师与我们热诚交谈，从创作初衷聊到艺术构思，从影视改编谈到阅读建议。我们收获了许多关于文学、阅读和创作的真知灼见，充分感受到了钟老师对创作的虔诚和使命感。他平易近人、睿智大气的风范给我们留下非常好的印象，他对我们的谆谆教诲和深沉期待更使我们备感温暖、备受鼓舞。

4月28日下午,我们在大预班里进行了成果汇报,金晓冰简要介绍了钟老师的生活和创作经历,杨柳和郭玥分析了钟老师的一些经典作品,李文慧和颜若偃分享了访谈中的精彩片段,扎实的钻研过程和翔实鲜活的资料使我们的汇报获得了李老师和同学们的好评。

钟老师曾经在《街上的耳朵》的后记中提到:"小说发表之后,仿佛游子走出家门去了远处,从此跟我既熟悉又陌生。熟悉是因为文中的一语一字都曾排着队从我心脏里通过,沾上了我的血液和气息。陌生则是因为我把小说放手后,近期一般不会在文字中与之相遇,甚至数年难以见面。"文字在他的笔下会形成生命,走过自己独有的岁月轨迹,在无形之中影响着我们:忠于内心的选择,执着于热爱的一切事物,不断前行。

这个四月,我们的学习生活因"江南"而缤纷。

附1:小组成员感想

看完钟老师的书,内心是久久不能平静的,我惊讶于他用严谨而冷静的笔调描绘的众生相。《昆城记》一书收录的都是发生在"昆城"的点点滴滴。在这座美丽和沧桑交织的小镇里,发生过这么多世俗而充满人情味的故事,有笑亦有泪。钟老师说:"人人心中都有一个困局,如何挣扎又如何走出来是每个人都要面对和思考的问题。"我在钟老师的书里找到了答案。他笔下的人物,总是存在着鲜明的对立性。在平淡的生活中沉浮,经历着爱与恨、生与死、激情与狂躁,但他们都有一种共同的精神气质,执着于某种精神追求,或是初萌的信念,或是坚定的理想,或是向死而生的信念。这样的他们,即使人生陷入惶惑窘境,受到命运任意捉弄,也始终保留着那一种赤诚和美好,最终都会让时间来淘涤人事苦痛和沧桑,在更为广阔的天地间释然和宽怀。这就是昆城的众生相,也是我们身处的城市中的众生相。愿我们能够永远保留内心深处最简单、真实的一片天地,永远满怀期待、满怀热情、满怀祝愿地面对生活所给予的幸与不幸。

(颜若偃)

小说集《街上的耳朵》中的同名短篇小说里,开篇的第一句话就是:"有人对式其说:'你的酒量矮了不少,即使踮一踮脚,也够不着以前的一半了。'""矮""踮一踮脚",措辞新颖别致、生动自如。不同于别的现成的文字,在钟求是老师笔下我们总能发现十分个人化、很有生活真味的字词。例如说男人回忆起过去,是"反刍一件往事",如此种种。自然而然却独具匠心的文字,体现出作者对语言感觉的精准把控。我很喜欢的小说《星子》,讲述了重病的中年男人来到深村的故事。其中一段,写中年的韩先生躺进棺材里向外看:"周围似乎一下子静了许多,眼睛望出去,世界只剩下了一块长方形的天空。在那一刻,他心里'怦怦'多跳了几下,赶紧坐起来喘几口气。"这里甚至没有什么独特的词出现,只有寥寥数语。那么,是"怦怦"二字的功效,还是哪处字词的魔力,让这段话变得这样真实?就连一个人躺进深棺里后那种不可控的震颤都被纤毫毕现地描述出来。我以为是作者对于文字力量的把控所致。

(郭玥)

钟求是老师不仅是一位作家,也是《江南》杂志的主编。我们有幸在杂志社的主编室里采访了他。钟老师把写作和工作分得很清楚。作为一位非全职的作家,钟老师的写作时间都在下班后——晚饭后到凌晨。他愿意在较慢的节奏下,精雕细刻,追求最优的质量。因此对于钟老师来讲,杂志选录作品的文学品质才是第一位的,《江南》也一直保持着纯文学的特点。这些年来,《江南》得到了读者与作家们的广泛认可,取得了不小的成就。采访中,钟老师认为,写作和编写《江南》是互利的。因为钟老师有一个作家对于文字的执着,所以《江南》能借文学的手轻触读者的内心;也因为钟老师将自己浸泡在文学的江南里,所以读者能从他的作品中读出别样的风景。

(李文慧)

钟老师的小说原作《谢雨的大学》是不到3万字的中篇小说,约3集的剧情内容,但被改编并拍摄成了一部36集的电视连续剧。钟老师说改编是顺其自然,故事的核还是他的小说的核,但到后边就是编剧自己想象的。对于改编者而言,改编实际上就是其与原作之间的一次"角逐",改编作品会真实地反映出改编者对于作品的理解能力以及创作能力。"很多优秀的改编作品借用已有的文化渠道,借助原作提供的背景快速形成剧本,达到了事半功倍的效果;而一些改编作品则因改编者自身的功力不足,无法驾驭原作。"改编者不只要展示出原作的特点,还要有能力去深化原作的立意。钟老师的作品极大助力了剧本创作,这也正是原作对于改编的意义。

(金晓冰)

以前看过文章,偶尔得益于学校活动能亲眼见到作者本人,已经是少有的幸事,这次能真正消除所有距离感,自己坐到作者对面,和他交谈,问他问题,实在是人生头一回。不用说,心里还是很紧张的。结果一见面我们就发现,钟老师亲切和蔼、平易近人,这使我心里绷着的一根弦,在采访开始后不久就慢慢松弛了。计划内的采访接近尾声时,我大胆问了一个临时想到的问题:"能为对写作有兴趣的人提一点建议吗?"钟老师充满诚意的回复在此不赘述,其中打动我的一点,是钟老师对写作技巧的态度。我之前纠结于一些所谓的写作训练和技巧,心里总觉得也许需要系统地看一些书,甚至做一些刷题似的练习。但听完钟老师的意见,我终于可以放下这些顾虑了。写作与一个人观察世界、感知世界、理解世界的能力有关,而这些不是短暂训练就能随便获得的。此外,与其拖拖拉拉地徘徊不前,倒不如原地立正,从现在开始踏实地向前迈出每一步。有什么想写的就写,有灵感就记录,有心情就多写点,没什么好怕的。我之前看过一句话:如果你在乎别人怎么看你的故事,花言巧语会在你身上生长,对故事的忠诚就会死亡。忠诚于自己的笔和内心,这就是钟老师给我的启示。

(杨柳)

附2:钟求是访谈录

因命运而写作

颜若偎:钟老师,听说您走上文学之路是缘于一位同事的突然离世,那能跟您聊一聊写作的初心吗?

钟求是:一个作家,如果写作,可能确实有命运在里头,这跟你小时候的经历或者阅读有关。我原来在温州的一个安静的县城里面出生、生长,那个地方,谈不上有文化气息。那会儿书也不多,课本也不像现在有一些文学知识。但是,在我十岁的时候,我父亲给我办了一张县图书馆的借书证。这张借书证帮我走上了文学的道路。那时候我就看一些红色文学经典,看了不少,把县图书馆的那些文学书籍全部看完了,因此培养了一些文学的感觉和兴趣。虽然我之后大学学的是政治经济学,但是这些阅读埋下了一颗种子,到一定程度就会生长出来,就会想去表达对这个世界的看法。我大学期间就开始练习写一些小说,毕业之后也写一些,但是并没有入门,也因为工作比较忙,写过几个中篇和一个长篇之后,就感觉自己可能写不出来了,写作的心慢慢就淡了。因为我当时从事的是对外联络工作,跟我关系很好的一位同事在匈牙利发生车祸去世了。他是温州人,才36岁,我去处理他的后事,看到大家在葬礼上都在掉眼泪,我当时就想,人的命运怎么会这样,一个跟这个地方(发生车祸的地方处于匈牙利和斯洛文尼亚交界处)可能毫无关系的人,一路走到这个地方,在36岁时停止在这里,命运到底是怎样一个秩序?当时我就发愣,开始思考死亡、命运等这些问题。此后,我觉得我应该重新开始写小说,可能因为人的精力和阅历有积累了,所以写出来的东西就不一样,就好得多,很快我就写了一篇《诗人匈牙利之死》,当然写法也是比较老的,虽然跟这个同事没什么关系,但也抒发了一种情感。这篇小说后来刊登在《江南》上,当时我还是投稿的文艺青年,后来《小说月报》《收获》也转载了这篇小说,给予了我很大的鼓励,从那以后我就一路写下来了,再也没有停过。

由点及面的无限创作源泉

颜若偲：文学创作更多的是基于现实的经历还是基于阅读所带来的想象？您是怎么看待这个问题的？

钟求是：作家，其实从他的依靠度来说，确实是有两种类型．一种是经验型写作，他要经历过很多事情，他把他自己生活当中经历过的事情表达出来，这个好处就是他写的东西会比较扎实、比较亲切。但这样的作家，会有一定的局限，重要的经历要是写完了，可能后面就不知道写些什么了。或者说他们的经历并不是特别丰富或是那么有趣，他们写出来的东西可能也不见得会有趣。我是不一样的，我觉得我主要还是靠想象力，我的想象力还是比较丰富的。当然我也写我经历过的，比方说我写小时候的小镇生活，脑子里边积存下来的一些记忆，经历了好多年，那些最重要的经历才可以留得下来，那么我会从这些经验出发，构思一些东西。反正依靠自己的经历和想象都写了一些东西。我主要是在生活当中找点，这个点很重要，这个点就相当于故事当中的核。这可能是你跟朋友在一起吃饭，在家里碰到什么事情，也可能是看书的时候突然跳出的一个想法，这些都可以成为故事的出发点，也就是小说的核。有了这个核以后，你就可以围绕这个核，构思一些情节。或者是生活当中的某一个小事件，你觉得特别有感触，一下子就抓住了，也可以构思开来。所以，依靠强劲的想象去写小说，写作生命就会很长，你就可以不断地写。不像有些经验写法，经验如果用完了就不知道怎么写了。

写作是个体力活

郭玥：想要了解一下您现在的产出量大概是多少？比如一天写多少字？多久写一篇作品？

钟求是：我的量肯定是属于少的。我的工作时间排得很满，包括在原来单位做对外联络工作，后来在文联，现在在做杂志。我写作基本上都是周末或者是晚上，而且我对文字也是比较讲究的，所以速度不可能特别快。一般来说，你创作速度太快，是很难保证文学品质的。这两年，我在写作一个长篇，基本上是每天晚上一两点才睡。写作是个体力活，熬身体也熬脑子，是件不容易的事情。

作家最根本的就是表达对人、社会、世界的看法

郭玥：我比较好奇您对于写作素材的选择。比起科幻、悬疑及其他类型，您更多选择了直指日常的故事，写这样的作品，对作家本人而言，会有什么样的影响和收获呢？

钟求是：以我自己为例，人活一辈子，认识的东西也不多，既然认识到了，就要把这种认识和对人、社会、世界的看法表达出来。就收获而言，是在表达对某个问题的看法时，对这个问题有更深层次的理解。有了思考以后，把它表达出来，传达

给别人,不能说对社会有很大的影响,但无形当中也会影响到别人。

人人心中都有一个困局

郭玥:《街上的耳朵》中牵涉到两性之间的事更多呈现出失败、难堪和不如意。这是一种巧合,还是因为您认为这就是生活中真实的、不堪的重要组成部分?

钟求是:《街上的耳朵》大部分都是短篇,短篇很多反映生活当中的一个片段或是一个点,一种很微妙的情感关系。确实里面表达的都是生活当中的一些困惑或是困境,我觉得这也是现实。当下社会,条件变好了,物质方面那是没的说的,但是每个人都活得很辛苦。人人心中都有一个困局,怎么在里头挣扎,怎么走出来,就是人人都要面对的一个问题。所以我的小说自然要反映这种状况,反映社会当中的人的这种心态。

昆城不仅仅是地理概念,更是文学概念

李文慧:我发现在钟老师的作品中有很多关于意象的表达,包括您出了一本小说集,里面的故事全部发生在"昆城",您在后记中提到"昆城"是您故乡的影子。我想了解一下您的童年、故乡记忆给您写作带来了怎样的影响?

钟求是:我16岁才离开这个小镇,后来,因为我有同学在那边,所以我是经常回去的。经常回去的原因是我不愿意把这根线断了,我随时要感受那边的气息,随时捕捉到那边的变化,这个对作家来说是很重要的。故乡就是写作的一个出发地或是策源地。我们经常说人的一辈子最重要的记忆,可能是少儿时代的记忆。少儿时代的记忆是一个人一辈子的基础,所以在那个地方感受到的东西,我都会把它放到昆城里头。我的那个小镇叫昆阳,在作品里就叫昆城,但事实上在小镇上发生的事情是有限的,所以我会把所有其他故事都纳入这个里面。昆城,既是我现实中的故乡,也是文学意义上的一个故乡,可以包容很多文学内容,不仅仅是地理上的概念,更是文学概念。

意象是内心世界的看法和外部环境的影响

李文慧:此外,我还发现您的作品中经常出现电影院、殡仪馆、寺庙、棺材等,这些意象有什么特殊的意义吗?为什么您会较为频繁地使用它们?

钟求是:主要是电影院,电影院确实对我很重要,包括我写《两个人的电影》,包括其他小说里面提到的电影院。因为小时候,县城里面没有其他更多的文化娱乐活动,除了看书,有意思的可能也只有看电影。所以我是很喜欢到电影院去看电影的。那会儿是撕票的,只要进去就可以看,怎么进去我会想很多办法,反正一计不成又生一计,一个电影可能重复地看,看好几遍。电影的内容现在想起来也并不是太重要,主要是在电影院内产生的那种美好的感觉,那种对外部世界的想法,所以电影院会留下我一生中很重要的记忆。人是需要做梦的,你在电影院里,就跟做梦

一样,在一两个小时里面做了一场小时候希望的梦。所以电影院就像是一个符号,小时候记忆中对世界向往的一个符号。至于殡仪馆、寺庙、棺材这些,都相当于是外在的符号,可能跟我小时候对小镇的印象有关系,另外也跟我当时的心境有关系。前段时间,我有篇散文是关于我的母亲的,她当时从温州市被下放到小镇里,所以她的心里是很压抑的,这种情绪会传导到我们孩子身上,所以我对小时候的记忆总会有一种压抑、阴霾的感觉,不是特别舒畅,自然在写作的过程中就会想到一些棺材之类的符号。

人们愿意去追求那些美好的东西,也希望有一个自己精神的安全存放地

杨柳:我们还想和您探讨一下爱情观。在《两个人的电影》中,尽管与社会道德观念冲突,男主角和若梅也只是对世俗稍作妥协,将他们的爱情坚守到底。请问您认为这算是一种爱情至上的观念吗?这样合适吗?

钟求是:对男主角来说,这就是一种真爱,一个男人对一个女人从内心生发出来的一种情感,这个东西是欺骗不了自己的。他们其实还有一个很重要的东西,也是我的小说想要表达的——若梅把两个人约着看电影的这一天当作节日,她在生活当中是很边缘的底层人物,原来是个女工,后来下岗开了个小店,但就是这么一个日常、普通的人,她的内心也保留着对美好事物的向往。爱情,纯洁的东西,令人向往,所以这一天就是她的向往,平时的生活可能很累,很没有味道,就那么一天,她觉得精神上就有一个出口了,对美好事物的向往在这一天有一个弥补。这个小说一方面想表达的是纯洁的爱情,之所以会引起共鸣,就是因为人们心中还是愿意去追求那些美好的东西;另一方面就是一个普通人在平常的生活之外,他希望有一个自己精神的安全存放地。

改编是顺其自然

杨柳:不知道您是否看过由您创作的小说《谢雨的大学》改编的电视剧《五月的鲜花》?

钟求是:2007年拍电视剧的时候,我还去过拍摄地桂林的广西师范大学。中篇小说的内容拍电影是最合适的,故事的核还是我小说的核,但到后边,就是编剧自己想象的。也不是说艺术水平高低,主要是他们面对的是观众,收视率需要有保证,要符合大众口味,艺术含量可能就会降低一些。

颜若偲:在网络以及自媒体发达的时代,有许许多多的文学作品被改编为影视剧作品,相当于进行了再创作,您如何看待这一现象或者这种趋势呢?

钟求是:关于小说改编为影视作品,作家肯定是欢迎的,绝对不会反对,他也希望把版权卖出去,一方面是获得版税,更重要的是扩大影响。影视剧播好了,产生大的影响,反过来也会促进小说的阅读。但是作家又不是特别在意改编,好的作家肯定不会把电影或电视剧的改编看得很重,大部分是顺其自然。从表达来说,作家肯定认为小说是可以把人的内心世界表达得最好、最完整的,影视作品是小说的衍生品。

阅读影响成长道路上思考的深度和视野的广度

颜若偃:我们从李芳老师处得知,钟觉辰学长当年在杭外是非常出色的,这一定离不开您的悉心教导。您能不能跟我们分享一些心得?

钟求是:父母对孩子的影响是潜移默化的。你们的学长钟觉辰从小就喜欢看书,家里的阅读氛围、父母的兴趣以及一屋子的书,这些因素结合,的确对他产生了很大的影响。他在杭外和北师大求学时就自觉阅读,阅读量确实很大,阅读面也很广。阅读影响是很重要的,孩童时期阅读什么样的书,决定了这一辈子思考的厚度和深度。

阅读经典作品,在写作中学会模仿

郭玥:在如今"碎片化"的阅读时代,您对年轻人有什么阅读建议?又有什么样的阅读方法推荐?

钟求是:还是要去看已经经典化的作品。人的生命长度是有限的,需要阅读接触的东西,看上去很多很多。看什么样的作品,就决定了你今后是什么样的定位和思考深度。如果你想成为一位特别好的经典小说作家,那就要看纯粹的作品。关于阅读方法,每个人都有自己的习惯。你们如果也想尝试写作,阅读的时候一定要有重点,经典作品也有很多,看过了就一路过去了,那也是不合适的。你发现哪个作家特别对你胃口,那就把这个作家一系列的作品找出来,把他研究透,把他的文学气息、风格吸收到自己身上,这个在写作初期是很重要的。

杨柳:钟老师对创作小说的新人有什么建议吗?

钟求是:我觉得写作没有其他办法。可以努力的就是阅读,写作绕不开的就是阅读。阅读完了,抓住一两个作家进行研究,甚至在初期进行简单模仿,不断地写,写完不满意,再去研究、比较,才可能会取得一定的进步。从创作班中可以获得一定的技法,但这个是外在的,最重要的还是在阅读当中消化一些东西。我们都说作家不是教出来的,是写出来的,需要跟阅读互相结合。

寄语

钟求是:无论你们将来读什么专业、做什么工作,文学都是个很好的东西。你们把它当作业余爱好,有时间进行一些文学的写作,对培养自己好的品位、好的精神状态、好的内心,包括对世界看法都是有好处、有帮助的。

(钟求是、李芳、颜若偃、李文慧、郭玥、杨柳、金晓冰)

杭外学子对话当代小说家、翻译家孔亚雷

《普通高中语文课程标准》(2017年版2020年修订)在学习任务群10"中国现当代作家作品研习"中明确指出,"关注当代文学创作动态,选读新近发表的有影响的作品及相关评论"。作为《浙江省普通高中学科教学指导意见　语文》(2021版)选择性必修下册第二单元这一部分的撰写者,李芳老师根据新课标理念,设计了"采访当代小说家、翻译家孔亚雷先生"的学习项目,旨在引导学生积极关注当代文坛动态,了解优秀创作者概貌,培养学生阅读当代文学作品的兴趣,进一步提高文学阅读和写作能力,实现知识与能力,过程与方法,情感、态度与价值观的整合,整体提升学生的语文素养。

一、孔亚雷简介

孔亚雷,1975年生,著有长篇小说《不失者》《李美真》,短篇小说集《火山旅馆》《极乐生活指南》,评论集,译有保罗·奥斯特长篇小说《幻影书》、莱昂纳德·科恩诗文集《渴望之书》、杰夫·戴尔跨文体作品《然而,很美:爵士乐之书》、詹姆斯·索特长篇小说《光年》等。部分作品被译为英、荷、意等国文字。他住在莫干山脚下的一座小村庄里。

二、采访项目简介

项目化学习(PBL)是通过一系列任务的完成,最终达成项目目标的学习方式。此次项目活动共分六个阶段:第一阶段,成立项目学习共同体,来自高二年级的许冰钰、黄家齐、鲍韵欣、王雯、张铭、包嘉玮、沃睿媛、王一安、寿昱华、陆美亦组建了学习小组;第二阶段,根据兴趣,分组阅读孔亚雷的小说《火山旅馆》《李美真》、翻译作品《光年》、评论作品《极乐生活指南》;第三阶段,拟写《采访当代小说家、翻译家孔亚雷方案》;第四阶段,孔亚雷接受采访,由孔象象同学现场录制视频;第五阶段,观看采访视频,交流感想和思考;第六阶段,撰写活动感悟。

三、采访实录精选

让故事本身有生命力

问:请问您在创作过程中是否进行整体框架的构建?

答:我记得《李美真》这本书出版的时候,有一名编剧也曾这样问过我,因为她觉得这本书的结构非常精巧,就好像是非常完美地契合在一起似的,问我是不是做过非常精致的一些架构。奇妙的是我没有经过任何搭建,我完全就是从头写到尾的,怎么样让故事本身有生命力,这是我觉得非常重要的一点。

写作一定要有自发性

问:您的作品中似乎常常表达"孤独"的主题,为什么?"孤独"是现代多数人生命的主旋律吗?它是文学创作的母题吗?

答:这个其实我根本没有意识到。你知道吗,我并没有故意要写一本小说,小说里面充满了孤独,而是我在编辑完《火山旅馆》后,发现一些小说共同地散发出孤独的意象和主题来。它其实不是故意的,而是自然散发的,就跟我刚才说《李美真》跟它里面那个故事是自然形成的一样。写作一定要有自发性,它体现在两方面:一方面你在写作过程中一定会超越你原本的计划;另一方面,你小说中的情感,你写作中的情感,必须非常真实,必须是来自你内心深处真正的情感,它是你生活中经历到的。

找寻文学上的父亲

问:常常有人评价您为"中国的村上春树",您对此有何想法?您是否有从村上春树的作品中获得什么灵感?您认为自己在哪些方面受到罗贝托·波拉尼奥的影响?

答:我特别喜欢波拉尼奥,写了很多他的评论。每个人,都是有文学上的父亲的,我觉得大家要做的就是尽量多地去阅读。这个文学上的父亲是他的情感,他不像我们生活中的父亲,文学上的父亲是自己去发现、去寻找的。当你读到某一个作家,他深深震撼你的时候,深深跟你产生共鸣的时候,甚至你情不自禁要去模仿他的时候,他可能就是你文学上的父亲,波拉尼奥和村上春树都让我有这样的感觉。但是在某一阶段,你也像个孩子呀,你慢慢会长大,你会挣脱他的影响,你会成为你自己的,这点很重要。

一样有生命力的东西,不可能被固定住

问:在翻译时,如果意译太多,是否会融入自己的感情色彩?这是好还是坏?

答:对我来说,我非常反对意译。我是个直译派。我特别反对更改标点符号,更不用谈意译了。我的翻译的理想和标准是尽量按照原来句子的句式和它的结

构。但是翻译有一点很重要,写作也是一样,人生也是一样,虽然我们需要一个标准,也需要一个原则,但是这个标准和原则,永远不是固定的。因为一样有生命力的东西,不可能被固定住。它一定是处于一种微妙的变动之中。你们是杭外的学生,我特别希望、提倡大家去做一些翻译。我觉得翻译非常好,找一些非常优秀的文本去翻译,而且翻译时千万不要意译,甚至不要存在意译的想法。因为不管是你们,包括我,根本没有意译的资格。但是,这个直译又不是非常教条。翻译最注重什么?就是原来文本语调的气氛和氛围。如果为了传达氛围,有时候也需要意译。但是在我看来,最重要的是直译,特别是标点符号、句式。因为翻译也好,文学也好,对汉语及所有的语言,通过相互翻译,都会相互补充、相互完善。一种语言越伟大、越有生命力,它就越不僵化、越能够变动。

翻译是最大程度的精读

问:您认为小说家与翻译家的双重身份给您带来了什么益处?

答:我觉得最大的好处是:翻译是最大程度的精读。翻译是非常好的老师,通过把外文翻译成中文,也能更加深刻地理解中文。歌德说过,只有懂得一门外语,才能更深刻地理解母语。像鲁迅、郁达夫、施蛰存等,他们都至少懂得两门语言,语言之间可以互相借鉴。对我来说,就有一个好奇心,当我读到一个非常好的英文文本,给我巨大的震撼和满足的时候,我就会产生一种自然的好奇心,我能不能用中文来表达这种美妙和满足,我怎么能做到呢?这是一种挑战,也是一种刺激、游戏。

自由,就是一切后果自己负责任

问:您曾作出一个重大的决定:辞职,并自由写作。现在看来,您对自己的这一人生选择作何评价?

答:确实,这是我一生中非常重大的一个决定。大家都会觉得不上班好像很幸福,其实不上班非常可怕。不上班意味着自由,什么叫自由?自由,其实有句话讲得非常好,就是一切后果自己负责任。有很多年轻人问我,如何选择人生方向。我觉得非常简单,不管你工作也好,不工作也好,非常重要的一点是:一定要做自己喜欢的事。一旦下定决心,就要为那件事付出无比的努力,而且你会发现,所谓的幸福和快乐,必然包含着很多不幸福和不快乐,不然那就不是真正的幸福和快乐。比如,学一门外语。学会之后能够阅读原文,能够感受那种美妙,然后你能跟人沟通,那种掌握一门语言的幸福和快乐,是一种真正的幸福和快乐吧?但是你要抵达这种幸福和快乐,就要付出很多不幸福和不快乐的代价。如果你舒舒服服地"躺平"了,每天刷刷手机、玩玩游戏、听听音乐,你就能学会一门语言吗?所有的事情都是如此。所以不要指望能够幸福快乐地抵达幸福快乐。

爱你的痛苦

问：您在《极乐生活指南》中频繁提及"生活"这个词（包括书名本身），在您的理解中，"极乐生活"是怎么样的？

答：极乐生活很简单，就是爱你的痛苦。要学会爱你的痛苦，那就是极乐生活，你就会到达所谓的极乐。其实没有真正的极乐生活，这其实是个非常反讽的词语。

让世界变得更加美好

问：您认为一个人如何更好地实现人生价值？

答：我特别喜欢《花婆婆》这个童话。花婆婆讲，一个人一辈子应该做三件事。第一件事，就是让这个世界变得更加美好。不管你是做一个面包师，做一个翻译家，做一个数学家，还是做一个公务员……你要想有没有让这个世界变得更加美好，哪怕美好一点。第二件事，要四处旅行，环游世界。你们这么年轻，你们会环游世界。我想拓展一下花婆婆的说法，我觉得旅行也包括文字的旅行、阅读的旅行，阅读是人类发明的最伟大的旅行之一。所以我希望大家能够广泛地阅读。这个旅行极其便利，极其美好。第三件事，要住在一座海边的小城里。我觉得住在什么地方非常重要，因为那代表了你选择的生活方式。我现在就住在乡下，住在莫干山脚下的一个村庄。花婆婆这三点特别有意思，而且讲得特别好。

让自己变成像花婆婆一样作好准备的人

问：对中学生来说，是观察生活中细微之处更重要还是在脑海中进行头脑风暴更重要？

答：我觉得两者是紧密结合的。观察这个世界，热爱这个世界，然后大量阅读，自然而然对此进行思考，我觉得这就是一种非常美妙的生活。去找到自己真正想做的事，爱做的事情，磨砺自己的灵魂和体魄，让自己变成像花婆婆一样作好准备的人，让这个世界变得更加美好一点。

学习，是这个世界上最美妙的事情

问：您对中学生学习有什么好的建议？

答：对于中学生来说，要意识到自己现在处于一个多么宝贵的阶段。你们不用操心家务、事业，你们也不用操心挣钱的事情，你们处在自己一生中最幸福的时光。你们可以拿自己所有的时间去学习，学习是这个世界上最美妙的事情，它一直到你生命终结时也不会停止。认识一种新的植物，学习一篇新的文章，观看一部新的电影，都是学习。你们要珍惜现在的时光。

四、学生感悟

《火山旅馆》是孔亚雷先生的短篇小说集，它由十五个散发着奇异光芒的故事

构成。"如果我在即将坠机的航班上睡着了""UFL"等标题颇具吸引力。每篇小说都短小精悍,但无一例外,它们都有着令人回味无穷的结局。这些结局总是轻手轻脚地,在你从未预料时来到你的身边。随着故事的终结,留下的似是释然,又似是留恋;似是豁然开朗,又似是依旧迷雾重重。《礼物》中女孩在咖啡店等了三十天老画家的礼物,等来的却是一幅在离别展上展出的、绘有等待身影的画。一环扣一环,似有实感,又似全是缥缈。《枪击魔术师》中,在台上死掉的魔术师又出现在了街上。死掉的似乎是那个魔术师,又似乎不是那个魔术师。值得指出的是,这看似毫无关联的十五个故事,散发着相同的、淡淡的气息——孤独。这份气息,通过表面将主角名字改为"他""她"来表现,也通过内在的思想渗透进读者心中。但正如孔亚雷先生本人所说,他并未刻意地去塑造忧郁的形象、传递孤独的情感,这些都是浑然天成的。正是这自然的、不矫揉造作的创作,才能引起读者心灵上的共鸣。

(鲍韵欣)

《李美真》的构思极为精巧。前半部分,《李美真》的故事与作家的现实以章节相隔,犹如空间中两条不共面的直线。后半部分渐入高潮,通常以一个世界的结尾一句作为另一世界的开头,有了光源就有了投影,异面直线就有了交点。这种结构在《火山旅馆》中也有显现,以"他"和"我"的人称转换作为区别,以"麦当劳叔叔"作为联结,由"黑色的笔""矮小的侏儒"穿针引线。这种结局不免让我们想起了科塔萨尔的"看书人被书中人杀死"的游戏。当一些因果不便言说或无需多言时,卡佛的"后来发生了一些事"也浮现在眼前。

(寿昱华、包嘉玮)

进入高中以来,读到了更多的文学作品,也得以在文字中与更多大师"对谈"。但就算只是隔着一层纸,也照样是千山万水。越是有距离感,越使得这次机会难能可贵。当一位作家出现在现实生活中,与我们进行了一番引人深思的沟通,我在阅读时的站位似乎也发生了变化——可以毫不夸张地说,孔亚雷先生使我意识到,文学从不是冯虚御风。让我印象尤深的有两点:一是他的谦逊。诚如芝诺所画的圆圈,一个人知道的越多,不知道的也越多,孔亚雷先生的言谈举止有种大师的气场,让我更明白"学而知不足,愈进则愈惘";二是他对于翻译的深刻理解让我深受启发,他提出翻译是有保障的,然而翻译之于创作正如授人以鱼之于授人以渔,不自由有时也是追求自由的必选项。

(许左)

这是一个难得的、可以深入了解文学创作的机会。作为初窥文学世界的高中生,在阅读许多精彩作品时,时常感叹自己与他们之间的距离,并且想着,究竟怎样才能拥有创作的能力?在观看了采访视频后,创作的"自发性"给我留下了深刻的印象,这让我意识到创作是一个流动的过程,而且其实并不那么缥缈。相反,它与我们的真实生活和情感紧密联系着。其次,"寻找文学上的父亲"这一表达令我印象颇深。孔亚雷先生谈及阅读时亲切的语气,仿佛在谈自己的一部分。作为一个读者,应尝试让作品融入自己的生活,并从中获得指引。

(何新恬)

孔亚雷先生在谈论翻译时,直截了当地表明了自己的态度——我想我们在翻译的时候是没有资格去进行意译的。在阅读完由孔亚雷先生翻译的《光年》后,我对其中简练直接但不失优雅的文字产生了强烈的好感。"我们掠过那条黑色的河流,水面光滑如石头。没有船,没有小艇,没有一片白浪。水平躺着,被风敲破、打碎。这巨大的入海口宽阔,无边无际。河水带点咸味,冰冷的蓝。它在我们下方流过,令人晕眩。海鸟飘浮在它上空,盘旋,消失。"选段中所展现的正是作者詹姆斯·索特想要表达的生活的本质,其本质是简单的,是曾经可能被我们忽视的,是留白的,译者孔亚雷不加修饰的语言凝练却准确地表达了作者的意思。

(黄家齐)

这次采访,不仅让我在写作和语言学习方面受益匪浅,更让我体会到了孔亚雷先生深刻的生活智慧。看完采访视频,我脑海中一直回放的便是这句话:"所谓的幸福和快乐,必然包含着很多不幸福和不快乐,不然那就不是真正的幸福和快乐。"好像确实是这样。任何事物都既是绝对的,又是相对的。最终追求到的幸福和快乐,是相对于不那么幸福快乐的过程而言的,正如美之于丑、运动之于静止。从我们读过的书籍来看,许多主人公都在追求着幸福和快乐,但他们的经历总是充满不如意甚至绝望,这似乎也印证了这句富有哲理的话语。我们正处于一个向理想奋进的阶段,为追求幸福光明的未来,必然要付出艰辛的努力。

(季蔚然)

(孔亚雷、李芳、许冰钰、黄家齐、鲍韵欣、王雯、张铭、包嘉玮、沃睿媛、王一安、寿昱华、陆美亦)

后 记

爱的致谢

教育家陶行知曾言:"先生创造学生,学生也创造先生,学生先生合作而创造出值得彼此崇拜之活人。"在这本小书的末页,请允许我表达对我学生的感谢,我的"994",我的2010届、2013届、2016届、2019届、2023届和2002级、2023级的学生,还有在"大预班""中日班""中法班"及各种选修课、朗诵团结缘的孩子们,你们,长长久久滋养着我,让我热诚而温柔,让我的岁月始终有玫瑰的光泽,让我成为一名还算可爱的老师。

我深深感恩杭州外国语学校,感谢枝繁叶茂的杭外语文组,这是我成长二十余年的温暖之家,这是尊重教育个性、崇尚经典阅读、热爱语文教育教学研究、致力于培育具有较高语文核心素养的预备英才的理想团队,我一直庆幸自己成长于此。年长于我的老师,总是亲切地唤我"阿芳",年少于我的老师也会亲热地喊我"芳姐"。在每一个晨曦和落日,引导我向上,鼓励我向前,深植我杭外基因和密码,让我始终享受杭外美丽语文,让我潜心求索语文教育的最美姿态。

我感谢始终在前方引领、指导、帮助我的每一位师长,无论是参加各级比赛、各类培训还是各种教学研讨活动,你们的殷切期待、智慧点拨和无私关爱都在我心中窖藏,酿成岁月的美酒。感谢《中学语文教与学》《语文学习》《中学语文教学参考》《中学语文教学》《语文教学通讯》《教学月刊》《中学语文》《教师月刊》《中学生天地》等杂志编审的辛勤工作,感谢素未谋面的王世龙老师将我的"四月随笔"创作活动广为推荐:"像李芳老师这样的教学生活是多么幸福和富有啊!以自己诗的语言打开学生们的诗的语言,在打开学生们语言思维之门的过程中也成就了自己的文学——这样互动和谐共振,就产生了教育中最美丽的火花!"

感谢陈峰先生在百忙之中为本书作序,我愿如您所期待的那样,始终热爱,坚守理想,捍卫语文的美好。

最后,感谢浙江教育出版社,感谢蒋婷老师、段炼老师、蔡耘老师专业、精细的编审工作,你们的努力付出帮我凝结了这些珍贵的记忆。深嗅每一字,都有芬芳气息。

谢谢,你们的爱!

李　芳
2023 年 12 月

图书在版编目（CIP）数据

爱·语文：基于学科核心素养的教与学 / 李芳著
. -- 杭州：浙江教育出版社，2023.12
ISBN 978-7-5722-6901-1

Ⅰ．①爱… Ⅱ．①李… Ⅲ．①中学语文课－教学研究－高中 Ⅳ．①G633.302

中国国家版本馆CIP数据核字(2023)第223743号

责任编辑　蔡　耘　　责任校对　石雨佳
美术编辑　韩　波　　封面设计　钟吉菲
责任印务　朱文韬

爱·语文：基于学科核心素养的教与学
AI·YUWEN: JIYU XUEKE HEXIN SUYANG DE JIAO YU XUE
李芳　著

出版发行	浙江教育出版社
	（杭州市天目山路40号　电话：0571-85170300-80928）
图文制作	杭州兴邦电子印务有限公司
印　　刷	浙江新华数码印务有限公司
开　　本	787mm×1092mm　1/16
印　　张	17.25
字　　数	324 000
版　　次	2023年12月第1版
印　　次	2023年12月第1次印刷
标准书号	ISBN 978-7-5722-6901-1
定　　价	62.00元

如发现印、装质量问题，影响阅读，请与承印厂联系调换。
电话：0571-85155604